Einheitstäter oder getrennte Behandlung von Täter und Teilnehmer?

Europäische Hochschulschriften
Publications Universitaires Européennes
European University Studies

Reihe II
Rechtswissenschaft

Série II Series II
Droit
Law

Bd./Vol. 4153

PETER LANG
Frankfurt am Main · Berlin · Bern · Bruxelles · New York · Oxford · Wien

Florian Engert

Einheitstäter oder getrennte Behandlung von Täter und Teilnehmer?

Die Wege des österreichischen und deutschen Strafrechts

PETER LANG
Europäischer Verlag der Wissenschaften

Bibliografische Information Der Deutschen Bibliothek
Die Deutsche Bibliothek verzeichnet diese Publikation in der Deutschen Nationalbibliografie; detaillierte bibliografische Daten sind im Internet über <http://dnb.ddb.de> abrufbar.

Zugl.: Augsburg, Univ., Diss., 2004

D 384
ISSN 0531-7312
ISBN 3-631-53258-X

www.peterlang.de

meinem
Vater

Vorwort

Die große Strafrechtsnovelle von 1974 brachte in Österreich ein von Grund auf reformiertes Strafgesetzbuch hervor, das hinsichtlich seiner alten Fassung in vielen Bereichen völlig neue Regelungen enthält. Hierbei wurden auch die Vorschriften über die Beteiligung mehrerer an einer Straftat neugefasst. Der Gesetzgeber entschied sich in Abkehr vom alten System für die Einheitstäterlösung. Ziel der vorliegenden Arbeit ist es, neben einer einführenden Darstellung der Grundzüge der österreichischen Beteiligungsregelung, diese der deutschen Lösung gegenüberzustellen und auf Gemeinsamkeiten bzw. Unterschiede hin zu vergleichen. Im Vordergrund der Untersuchungen steht vor allem die auf der neuen Rechtslage ab 1. Januar 1975 basierende höchstrichterliche Rechtsprechung. Berücksichtigt werden neben den bloßen Beteiligungsregelungen als solchen auch die Problemkreise des Allgemeinen Teils, die hiervon tangiert werden, jedoch nur insoweit sich hier Besonderheiten aufgrund der Kombination mit der Problematik der Beteiligung mehrerer ergeben. Klarstellend sei angemerkt, dass mit der vorliegenden Arbeit nicht beabsichtigt wird, einen neuen Beitrag zur Problematik der Abgrenzung von Täterschaft und Teilnahme zu erbringen.

Nördlingen, im Juli 2004

Florian Engert

Inhaltsübersicht

Abkürzungsverzeichnis 15

A) Problemstellung 19

I) Die österreichische Lösung 20
II) Die deutsche Lösung 37
III) Die wesentlichen Unterschiede der österreichischen und deutschen Lösung 42

B) Vergleich der österreichischen und deutschen Rechtsprechung 45

I) Die Beteiligungsformen des § 12 östStGB 46

1) Der unmittelbare Alleintäter 46
2) Der unmittelbare Mittäter 49
3) Der Bestimmungstäter 68
4) Der Beitragstäter 81
5) Die Abgrenzung von Täterschaft und Teilnahme im deutschen Recht 94

II) Selbständige Strafbarkeit der Beteiligten, § 13 östStGB 111
III) Beteiligung an Sonderdelikten, § 14 östStGB 118
IV) Die Versuchsstrafbarkeit, § 15 östStGB 132
V) Mehrfache Beteiligung 140

C) Ergebnis der Untersuchungen 147

Anhang – österreichische und deutsche Gesetze 149

Literaturverzeichnis 179

Inhaltsverzeichnis

Abkürzungsverzeichnis 15

A) Problemstellung 19

I) Die österreichische Lösung 20

1) Die österreichische Lösung als funktionales Einheitstätersystem 21

a) Der extensive Täterbegriff des § 12 östStGB 22
b) Die rechtliche Gleichwertigkeit aller Täterschaftsformen 23
c) Die Ablehnung jeglicher Akzessorietät 24
d) Die Bedeutung der Strafzumessungsebene 26
e) Die Konsequenzen für die Rechtsanwendung 27

2) Die österreichische Lösung als akzessorisches Teilnahmesystem 28

a) Die Ablehnung des Einheitstäterbegriffs 28
b) Der unterschiedliche soziale Sinngehalt der Täterformen 29
c) Die limitiert (qualitative) Akzessorietät 29
d) Die Figur der verdeckten unmittelbaren Täterschaft 31
e) Eine bloß »reduzierte Einheitstäterschaft« 31

3) Die Beurteilung durch die Rechtsprechung – Prozessuale Folgen 32

a) Die Anfänge der österreichischen Rechtsprechung ab 1975 32
b) Die gegenwärtige Ausprägung der österreichischen Einheitstäterlösung 35

II) Die deutsche Lösung 37

1) Verständnis und Ausprägung der §§ 25 ff. dtStGB 37

a) Die Unterscheidung von Täter und Teilnehmer 38
b) Die Akzessorietät der Teilnahme 39

2) Zum rechtstheoretischen Verständnis 39

a) Der Strafgrund der Teilnahme 39
b) Die rechtspolitische Rechtfertigung der Teilnahmelösung 41

III) Die wesentlichen Unterschiede der österreichischen und deutschen Lösung ... 42

B) Vergleich der österreichischen und deutschen Rechtsprechung ... 45

I) Die Beteiligungsformen des § 12 östStGB ... 46

1) Der unmittelbare Alleintäter ... 46

2) Der unmittelbare Mittäter ... 49

a) Das Fehlen einer ausdrücklichen gesetzlichen Regelung ... 49
b) Die Ausprägung der Mittäterschaft durch den OGH ... 50
c) Die Bedeutung der Strafzumessungsbestimmungen bei Mittäterschaft ... 54

aa) § 33 Z. 4 Alt. 1 östStGB ... 54
bb) § 33 Z. 4 Alt. 2 östStGB ... 56
cc) § 34 Abs. 1 Z. 4 östStGB ... 57
dd) § 34 Abs. 1 Z. 6 östStGB ... 57

d) Vergleich mit der Mittäterschaft nach deutschem Recht ... 59

aa) Unterschiedliche Auslegung des Begriffs »Mittäterschaft« ... 60
bb) Unterschiede im Rahmen der Strafzumessung ... 64

3) Der Bestimmungstäter ... 68

a) Verständnis und Auslegung von § 12, 2. Fall östStGB ... 68
b) Die Bedeutung der Strafzumessungsvorschriften bei Bestimmungstäterschaft ... 72
c) Vergleich des österreichischen Bestimmungstäters mit dem Anstifter und mittelbaren Täter im deutschem Recht ... 75

4) Der Beitragstäter ... 81

a) Verständnis und Auslegung von § 12, 3. Fall östStGB ... 81
b) Die Bedeutung der Strafzumessungsbestimmungen bei Beitragstäterschaft ... 86
c) Vergleich des österreichischen Beitragstäters mit dem Gehilfen nach deutschem Recht ... 89

5) Die Abgrenzung von Täterschaft und Teilnahme im deutschen Recht .. 94

a) Die Rechtsprechung des BGH seit der Neufassung der §§ 25 ff. dtStGB ... 94

aa) Die Abgrenzung von mittelbarer Täterschaft und Anstiftung 94
bb) Die Abgrenzung von Mittäterschaft und Beihilfe ... 100

b) Revisibilität von Urteilen und Wahlfeststellung ... 106

II) Selbständige Strafbarkeit der Beteiligten, § 13 östStGB ... 111

1) Fortführung des Schuldprinzips ... 111
2) Unterschiedliche rechtliche Beurteilung der Tatbeiträge mehrerer Beteiligter – Vergleich mit dem deutschen Recht ... 112

III) Beteiligung an Sonderdelikten, § 14 östStGB ... 118

1) Schuldbezogene Sonderdelikte, § 14 Abs. 2 östStGB ... 118
2) Unrechtsbezogene Sonderdelikte, § 14 Abs. 1 östStGB ... 121

a) Eigenhändige Delikte ... 126
b) Sonderpflichtdelikte ... 127

3) Vergleich mit § 28 Abs. 1 und 2 dtStGB ... 129

IV) Die Versuchsstrafbarkeit, § 15 östStGB ... 132

1) Versuch der Beteiligung ... 132
2) Beteiligung am Versuch ... 137

V) Mehrfache Beteiligung ... 140

1) Verkettung von Beteiligungsformen ... 140
2) Konkurrenzen ... 142

a) Unechte Konkurrenzen ... 142
b) Echte Konkurrenzen ... 144

C) Ergebnis der Untersuchungen ... 147

Anhang – österreichische und deutsche Gesetze 149

Österreichisches Strafgesetzbuch (StGB) 149
Österreichisches Strafgesetzbuch a. F. (StGB a. F.) 166
Österreichisches Strafgesetz (StG) 167
Österreichische Strafprozessordnung (StPO) 168
Österreichisches Finanzstrafgesetz (FinStrG) 173
Österreichisches Suchtgiftgesetz (SGG) 175
Österreichisches Militärstrafgesetz (MilStrG) 176
Deutsches Strafgesetzbuch idF vor dem 2. StrRG (StGB) 177

Literaturverzeichnis 179

Abkürzungsverzeichnis

aA	=	anderer Ansicht
aaO	=	am angegeben Ort
abl.	=	ablehnend
Abs.	=	Absatz
a.E.	=	am Ende
a.F.	=	alte Fassung
Alt.	=	Alternative
Anm.	=	Anmerkung
AnwBl	=	Österreichisches Anwaltsblatt (Jahr, Seite)
Art.	=	Artikel
AT	=	Allgemeiner Teil
Aufl.	=	Auflage
Bd.	=	Band
BGH	=	Bundesgerichtshof der Bundesrepublik Deutschland
BGHSt	=	Entscheidung des Bundesgerichtshofes (der Bundesrepublik Deutschland) in Strafsachen
BT	=	Besonderer Teil
bzw.	=	beziehungsweise
bzgl.	=	bezüglich
ders.	=	derselbe
d.h.	=	das heißt
Dok.	=	Dokumentation zum (österreichischen) Strafgesetzbuch (Hrsg.: Österreichisches Bundesministerium für Justiz),
dtStGB	=	deutsches Strafgesetzbuch
dtStPO	=	deutsche Strafprozeßordnung
EB	=	Erläuternde Bemerkung
EBRV 1971	=	Erläuternde Bemerkung zur Regierungsvorlage 1971
Einl.	=	Einleitung
Erg.	=	Ergebnis
EvBl	=	Evidenzblatt der Rechtsmittelentscheidungen in der Österreichischen Juristen-Zeitung (Jahr, Nummer)
evtl.	=	eventuell

f.	=	folgende
ff.	=	fortfolgende
Fn.	=	Fußnote
FS	=	Festschrift
gem.	=	gemäß
hL	=	herrschende Lehre
hM	=	herrschende Meinung
Hrsg.	=	Herausgeber
idF	=	in der Fassung
IdR	=	in der Regel
insb.	=	insbesondere
iVm.	=	in Verbindung mit
JBl	=	Juristische Blätter (Jahr, Seite)
Jura	=	Juristische Ausbildung (Jahr, Seite)
JuS	=	Juristische Schulung (Jahr, Seite)
JUS	=	JUS-Extra, Beilage zur Wiener Zeitung
JZ	=	Juristen Zeitung
lit.	=	litera
LSK	=	Leitsatzkartei der Österreichischen Juristen-Zeitung (Jahr/Nummer)
m.	=	mit
MKK	=	Manzsche Kurzkommentare
mwN.	=	mit weiteren Nachweisen
n.F.	=	neue Fassung
NJW	=	Neue Juristische Wochenschrift (Jahr, Seite)
Nr.	=	Nummer
NStE	=	Neue Entscheidungssammlung für Strafrecht
ÖJZ	=	Österreichische Juristen-Zeitung (Jahr, Seite)
östBGBl	=	Bundesgesetzblatt der Republik Österreich
östStGB	=	österreichisches Strafgesetzbuch
östStPO	=	österreichische Strafprozeßordnung
OGH	=	Oberster Gerichtshof
OGHSt	=	Entscheidungen des Obersten Gerichtshofes für die Britische Zone, Entscheidungen in Strafsachen

Os	= Entscheidung des OGH in Strafsachen, veröffentlicht unter *http://www.ris.bka.gv.at/jus/* Judikatur Justiz (OGH, OLG, LG, BG)
RG	= Reichsgericht
RGSt	= Reichsgericht in Strafsachen
Rn.	= Randnummer
Rspr.	= Rechtsprechung
RZ	= Österreichische Richterzeitung (Jahr, Seite bzw. Jahr/Nummer für Entscheidungen seit 1973)
S.	= Satz, Seite
SchwZStR	= Schweizerische Zeitschrift für Strafrecht
SSt	= Entscheidungen des Obersten Gerichtshofes in Strafsachen
StG	= Österreichisches Strafgesetz (in Geltung bis 31.12.1974)
StPdG	= Strafrechtliche Probleme der Gegenwart (Band, Seite)
str.	= strittig
stRspr.	= ständige Rechtsprechung
u.a.	= unter anderem
v.a.	= vor allem
Verf.	= Verfasser
vgl.	= vergleiche
Vorb.	= Vorbemerkung
wistra	= Zeitschrift für Wirtschaft, Steuer, Strafrecht
Z.	= Ziffer
z.B.	= zum Beispiel
ZfRV	= Zeitschrift für Rechtsvergleichung
ZnStr	= Zum neuen Strafrecht I und II, Referate der Richterwochen 1973 und 1974, herausgegeben vom Bundesministerium für Justiz, Wien 1973 und 1974
z.T.	= zum Teil

A) Problemstellung

Straftatbestände sind in der Regel so formuliert, dass sie nach ihrer sprachlichen Fassung auf denjenigen zutreffen, der den gesetzlich umschriebenen Tatbestand in seiner Person allein verwirklicht. Wer also ohne Mitwirkung Dritter die mit Strafe bedrohte Handlung selbst begeht oder den Erfolg selbst herbeiführt und in seiner Person alle Merkmale des Straftatbestandes eigenhändig erfüllt, ist ohne weiteres Täter[1] des entsprechenden Deliktes.

Wenn jedoch mehrere Personen in einer wie auch immer gearteten Weise an einer Straftat beteiligt sind, stellt sich die Frage nach der rechtlichen Beurteilung der Mitwirkung dieser Personen. Der norwegische Gesetzgeber hat deshalb neben der Grundform der meisten Straftatbestände zugleich auch mögliche Beteiligungsformen in den jeweiligen Delikten geregelt, um damit denkbare Fallkonstellationen bereits im Besonderen Teil abzudecken[2]. Derartige Sonderregelungen finden sich jedoch in anderen Strafgesetzbüchern nur sehr vereinzelt.

Der Normalfall ist der, dass den Normen des Besonderen Teils allgemeine Regeln vorangestellt werden, die für alle Straftatbestände gleichermaßen gelten. Hier haben sich zwei Systeme entwickelt, die zumindest hinsichtlich ihres dogmatischen Ansatzpunktes diametral entgegengesetzt sind, nämlich das dualistische Beteiligungssystem einerseits und das Einheitstäterprinzip[3] andererseits. Während Länder wie England, Belgien, Niederlande, Frankreich, Spanien, Schweiz und Deutschland zwischen Täterschaft und Teilnahme differenzieren, haben sich die Gesetzgeber Österreichs, Italiens und Liechtensteins, um nur einige Beispiele anzuführen, für die Einheitstäterregelung entschieden[4].

Ziel dieser Arbeit ist es, die österreichische Lösung der deutschen gegenüberzustellen und auf Unterschiede sowie Gemeinsamkeiten bei der konkreten Rechtsanwendung, insbesondere auf deren Ausformung durch die höchstrichterliche Rechtsprechung, hin zu vergleichen[5].

---

[1] Vgl. *Schröder*, Der Täterbegriff als „technisches“ Problem, ZStW 57, 459; *Ordeig*, Gedanken zum Täterbegriff und zur Teilnahmelehre, ZStW 80, 915.

[2] Vgl. *Eser/Huber*, Strafrechtsentwicklung in Europa, Band 5, Teil 1, S. 510.

[3] Vgl. *Wessels/Beulke*, AT, Rn. 506; *Dietz*, Täterschaft und Teilnahme, Materialien zur Strafrechtsreform, AT I, Band 2, S. 329.

[4] Vgl. hierzu die Übersicht bei *Jescheck/Weigend*, § 61 VIII mwN.; ergänzend *Eser/Huber*, Strafrechtsentwicklung in Europa, Band 3, Teil 1, S. 694 f..

[5] Siehe hierzu auch die rechtsvergleichende Arbeit zur alten österreichischen Rechtslage vor 1975 von *Dietz*, Täterschaft und Teilnahme im ausländischen Strafrecht, S. 61 ff..

I) Die österreichische Lösung

Mit Wirkung zum 1. Januar 1975 wurde das alte östStG[6] (Strafgesetz 1946) durch das östStGB (Strafgesetzbuch 1975) abgelöst[7]. Im Zuge dieser Novelle wurde auch die Beteiligungsregelung völlig neu gefasst.

Nach dem Wortlaut von § 5 Abs. 1 des alten östStG[8], mit der amtlichen Überschrift »*Mitschuldige und Teilnehmer an Verbrechen*« wurde »*Nicht nur der unmittelbare Täter allein [...] des Verbrechens schuldig, sondern auch jeder, der durch Befehl, Anraten, Unterricht, Lob, die Übeltat eingeleitet, vorsätzlich veranlaßt, zu ihrer Ausübung durch absichtliche Herbeischaffung der Mittel, Hintanhaltung der Hindernisse, oder auf was für immer eine Art, Vorschub gegeben, Hilfe geleistet, zu ihrer sicheren Vollstreckung beigetragen [...]*« hat. Dieser Vorschrift lag die Entscheidung für eine Einheitstäterlösung zu Grunde[9]. Dennoch lehnten sich Lehre und Rechtsprechung weitestgehend an die aus dem deutschen Recht stammenden Begrifflichkeiten und Denkweisen an, so dass die damalige Beteiligungsregelung vornehmlich im Sinne eines akzessorischen Teilnahmesystems verstanden wurde[10].

Um jedoch eine klare und vor allem einfachere Lösung in Anknüpfung an § 5 östStG zu normieren, wurde die Beteiligungsregelung in den §§ 12 ff. östStGB gänzlich neu formuliert[11]. In § 12 östStGB, dessen amtliche Überschrift »*Behandlung aller Beteiligten als Täter*« lautet, heißt es nun: »*Nicht nur der unmittelbare Täter begeht die strafbare Handlung, sondern auch jeder, der einen anderen dazu bestimmt, sie auszuführen, oder der sonst zu ihrer Ausführung beiträgt.*«

Ergänzend zu dieser Norm regeln weitere Vorschriften die selbstständige Strafbarkeit der Beteiligten gemäß ihrer eigenen Schuld (§ 13 östStGB), die Strafbarkeit der Beteiligung mehrerer an Sonderdelikten (§ 14 östStGB) sowie

---

[6] Alle im Rahmen dieser Dissertation genannten Paragraphen des östStG, des östStGB, der östStPO, sowie der österreichischen Nebenstrafgesetze sind im Anhang dieser Arbeit aufgeführt.

[7] ÖstStGB vom 23.01.1974 (östBGBl. S. 60), in Kraft getreten am 01.01.1975.

[8] Zum alten StG, *Rittler*, AT, S. 269 ff. und 282 ff.; *Fuchs*, AT I, S. 23 f.; sowie zur Strafrechtsreform, *Burgstaller* in Strafrechtsreform und Rechtsvergleichung, Berliner Gastvorträge von Hans Lüttger, S. 39 (44 ff.).

[9] Vgl. hierzu die erläuternden Bemerkungen zur Regierungsvorlage 1971, EBRV 1971, 79 l. Sp. = Dok. StGB 66 r. Sp..

[10] Vgl. hierzu *Dietz*, Täterschaft und Teilnahme, Materialien zur Strafrechtsreform, AT I, Band 2, S. 329 (337); *Burgstaller*, Zur Täterschaftsregelung im neuen StGB, Teil I, RZ 1975, 13 (15) mwN.; sowie *Kienapfel*, Die Einheitstäterregelung der §§ 12 ff und 32 ff StGB, Teil I, JBl 1974, 113 (117 f.), *ders.*, Zum gegenwärtigen Stand der Lehre von der Einheitstäterschaft in der höchstrichterlichen Praxis, ÖJZ 1979, 90 mwN.; zu Ausgestaltung und Verständnis des alten Rechts vgl. die Übersicht bei *Leukauf/Steininger*[3], § 12 Rn. 2 f..

[11] Zur Entstehungsgeschichte der Beteiligungsregelung der §§ 12 ff. östStGB vgl. *Detzer*, Die Problematik der Einheitstäterlösung, S. 90 ff..

die Beteiligung im Rahmen des Versuches (§ 15 östStGB). In den §§ 33 und 34 östStGB finden sich zudem besondere beteiligungsspezifische Erschwerungs- und Milderungsgründe, die für die Ebene der Strafzumessung von Bedeutung sind.

Schon vor Inkrafttreten des neuen östStGB entstand eine kontroverse Diskussion darüber, wie die neue Regelung zu interpretieren und vor allem zu klassifizieren sei. Diese Frage gehörte bis Ende der 80er Jahre zu den am intensivsten diskutierten und wohl umstrittensten Problemen des österreichischen Strafrechts[12]. Das Ziel, eine transparentere Lösung zu schaffen, wurde somit zunächst nicht erreicht.

Im Wesentlichen sind es zwei konträre Positionen, die im Rahmen dieses Streits vertreten werden[13]: Zum einen die Ansicht, es handle sich um ein reines Einheitstätersystem, zum anderen die Auffassung, die neue Regelung sei als akzessorisches Teilnahmesystem zu begreifen.

1) Die österreichische Lösung als funktionales Einheitstätersystem

Zahlreiche Vertreter in der Literatur haben sich für die Bewertung der §§ 12 ff. östStGB als Einheitstätersystem in seiner absoluten Reinform ausgesprochen[14]. Einer der großen Verfechter dieser mittlerweile herrschenden Lehre, der sich in geradezu pathetisch-kämpferischer Art und Weise in zahlreichen Publikationen[15] und Vorträgen[16] als Vorreiter und Wegbereiter für den Gedanken des Einheitstätersystems eingesetzt und dieses fruchtbar gemacht hat, ist *Kienapfel*[17].

Seiner Ansicht nach weist die österreichische Regelung die typischen Merkmale einer funktionalen Einheitstäterschaft auf.

---

[12] Vgl. *Schmoller*, Grundstrukturen der Beteiligung mehrerer an einer Straftat – die objektive Zurechnung fremden Verhaltens, Teil I, ÖJZ 1983, 337; *Schild*, Die Täterformen des § 12 StGB, ZfRV 1976, 182; ebenso *Nowakowski*, Zur Einheitstäterschaft nach § 12 StGB insbesondere im Hinblick auf § 15 Abs. 2 StGB und § 314 StPO, RZ 1982, 124.

[13] Zum Stand der Diskussion, sowie zu diversen vermittelnden Lösungsansätzen vgl. *Triffterer*, Beteiligungslehre, S. 48 ff. und 62 ff. mwN.; *Eser/Huber*, Strafrechtsentwicklung in Europa, S. 558.

[14] Vgl. *Kienapfel/Höpfel*, AT, E 2 Rn. 30 u. E 4 Rn. 19; *Roeder*, Der Unbegriff des „extranen" Täters und der „eigenhändigen" Delikte (zu § 14 Abs. 1 StGB), JBl 1975, 561 ff.; *Nowakowski*, RZ 1982, 124 ff.; *Friedrich*, Triffterers Beteiligungslehre – eine vermittelnde Lösung?, Teil I und II, RZ 1986, 227 ff. und 258 ff.; *Höpfel*, Einige Fragen der subjektiven Tatseite bei Beteiligung mehrerer, ÖJZ 1982, 314 (321).

[15] Grundlegend hierzu *Kienapfel*, JBl 1974, 113 ff. und 180 ff.; *ders.*, ÖJZ 1979, 90 ff.; *ders.*, Der Einheitstäter im Strafrecht, S. 20 ff..

[16] Vgl. *Kienapfel*, Probleme der Einheitstäterschaft, StPdG I, 63 ff.; *ders.*, Der Einheitstätergedanke – lebendiger denn je, StPdG VII, 53 ff..

[17] Prof. Dr. *Diethelm Kienapfel*, Linz/Donau.

a) Der extensive Täterbegriff des § 12 östStGB

Nach dem Wortlaut des § 12 östStGB begeht nicht nur der unmittelbare Täter *»die strafbare Handlung, sondern auch jeder, der einen anderen dazu bestimmt, sie auszuführen, oder der sonst zu ihrer Ausführung beiträgt«*. Hiernach ist jeder Beteiligte als Täter zu qualifizieren[18]; es gibt hinsichtlich der Beteiligungsformen nur eine Rechtsfigur, nämlich die des Täters. Auch aus der Überschrift zu dieser Norm *»Behandlung aller Beteiligten als Täter«* geht bereits hervor, dass es nach österreichischem Recht nur *den Täter* gibt[19].

Gerade dieser extensive, d. h. weite Täterbegriff[20] (aufgrund seiner Ausschließlichkeit teilweise auch als exklusiver Täterbegriff bezeichnet)[21] ist ein wesentliches Kriterium der Einheitstäterschaft[22]. Teilnahmemodelle hingegen basieren auf einem restriktiven, d. h. engen Täterbegriff[23], da hier zwischen Tätern und Teilnehmern unterschieden werden muss und nur der als Täter einzustufen ist, dessen Handlung bestimmten Anforderungen gerecht wird.

Aufgrund des Umstandes, dass § 12 östStGB alle Beteiligten zu Tätern erklärt, wird diese Norm auch als *authentische Interpretationsregel* für die Straftatbestände des Besonderen Teils verstanden; mit anderen Worten, § 12 östStGB erfüllt die Funktion eines Instruments der Auslegung[24]. Wer lediglich als unmittelbarer Täter ein Delikt begeht, verwirklicht den Wortlauttatbestand, wer hingegen in einer anderen Tatbegehungsform an einem Delikt beteiligt ist, verwirklicht den Auslegungstatbestand[25].

Trotz dieser Vereinheitlichung der Tatbegehungsformen unterscheidet § 12 östStGB begrifflich zwischen dem unmittelbaren Täter (1. Fall), dem Bestimmungstäter (2. Fall) und dem Beitragstäter (3. Fall). Eine nähere Definition hierzu findet sich im Gesetz nicht, das Verständnis orientiert sich jedoch an dem der erläuternden Bemerkungen zur Regierungsvorlage 1971 zum neuen

---

[18] Vgl. WK-*Fabrizy*, § 12 Rn. 2; *Friedrich*, Strafbare Beteiligung – akzessorische oder originäre Täterschaft?, Festschrift für Otto Triffterer, S. 43 ff..

[19] Vgl. *Triffterer*, Beteiligungslehre, S. 29; ebenso *Detzer*, S. 63.

[20] Vgl. *Bähr*, Restriktiver und extensiver Täterschaftsbegriff, S. 37 ff.; *Zimmerl*, Grundsätzliches zur Teilnahmelehre, ZStW 49, 39 (40 ff.); *ders*., Täterschaft, Teilnahme, Mitwirkung, ZStW 54, 575; WK-*Fabrizy*, § 12 Rn. 3 mwN.; instruktiv zu dieser Terminologie SK-*Hoyer*, Vor § 25 Rn. 2 ff..

[21] Vgl. *Roeder*, JBl 1975, 561 (562); *Triffterer*, Beteiligungslehre, S. 32 ff..

[22] Grundlegend hierzu *Kienapfel*, JBl 1974, 113; *ders*., Das Prinzip der Einheitstäterschaft, JuS 1974, 1 (2); *ders*., StPdG I, 63 (65); *Kienapfel/Höpfel*, AT, E 2 Rn. 8.

[23] Vgl. LK-*Roxin*, Vor § 25 Rn. 12; *Zimmerl*, ZStW 49, 39 (45 ff.); *ders*., ZStW 54, 575; *Bähr*, S. 15 ff.; *Schröder*, ZStW 57, 459 (461).

[24] Grundlegend hierzu *Nowakowski*, Die Erscheinungsformen des Verbrechens im Spiegel der Verbrechensauffassungen, ÖJZ 1953, 596 (601) und *Kienapfel*, JBl 1974, 113 (122); *Schmoller*, ÖJZ 1983, 337 (344); *Detzer*, S. 70 ff.; *Leukauf/Steininger*[3], § 12 Rn. 5; WK-*Fabrizy*, § 12 Rn. 125; ablehnend hingegen *Schild*, ZfRV 1976, 182 (188).

[25] Vgl. *Kienapfel*, StPdG VII, 53 (60).

östStGB[26]: »*Unmittelbarer Täter im Sinne des § 12 ist jeder, der eine Ausführungshandlung setzt, dessen Verhalten also der Schilderung der Tathandlung durch das Tatbild unmittelbar entspricht. Einen anderen zur Tat bestimmt, wer dafür ursächlich wird, daß sich dieser andere zu ihrer Ausführung entschließt. Jede andere Handlung, die dafür kausal wird, daß die Tat so abläuft, wie es geschieht, ist im Sinne des § 12 sonst ein Beitrag zu ihrer Ausführung.*«[27].

b) Die rechtliche Gleichwertigkeit aller Täterschaftsformen

Die Vertreter der Einheitstäterlösung sehen in § 12 östStGB vor allem deshalb den Gedanken einer Einheitstäterschaft verwirklicht, weil sich die oben skizzierten drei Täterschaftsformen zudem durch deren rechtliche Gleichwertigkeit auszeichnen; wertdifferenzierende bzw. -differenzierte Strafwürdigkeitstypen gibt es nicht.

Diese Auffassung stützt sich darauf, dass § 12 östStGB alle Beteiligten *unterschiedslos* zu Tätern erklärt, d. h. in rechtlicher Hinsicht keine ausdifferenzierten Folgen an die jeweiligen Täterschaftsformen anknüpft, insbesondere keine Unterschiede bezüglich des Strafrahmens vorsieht[28]. Hierfür sprechen zudem auch die Gesetzesmaterialien, in welchen ausdrücklich die Gleichbehandlung aller Beteiligungsformen betont wird: »*Das Gesetz behandelt alle Zusammenwirkenden gleich (§ 5). [...] An dieser Grundentscheidung des geltenden Rechts hält der Entwurf [...] fest.*«[29].

Dem steht auch nicht der Umstand entgegen, dass § 12 östStGB trotz dieser Gleichwertigkeit überhaupt verschiedene Tätertypen kennt. Eine derartige Differenzierung ist vielmehr Ausdruck dafür, dass es sich bei der österreichischen Lösung um ein funktionales Einheitstätersystem handelt[30]. Dessen Vorteil besteht darin, dass es bei weitem nicht in dem Maße dem Einwand rechtsstaatlicher Unbestimmtheit ausgesetzt ist, wie ein formales Einheitstätersystem, wel-

---

[26] Vgl. EBRV 1971, 80 l. Sp. = Dok. StGB 66 f..

[27] Instruktiv hierzu *Mayerhofer*, Vor § 12 Rn. 4; ebenso *Leukauf/Steininger*³, § 12 Rn. 17 ff. und WK-*Fabizy*, § 12 Rn. 18 ff.; zur näheren Erläuterung und Abgrenzung der Täterformen voneinander vgl. die Ausführungen zu *B)I)* dieser Arbeit, S. 46 ff..

[28] Vgl. *Kienapfel*, JuS 1974, 1 (3 und 6); *ders.*, JBl 1974, 113 (115); so auch schon *Zimmerl*, ZStW 54, 575 (581); *Schröder*, ZStW 57, 459 (466).

[29] Vgl. EBRV 1971, 79, l. Sp. = Dok. StGB 66 r. Sp.; ebenso *Schmoller*, ÖJZ 1983, 337 (338).

[30] Vgl. *Leukauf/Steininger*³, § 12 Rn. 4; *Nowakowski*, RZ 1982, 124 (125); WK-*Fabrizy*, § 12 Rn. 12; *Triffterer*, Beteiligungslehre, S. 37 ff.; zum Begriff des »funktionalen Einheitstätersystems« vgl. *Kienapfel*, „Beteiligung" und „Teilnahme" NJW 1970, 1826 (1827); *ders.*, Der Einheitstäter im Strafrecht, S. 41.

ches wie das deutsche OWiG[31] keine begriffliche Unterscheidung zwischen den einzelnen Tatbegehungsformen vornimmt[32]. Zudem ergibt sich die Notwendigkeit einer Differenzierung innerhalb von § 12 östStGB schon im Hinblick auf § 15 Abs. 2 östStGB, der gegenüber der versuchten Bestimmungstäterschaft die versuchte Beitragstäterschaft für straflos erklärt[33].

c) Die Ablehnung jeglicher Akzessorietät

Nach Auffassung der Vertreter der Einheitstäterschaft ist das Fehlen jeglicher rechtlicher Abhängigkeit hinsichtlich der Tatbegehungsformen untereinander das Hauptindiz dafür, dass dem neuen östStGB keine Teilnahmelösung zugrunde liege.

So wird die Frage nach einer *qualitativen Akzessorietät*[34] der Bestimmungs- und Beitragstäterschaft negiert. An die deliktische Beschaffenheit der Haupttat, d. h. welche Verbrechenselemente (Tatbestand, Rechtswidrigkeit, Schuld) erfüllt sein müssen, damit auch ein Bestimmung- oder Beitragstäter in die Strafwirkung eines Deliktes miteinzubeziehen ist, seien keinerlei Anforderungen zu stellen. Eine ausdrückliche, mit den §§ 26, 27 Abs. 1 und 29 dtStGB vergleichbare Regelung, auf die ein Akzessorietätserfordernis gestützt werden könne, sei in den §§ 12 ff. östStGB nicht enthalten. Auch könne dies nicht aus § 12 östStGB herausgelesen werden. Zwar beziehe sich diese Vorschrift hinsichtlich der Bestimmungs- und Beitragstäterschaft insofern auf die strafbare Handlung des unmittelbaren Täters, als nach dem Wortlaut des § 12 östStGB »*auch jeder, der einen anderen dazu bestimmt, sie auszuführen, oder der sonst zu ihrer Ausführung beiträgt*«, die strafbare Handlung begeht. Der Ausdruck »*strafbare Handlung*« sei hierbei jedoch nicht als konkrete Tat im Sinne einer voll deliktischen Straftat des unmittelbaren Täters zu verstehen, sondern viel-

---

[31] Vgl. *Göhler*, § 14 Rn. 1; *Dreher*, Plädoyer für den Einheitstäter im Ordnungswidrigkeitenrecht, NJW 1970, 217 ff.; *ders.*, Zum Einheitstäter im Ordnungswidrigkeitenrecht, NJW 1970, 1114 ff.; *ders.*, Der Einheitstäter im Ordnungswidrigkeitenrecht, NJW 1971, 121 ff.; *Cramer*, Die Beteiligung an einer Zuwiderhandlung nach § 9 OwiG, NJW 1969, 1929 ff.; *ders.*, Zum Einheitstäter im Ordnungswidrigkeitenrecht, NJW 1970, 1114 ff.; *Lange*, Beteiligung und Teilnehmer, Maurach-FS, S. 235 ff.; *Schumann*, Zum Einheitstätersystem des § 14 OwiG; *Kienapfel*, NJW 1970, 1826 (1828); *ders.*, JuS 1974, 1 (5) mwN.; *Bloy*, Schmitt-FS, S. 34 (35).

[32] Vgl. *Schmidhäuser*, AT, S. 399; *Jescheck/Weigend*, § 61 II 1; *Zimmerl*, ZStW 49, 39 (41 ff.); *H. Mayer*, Täterschaft, Teilnahme, Urheberschaft, Rittler-FS, S. 252; *Detzer*, S. 213 ff.; *Schild*, ZfRV 1976, 182 (183).

[33] Vgl. *Kienapfel*, JBl 1974, 113 (121); *ders.*, StPdG I, 63 (81 f.).

[34] Vgl. MKK/StGB-*Foregger/Fabrizy*, § 12 Rn. 3.

mehr nur als Gattungsbegriff, der sich in abstracto auf eine Handlungsweise beziehe, welche grundsätzlich geeignet sei, einen Straftatbestand zu erfüllen[35].

Diese Auffassung kann sich auch auf die erläuternden Bemerkungen zur Regierungsvorlage 1971 berufen, nach welchen die Bestimmungstäterschaft nach § 12, 2. Fall östStGB auch die Fälle der nach deutschem Recht als mittelbare Täterschaft bezeichneten Konstellationen erfassen soll, in denen der zur Ausführung Veranlasste ein »*absichtslos, tendenzlos, vorsatzlos oder sonst schuldlos handelndes Werkzeug*« darstellt[36]. In konsequenter Fortführung dieses Gedankens sei die hier genannte Aufzählung um den rechtmäßig handelnden Ausführungstäter zu erweitern[37].

Darüber hinaus habe die »*Vertäterschaftlichung*« aller Mitwirkungsformen des § 12 östStGB sowie deren rechtliche Gleichwertigkeit zur Folge, dass jeder an einer Tat Mitwirkende nicht nur eigene Schuld (so § 13 östStGB), sondern auch eigenes, originäres Unrecht zu verantworten habe[38]. Gerade dieser Grundsatz der autonomen Verantwortlichkeit[39] schließe eine wie auch immer geartete rechtliche Abhängigkeit der Täterformen untereinander aus[40], sei also für eine Einheitstäterlösung wesenstypisch. In einem Teilnahmesystem hingegen resultiere die innere Abhängigkeit der Teilnahme von der Täterschaft daraus, dass sich das Unrecht der Tat des Anstifters oder Gehilfen vornehmlich vom Unrecht der Haupttat ableite[41].

Von der qualitativen Akzessorietät ist die sog. *quantitative Akzessorietät*[42] zu unterscheiden, bei der es um die Frage geht, welches deliktische Stadium die Haupttat erreicht haben muss, damit weitere Mitwirkende wegen Beteiligung strafbar werden können. Aber auch eine solche Abhängigkeit wird grundsätzlich abgelehnt. Dem stehe auch nicht die quantitativ-akzessorische Regelung des § 15 Abs. 2 östStGB entgegen, wonach ein Beitragstäter erst dann wegen Beteiligung am Versuch strafbar werde, wenn der unmittelbare Täter selbst das Stadium der straflosen Vorbereitungshandlung verlassen hat. Diese Regelung stelle

---

[35] Überzeugend *Friedrich*, RZ 1986, 227 (231); ebenso *Leukauf/Steininger*³, § 12 Rn.13.

[36] Vgl. EBRV 1971, 80 l. Sp. = Dok. StGB 67.

[37] Vgl. *Kienapfel*, JuS 1974, 1 (6); *ders.*, JBl 1974, 180 (184); *ders.*, ÖJZ 1979, 90 (93).

[38] Vgl. *Kienapfel*, JBl 1974, 113 (118); *ders.*, StPdG I, 63 (74 f.).

[39] Vgl. WK-*Fabrizy*, § 12 Rn. 11 mwN.; *Mayerhofer*, § 12 Rn. 1b); *Schild*, ZfRV 1976, 182 (188 f.).

[40] Vgl. *Leukauf/Steininger*³, § 12 Rn. 8; *Triffterer*, Strafrecht AT, S. 387 Rn. 16 f.; *ders.*, Beteiligungslehre, S. 43 ff..

[41] Vgl. *Wessels/Beulke*, AT, Rn. 551; grundsätzlich zum Strafgrund der Teilnahme LK-*Roxin*, Vor § 26 Rn. 17; MK-*Joecks*, Vor §§ 26, 27 Rn. 3 ff.; vgl. auch die Ausführungen zu *A)II)2)a)* dieser Arbeit, S. 39 ff..

[42] Zur Begriffserläuterung vgl. ausführlich *Leukauf/Steininger*³, § 12 Rn. 7; ebenso *Triffterer*, Strafrecht AT, S. 387 Rn. 16 f.; *ders.*, Beteiligungslehre, S. 45 ff.; *Zipf*, Probleme der versuchten Bestimmung zu einer Straftat, RZ 1980, 141.

vielmehr eine Ausnahme dar[43], weshalb sie von den Vertretern der Einheitstäterschaft, um Missverständnisse auszuräumen, auch als *faktische Bezogenheit* bezeichnet wird[44].

d) Die Bedeutung der Strafzumessungsebene

Auch aus den §§ 33 und 34 östStGB lassen sich ergänzende Argumente für eine funktionale Einheitstäterschaft ableiten. Nachdem das österreichische Recht in Bezug auf die einzelnen Tatbegehungsformen keine Strafrahmendifferenzierung kennt, sondern über § 12 östStGB die Strafdrohung für den unmittelbaren Täter auf alle Beteiligten unabhängig vom tatsächlichen Gewicht ihrer Beiträge erweitert, kommt der Ebene der Strafzumessung eine besondere Bedeutung zu[45].

In den §§ 33 und 34 östStGB sind mitwirkungsspezifische Erschwerungs- und Milderungsgründe aufgezählt, die gem. § 32 Abs. 2 östStGB bei der Bemessung der Strafe zu berücksichtigen sind. Danach ist es als erschwerend zu werten, wenn der Täter »*einen anderen zur strafbaren Handlung verführt hat*« (§ 33 Z. 3 östStGB) oder wenn er »*der Urheber oder Anstifter einer von mehreren begangenen strafbaren Handlung oder an einer solchen Tat führend beteiligt gewesen ist*« (§ 33 Z. 4 östStGB). Als mildernd ist hingegen zu berücksichtigen, wenn der Täter »*die Tat unter der Einwirkung eines Dritten oder aus Furcht oder Gehorsam verübt hat*« (§ 34 Abs. 1 Z. 4 östStGB) oder »*an einer von mehreren begangenen strafbaren Handlung nur in untergeordnete Weise beteiligt war*« (§ 34 Abs. 1 Z. 6 östStGB).

Diese speziell auf die Beteiligung zugeschnittenen Strafzumessungsfaktoren dienten sozusagen als rechtsstaatlicher Ausgleich für die Vereinheitlichung auf dogmatisch-kategorialer Ebene, um eine dem tatsächlichen Gewicht des Beitrages entsprechende, d. h. schuld- und unrechtsangemessene Strafe bilden zu können[46].

---

[43] Vgl. WK-*Fabrizy*, § 12 Rn. 13 mwN..

[44] Vgl. WK-*Hager/Massauer*, §§ 15, 16 Rn. 21; *Kienapfel*, JBl 1974, 180 (184); ähnlich auch *Leukauf/Steininger*³, § 12 Rn. 39 und 51; *Triffterer*, Beteiligungslehre, S. 46.

[45] Vgl. *Kienapfel*, JuS 1974, 1 (3); *ders.*, JBl 1974, 113 (119); *ders.*, StPdG I, 63 (78); *Nowakowski*, RZ 1982, 124 (127); *Zimmerl*, ZStW 54, 575 (582); *Schröder*, ZStW 57, 459 (466); *Cramer* NJW 1969, 1929 (1934).

[46] Vgl. MKK/StGB-*Foregger/Fabrizy*, § 32 Rn. 4; *Triffterer*, Beteiligungslehre, S. 35 f..

e) Die Konsequenzen für die Rechtsanwendung

Nach Ansicht der Vertreter der Einheitstäterlehre wird der Vorteil der österreichischen Lösung gegenüber einem Teilnahmesystem vor allem darin gesehen, dass sich bei der Rechtsanwendung eine deutliche Vereinfachung ergebe[47]. Dies sei auch den Gesetzesmaterialien als Leitbild für den Entwurf des neuen östStGB zu entnehmen[48].

So solle der Abgrenzung der einzelnen Tatbegehungsformen voneinander eine weitaus geringere Bedeutung zukommen, als dies nach deutschem Recht der Fall sei. Rechtliche Konsequenzen hätte eine Kategorisierung aufgrund der rechtlichen Gleichwertigkeit der drei Täterformen ohnehin nicht, entscheidend sei allein die jeweilige Gewichtung jedes einzelnen Tatbeitrages bei der Strafbemessung, die zugleich auch einen Schwerpunkt innerhalb der Einheitstäterschaft bilde. Zudem sollen auch zur Verdeutlichung und Klarstellung, dass sich die neue österreichische Lösung vom deutschen Denken distanziere, die alten Begriffe »*Anstiftung/Anstifter*« und »*Beihilfe/Gehilfe*« aufgegeben und durch die Termini »*Bestimmung/Bestimmungstäter*« und »*sonstiger Beitrag/ Beitragstäter*« ersetzt werden, was der Typologie des neuen § 12 östStGB entspreche[49]. Auch sei das Institut der »*mittelbaren Täterschaft*« im Sinne des § 25 Abs. 1 Alt. 2 dtStGB überflüssig und gehe in der Bestimmungstäterschaft auf. Der Ausdruck mittelbare Täterschaft diene nunmehr als Oberbegriff für den Auslegungstatbestand des § 12, 2. und 3. Fall östStGB, ihm komme aber keine eigenständige rechtliche Bedeutung mehr zu[50].

In konsequenter Fortführung des Gedankens der rechtlichen Gleichwertigkeit aller Täterformen bleibe auch das Rechtsmittel der Nichtigkeitsbeschwerde nach § 281 Abs. 1 Z. 10 östStPO, das mit dem der deutschen Revision vergleichbar ist, erfolglos, wenn damit nur eine falsche rechtliche Qualifikation des Täters hinsichtlich der drei Beteiligungsformen des § 12 östStGB angegriffen werde. Dies habe vor allem eine Entlastung der Obergerichte zur Folge[51]. Überdies solle bei unauflösbaren Zweifeln auf tatsächlicher Ebene eine Wahlfeststellung bezüglich der in Betracht kommenden Tatbegehungsformen zulässig sein[52].

---

[47] Vgl. ausführlich hierzu *Kienapfel/Höpfel*, AT, E 2 Rn. 17 ff., 37 und 50; kritisch *Schmoller*, ÖJZ 1983, 337 (338); ebenso *Lewisch*, Probleme der Einheitstäterschaft, JBl 1989, 294 (302).

[48] Vgl. EBRV 1971, 79.

[49] Vgl. *Kienapfel*, JBl 1974, 113 (122).

[50] Vgl. LK-*Fabrizy*, § 12 Rn. 38 mwN.; *Schmoller*, ÖJZ 1983, 337 (347); ebenso *Burgstaller*, RZ 1975, 13 (17).

[51] Vgl. *Kienapfel*, StPdG I, 63 (99); *ders.*, ÖJZ 1979, 90 (94).

[52] Vgl. *Kienapfel*, JuS 1974, 1 (6).

2) Die österreichische Lösung als akzessorisches Teilnahmesystem

Nach der anderen Lehrmeinung weist die österreichische Lösung typische Merkmale eines akzessorischen Teilnahmesystems auf[53]. Als führender Vertreter dieser Auffassung versucht *Burgstaller*[54] das Verständnis Kienapfels zu widerlegen. Er bemüht sich, den Beweis zu führen, dass sich die österreichische Lösung durch rechtlich ungleichwertige Täterformen auszeichnet, die zudem durch die Akzessorietät miteinander verbunden sind[55].

a) Die Ablehnung des Einheitstäterbegriffs

Nach Ansicht Burgstallers ist durch das neue östStGB das Einheitstäterprinzip lediglich insoweit verwirklicht, als § 12 östStGB nur eine Beteiligungsform, nämlich die des Täters kennt und jeden Mitwirkenden an einer Tat der gleichen Strafdrohung unterstellt[56]. Ansonsten könne jedoch nicht von einem Einheitstäter im Sinne einer Vereinheitlichung gesprochen werden, vielmehr sei eine begriffliche Differenzierung schon von Gesetzes wegen geboten, deren Notwendigkeit sich in vielerlei Hinsicht ergebe[57].

So nimmt schon § 12 östStGB eine typisierende Aufgliederung der Täterschaft vor, an die weitere Vorschriften anknüpfen. Vor allem erzwingt § 15 Abs. 2 östStGB, indem er den Versuch der Täterschaft durch sonstigen Tatbeitrag für straflos erklärt, eine Abgrenzung dieser Täterform (§ 12, 3. Fall östStGB) von den anderen Tatbegehungsformen (§ 12, 1. und 2. Fall östStGB). Überdies schreibt § 314 Abs. 1 östStPO im Verfahren vor den Geschworenengerichten die Stellung einer Eventualfrage vor, wenn in der Hauptverhandlung Tatsachen vorgebracht werden, die eine andere als die in der Anklage genannte Täterform für möglich erscheinen lassen[58].

---

[53] Vgl. *Burgstaller*, RZ 1975, 13 ff. und 29 ff.; *ders.*, Vollendung oder Ende der Einheitstäterschaft, RZ 1982, 216 f.; *ders.*, JBl 1984, 390; *Zipf*, Die mittelbare Täterschaft und ihre Einordnung in § 12 StGB, ÖJZ 1975, 618 ff.; *Lewisch*, JBl 1989, 294 (303); *Fuchs*, Probleme des Deliktsversuchs, ÖJZ 1986, 257 (264); *Schick*, Buchbesprechung: Die österreichische Beteiligungslehre, von Otto Triffterer, ÖJZ 1984, 475 f..

[54] Prof. Dr. Dr. *Manfred Burgstaller*, Wien.

[55] Als erste Übersicht hierzu vgl. *Leukauf/Steininger* [3], § 12 Rn. 11 mwN.; ausführlich *Triffterer*, Beteiligungslehre, S. 48 ff..

[56] Vgl. WK-*Fabrizy*, § 12 Rn. 14.

[57] Vgl. *Burgstaller*, RZ 1975, 13; ebenso *Schild*, ZfRV 1976, 182 (184).

[58] Vgl. *Zipf*, RZ 1980, 141 (143); *Fuchs*, ÖJZ 1986, 257 (263); *Lewisch*, JBl 1989, 294 (296); *Friedrich* in Triffterer-FS, S. 43 (61); einschränkend jedoch *Nowakowski*, RZ 1982, 124 (126 und 128 f.).

b) Der unterschiedliche soziale Sinngehalt der Täterformen

Burgstaller lehnt auch die von den Vertretern der Einheitstäterschaft propagierte rechtliche Gleichwertigkeit der drei Tatbegehungsformen strikt ab. Dass sich bereits aus der Bedeutung der einzelnen Täterbegriffe ein *unterschiedlicher sozialer Sinngehalt* ableiten lässt[59], versucht Burgstaller an folgendem Beispiel zu verdeutlichen:

Wer einem Mörder, der als unmittelbarer Täter die Tat selbst und eigenhändig begeht, nur die allergeringste, jedoch von § 12, 3. Fall östStGB erfasste Hilfe leiste, wie z. B. das zur Verfügungstellen einer Militär-Tarnjacke, damit der unmittelbare Täter bei der Tatausführung unentdeckt bleibt, werde zufolge der Vorschrift des § 12 östStGB bereits als Mörder bezeichnet[60]. Diesen beiden Verhaltensweisen jedoch denselben sozialen Sinn zuzusprechen, sei offensichtlich falsch und laufe auf eine »*Negierung der sozialen Realität*« hinaus[61]. Diese Ansicht finde zudem auch im Gesetz eine hinreichende Stütze. Wenn § 15 Abs. 2 östStGB die versuchte Beitragstäterschaft für straflos erkläre, den Versuch einer Bestimmung hingegen nicht, so komme darin eindeutig die gesetzgeberische Wertung zum Ausdruck, dass zwischen den Beteiligungsformen des § 12, 2. und 3. Fall östStGB wertmäßige Unterschiede bestünden[62].

Konsequenterweise solle auch ein Rechtsmittel, mit welchem die rechtsfehlerhafte Subsumtion und eine nicht zutreffende Täterform angegriffen werde, zum Erfolg führen[63].

c) Die limitiert (qualitative) Akzessorietät

Zudem will Burgstaller die österreichische Lösung als limitiert (qualitativ) akzessorisch begreifen[64], d. h. Bestimmungs- und Beitragstäterschaft setzten eine tatbestandsmäßige, vorsätzliche und rechtswidrige Haupttat voraus. Hinsichtlich seiner Begründung unterscheidet er zwischen § 12, 2. und 3. Fall östStGB.

---

[59] Vgl. *Burgstaller*, RZ 1982, 216 (217) unter ausdrücklicher Bezugnahme auf die von *Nowakowski* vertretene Gegenmeinung in RZ 1982, 124; ebenso *Dietz*, Täterschaft und Teilnahme, Materialien zur Strafrechtsreform, AT I, Band 2, S. 329; *Triffterer*, Beteiligungslehre, S. 52 f.; hiergegen *Schmoller*, ÖJZ 1983, 337 (348).

[60] So vom *LG*St Wien (20a Vr 5057/81) im sog. »*Nittel-Mord*« entschieden, vgl. hierzu auch *OGH*, EvBl 1984/94.

[61] Vgl. *Burgstaller*, RZ 1982, 216 (217).

[62] Vgl. *Burgstaller*, RZ 1982, 216 (217); ebenso *Schild*, ZfRV 1976, 182 (184 und 198); *Wegscheider*, Zur Konkurrenz von Bestimmungstäterschaft und Beitragstäterschaft (§ 12 2. und 3. Alt StGB), RZ 1979, 165.

[63] Vgl. WK-*Fabrizy*, § 12 Rn. 14.

[64] Vgl. ausführlich hierzu *Triffterer*, Beteiligungslehre, S. 55 f..

Bestimmungstäter sei nach § 12, 2. Fall östStGB *»jeder, der einen anderen dazu bestimmt, sie auszuführen«*. Mit dem Wort *»sie«* sei die strafbare Handlung des unmittelbar Ausführenden gemeint. Von einer solchen könne jedoch erst dann gesprochen werden, wenn alle Merkmale einer strafbaren Handlung gegeben seien. Da hierzu die Verbrechensmerkmale Tatbestand, Rechtswidrigkeit und Schuld zu zählen sind, käme man sogar zu einer strengen Akzessorietät; nach § 13 östStGB, demzufolge von mehreren Beteiligten jeder nach seiner Schuld zu bestrafen sei, komme es jedoch nicht auf eine schuldhafte Handlung des Vordermannes an[65]. Soweit der Vorsatz noch als Element der Schuld verstanden werde, könne das Erfordernis vorsätzlichen Handelns beim unmittelbar Ausführenden auch aus der Definition der Bestimmungstäterschaft, wie sie aus den EBRV 1971 hervorgeht, abgeleitet werden. Hiernach sei Bestimmungstäter derjenige, der dafür ursächlich werde, dass sich ein anderer zur Ausführung einer Tat entschließe[66]. Unter dem Tatentschluss des unmittelbaren Täters könne jedoch nur dessen Vorsatz hinsichtlich der zu begehenden Haupttat verstanden werden[67].

Was die Beitragstäterschaft nach § 12, 3. Fall östStGB anbelangt, könne man sich zwar nicht darauf berufen, dass der Begriff »Beitrag« ohne Vorsatz beim unmittelbar Ausführenden nicht sinnvoll definiert werden könne. Beitragstäter nach § 12 östStGB ist jedoch derjenige, *»der sonst zu ihrer Ausführung beiträgt«*. Mit dem Wort *»ihrer«* sei ebenso wie beim Bestimmungstäter auf die strafbare Handlung des unmittelbaren Täters Bezug genommen. Für diese gelten die gleichen Anforderungen wie im Rahmen der Bestimmungstäterschaft nach § 12, 2. Fall östStGB. Zudem ergebe sich das Vorsatzerfordernis aus der quantitativ-akzessorischen Regelung des § 15 Abs. 2 östStGB, wonach der Beitragstäter erst dann strafbar werden soll, wenn der unmittelbare Täter in das Stadium des strafbaren Versuches eingetreten ist. Für einen Versuch sei jedoch zwingend Vorsatz erforderlich[68].

Zudem dürfe in diesem Zusammenhang auch nicht außer Acht gelassen werden, dass das Erfordernis einer limitiert qualitativen Akzessorietät nicht zuletzt die Funktion einer Begrenzung der einzelnen Täterschaftsformen unter rechtsstaatlichen Gesichtspunkten erfülle und eine unbeabsichtigte Ausuferung der Strafbarkeit eingrenze[69].

---

[65] Vgl. *Burgstaller*, RZ 1975, 13 (14).
[66] Vgl. EBRV 1971, 80 = Dok. StGB 66.
[67] Vgl. *Burgstaller*, RZ 1975, 13 (15).
[68] Vgl. *Burgstaller*, RZ 1975, 13 (16); ebenso *Lewisch*, JBl 1989, 294 (296 f.).
[69] Vgl. *Burgstaller*, aaO.; ebenso *Schild*, ZfRV 1976, 182 (183); *Lewisch*, JBl 1989, 294 (298).

d) Die Figur der verdeckten unmittelbaren Täterschaft

Burgstaller verkennt jedoch nicht, dass sich aufgrund der von ihm postulierten limitiert qualitativen Akzessorietät mitunter unerwünschte Strafbarkeitslücken ergeben. Dies betrifft vor allem den Bereich, der nach deutschem Recht als mittelbare Täterschaft von § 25 Abs. 1 Alt. 2 dtStGB erfasst wird. Da § 12 östStGB eine derartige Regelung expressis verbis nicht enthält, führt Burgstaller die Figur der »*verdeckten unmittelbaren Täterschaft*« ein, die lediglich eine spezielle Ausformung von § 12, 1. Fall östStGB darstellt[70]. Ihr sollen all jene Kon stellationen zugeordnet werden, in denen sich ein Hintermann zur Tatausführung eines menschlichen Werkzeugs bedient.

Als Begründung wird angeführt, dass im Bereich der Mittäterschaft nicht erforderlich sei, dass jeder unmittelbare Täter alle Tatbestandsmerkmale selbst erfüllen müsse, sondern vielmehr die Tatbeiträge wechselseitig zugerechnet werden. Folgerichtig komme auch derjenige als unmittelbarer Täter in Betracht, der als Hintermann das deliktische Geschehen selbst in der Hand habe und den Geschehensablauf beherrschen könne. Nach Ansicht Burgstallers ist das wesentliche Täterschaftskriterium im Rahmen der verdeckten unmittelbaren Täterschaft die sog. Tatherrschaft[71].

e) Eine bloß »reduzierte Einheitstäterschaft«

Zusammenfassend lässt sich festhalten, dass sich diese Lehrmeinung in den wesentlichen Punkten von der oben dargestellten Einheitstäterlösung unterscheidet und auch nicht zu einer tatsächlichen Vereinfachung bei der Rechtsanwendung führt[72]. Da Burgstaller jedoch mit den Vertretern der Einheitstäterschaft insofern konform geht, als § 12 östStGB keine Teilnehmer, sondern nur die Beteiligungsform des Täters kennt, die alle demselben Strafrahmen unterfallen, bezeichnet er selbst seinen Ansatz als »*reduzierte Einheitstäterschaft*« und nicht als akzessorisches Teilnahmesystem[73]. Dies wird jedoch von seinen Gegnern als missverständlich abgelehnt, denn in Wirklichkeit verstehe Burgstaller die österreichische Lösung mit seiner gezielt akzessorischen Auslegung tatsächlich als Teilnahmesystem[74].

---

[70] Vgl. *Leukauf/Steininger*³, § 12 Rn. 11 mwN..

[71] Vgl. *Burgstaller*, RZ 1975, 13 (16 f.).

[72] So das von *Burgstaller* selbst gemachte Zugeständnis in RZ 1975, 29 (33); vgl. auch *Kienapfel/Höpfel*, AT, E 2 Rn. 17 ff., 37 und 50; EBRV 1971, 79.

[73] Vgl. WK-*Fabrizy*, § 12 Rn. 14; *Triffterer*, Beteiligungslehre, S. 48.

[74] Vgl. *Kienapfel/Höpfel*, AT, E 2 Rn. 45; *Kienapfel*, RZ 1975, 165 (168); *Nowakowski*, Die Sonderdelikte, beurteilt nach ihrer Begehbarkeit durch Extranei, ZnStR II 1974, 147; *Schmoller*, ÖJZ 1983, 337; *Höpfel*, ÖJZ 1982, 314 (317).

3) Die Beurteilung durch die Rechtsprechung – Prozessuale Folgen

Die Rechtsprechung des OGH war nicht von Anfang an einheitlich[75]. In den ersten Jahren nach Inkrafttreten des neuen östStGB ließ sie eine eindeutige Stellungnahme für eine der beiden Lehrmeinungen vermissen[76]. Erst ab Anfang/Mitte der 80er Jahre hat sich die Rechtsprechung dahingehend gefestigt, dass sich der OGH konsequent dem Einheitstäterdenken verschrieben hat[77].

a) Die Anfänge der österreichischen Rechtsprechung ab 1975

Der 13. Senat des OGH hatte sich im Jahr 1975 als erster mit dem Verständnis der §§ 12 ff. östStGB auseinanderzusetzen[78]. Gegenstand des Urteils war eine Entscheidung des Erstgerichts, wonach mehrere Angeklagte wegen gewerbs- und bandenmäßigen Schmuggels in Form der Mittäterschaft gem. §§ 35 Abs. 1 lit. b, 38 Abs. 1 lit. a und b östFinStrG[79] verurteilt wurden. Da die Angeklagten jedoch keinen der Schmuggeltransporte selbst über die Zollgrenze vornahmen, sondern vielmehr nur die Aufträge zur Durchführung dieser Transporte von Hintermännern erhielten und an andere, bereitstehende Mitglieder der Bande weitergaben, hob der OGH den Ausspruch über die rechtliche Beurteilung auf und erkannte die Angeklagten als bloße »*Mitschuldige*« am erwähnten Finanzvergehen für schuldig. Hierbei fällt auf, dass sich der Senat noch des Be griffs des alten § 5 östStG bediente, indem er den sonstigen Tatbeitrag der Rechtsmittelwerber als »*Mitschuld*« bezeichnete. Auch in seiner Begründung schien der Senat dem alten Teilnahmedenken zuzuneigen. So führte er aus, dass entsprechend dem rechtsstaatlichen Grundsatz einer weitgefächerten Typisierung deliktischen Handelns jeglicher Vergröberungstendenz zu entgegnen sei. Ungeachtet der grundsätzlichen Gleichstellung im Strafsatz bestehe eine Verschiedenheit der in § 12 östStGB umschriebenen Täterschaftstypen, derzufolge ein Subsumtionsirrtum als Nichtigkeitsgrund des § 281 Abs. 1 Z. 10 östStPO angesehen werden müsse. Hinsichtlich der Weitergabe der Aufträge für die Schmuggelfahrten lehnte der Senat eine »*Anstiftung*« zwar ab, führte jedoch in einem Nebensatz aus, dass hierunter das Erwecken des Tatentschlusses zu ver-

---

[75] Vgl. die Übersicht bei *Leukauf/Steininger*[3], § 12 Rn. 4 aE. mwN..
[76] Vgl. *Triffterer*, Beteiligungslehre, S. 63; *Kienapfel*, ÖJZ 1979, 90 (91).
[77] Vgl. zur Entwicklung der österreichischen Rechtsprechung ausführlich *Kienapfel*, Der Oberste Gerichtshof und das Prinzip der funktionalen Einheitstäterschaft, Steininger-FS, S. 157 ff..
[78] Vgl. *OGH*, 13 Os 76/75 in SSt 46/81 = RZ 1976/62 (mit krit. Anm. *Kienapfel*).
[79] Österreichisches Finanzstrafgesetz, abgedruckt im Anhang dieser Arbeit.

stehen sei, und stützte sich dabei ausdrücklich auf die Argumentation Burgstallers[80].

Einheitstäterschaftliches Denken war erstmals in einer Entscheidung des 9. Senates vom 22. 11. 1977 zu erkennen[81]. Dieser lag ein Urteil zu Grunde, in welchem ein angestellter Speditionskaufmann wegen des bewussten und gewollten Zusammenwirkens mit dem Geschäftsführer des Speditionsunternehmens als Mittäter des Finanzvergehens der Steuerhinterziehung nach § 35 Abs. 2 öst-FinStrG für schuldig erkannt wurde. Der Beschwerdeführer griff seine Verurteilung als Mittäter deshalb an, weil ihn als Angestellten die abgabenrechtliche Offenlegungs- und Wahrheitspflicht nicht getroffen habe. Überdies seien die unrichtigen Warenerklärungen von gutgläubigen Angestellten des Speditionsunternehmens als sog. blinde Werkzeuge ausgefüllt worden. In dieser Konstellation wäre der Angeklagte nach Ansicht des Senates an sich als Bestimmungstäter zu verurteilen gewesen, weil er vorsatzlos Handelnde zur Ausführung der Tat veranlasste; die Nichtigkeitsbeschwerde wurde dennoch verworfen, weil der Angeklagte durch die rechtlich falsche Beurteilung als unmittelbarer Täter nicht als beschwert erachtet werden konnte.

Noch weiter ging eine Entscheidung des 10. Senates aus dem Jahre 1978[82]. Ein Kaufmann wurde des schweren Betrugs in 143 Fällen gem. §§ 146, 147 Abs. 3, 148 östStGB für schuldig befunden, weil er Wohnungssuchenden gegen Entgelt Adressen angeblich freier Wohnungen verschafft und die Taten teils allein, teils mit abgesondert verfolgten Mittätern, teils durch vorsatzlos handelnde oder noch nicht ausgeforschte Hilfskräfte verübt hatte. Der Angeklagte wandte sich gegen das Urteil mit der Begründung, diese alternative Formulierung des Urteilsspruchs sei zu undeutlich und führe zur Nichtigkeit gem. § 281 Abs. 1 Z. 5 i.V.m. § 260 Abs. 1 Z. 1 östStPO. Der Senat erblickte jedoch in der wahldeutigen Konstatierung der Tatbeteiligung keinen Feststellungsmangel. Soweit der mitunter als Alleintäter handelnde Beschwerdeführer auch als Bestimmungstäter, der sich eines schuldlosen, fahrlässig handelnden, qualifikationslosen oder tendenzlosen Werkzeugs bediente, einzustufen sei, habe das Erstgericht durch die Heranziehung und Zitierung des § 12 östStGB subsumierend Rechnung getragen. Eine exakte Einordnung bezüglich der jeweils zutreffenden Täterschaftsform des § 12 östStGB bei jedem einzelnen der 143 Betrugsfälle sei deshalb nicht notwendig, weil nach § 12 östStGB ohnehin alle Beteiligten als Täter anzusehen seien und alle nach derselben Strafdrohung hafteten. Als obiter dictum fügte der OGH im letzten Satz dieser Entscheidung hinzu, dass eine Nichtigkeitsbeschwerde auch dann keinen Erfolg gehabt hätte, wenn das Erstgericht hinsichtlich der Tatbeteiligung von einer falschen Täterschaftsform ausgegangen wäre.

---

[80] Vgl. *Burgstaller*, RZ 1975, 13 (15).
[81] Vgl. *OGH*, 9 Os 143/76 in RZ 1978/72 (mit zust. Anm. *Kienapfel*).
[82] Vgl. *OGH*, 10 Os 186, 201, 202/77 in RZ 1978/73 (mit zust. Anm. *Kienapfel*).

Auf dieser Linie sind in den folgenden Jahren zahlreiche weitere Entscheidungen ergangen, die sich an den wesentlichen Kriterien einheitstäterschaftlichen Denkens orientierten[83]. In Bezug auf das Grundaxiom der rechtlichen Gleichwertigkeit aller Täterformen des § 12 östStGB sowie hinsichtlich der Auffassung, dass Nichtigkeitsbeschwerden, mit welchen ein Subsumtionsirrtum innerhalb von § 12 östStGB angegriffen werden soll, mangels eines tatsächlichen Nachteils für den Angeklagten als unbegründet zu verwerfen seien, sprach der OGH Anfang der 80er Jahre selbst von »*nunmehr bereits gefestigter Judikatur*«[84] sowie von »*ständiger Rspr*«[85].

Im Jahre 1984 wurde eine Entscheidung des OGH publiziert[86], die ein erneutes Aufleben des Streits über die Frage, wie die österreichische Lösung zu verstehen sei, zur Folge hatte. Mit dem angefochtenen Urteil wurde ein Angeklagter des Mordes nach § 75 östStGB, ein weiterer als Beteiligter hierzu nach § 12, 3. Fall östStGB schuldig erkannt. Letzterer erhob hiergegen Nichtigkeitsbeschwerde, weil aufgrund der festgestellten Tatsachen nicht auszuschließen sei, dass der unmittelbare Täter in Notwehr gem. § 3 Abs. 1 östStGB gehandelt habe. Der OGH bejahte das Beschwerdeinteresse, »*weil zur Strafbarkeit eines Beteiligten iS des § 12 zweiter oder dritter Fall StGB zwar nicht unbedingt die Strafbarkeit des unmittelbaren Täters (§ 12 erster Fall StGB) vorauszusetzen ist, [...] wohl aber neben der (objektiven) Tatbildmäßigkeit seines Verhaltens auch dessen (konkrete) Rechtswidrigkeit.*« Diese zentrale Aussage, die der Entscheidung auch als Leitsatz vorangestellt wurde, ist sowohl von Burgstaller, als auch von Kienapfel jeweils als partielle Anerkennung der eigenen Lehrmeinung interpretiert und unmittelbar im Anschluss an diese Veröffentlichung kommentiert worden[87]. So kann die Aussage, dass die Strafbarkeit eines Beteiligten nach § 12, 2. oder 3. Fall östStGB ein objektiv tatbildmäßiges Verhalten des unmittelbaren Täters voraussetzt, dahingehend verstanden werden, dass es auf die subjektive Tatseite und somit auf das Erfordernis des Doppelvorsatzes gerade nicht ankommt. Andererseits aber deutet die Anforderung, der unmittelbare Täter müsse konkret rechtswidrig gehandelt haben, auf eine Anerkennung der These der limitierten qualitativen Akzessorietät hin[88].

---

[83] Vgl. hierzu die ausführliche Auflistung bei *Leukauf/Steininger* [3], § 12 Rn. 4 aE., sowie die Rechtsprechungsanalyse bei *Kienapfel*, ÖJZ 1979, 90; *ders.*, Steininger-FS, S. 157 ff..

[84] Vgl. *OGH*, 13 Os 176/80 in EvBl 1982/98.

[85] Vgl. *OGH*, 9 Os 78/83 in JBl 1984, 267.

[86] Vgl. *OGH*, 10 Os 168/83 in JBl 1984, 389 = EvBl 1984/157.

[87] Vgl. *OGH*, 10 Os 168/83 in JBl 1984, 389 (mit krit. Anm. *Burgstaller*, S. 390 und *Kienapfel*, S. 390 f.).

[88] Zum hierbei ausgelösten Streit vgl. auch *Liebscher*, JBl 1984, 395.

b) Die gegenwärtige Ausprägung der österreichischen Einheitstäterlösung

Die zuletzt angesprochene Entscheidung kann jedoch zurecht als Ausnahme bezeichnet werden, da sich der OGH fortan wieder auf die Linie seiner bisher ständigen Rechtsprechung begeben hat, wie er sie bereits Ende der 70er/Anfang der 80er Jahre eingeschlagen hatte.

So lehnt der OGH das Erfordernis einer qualitativen Akzessorietät nunmehr ausdrücklich ab[89]: Bestimmungstäterschaft sei auch dann anzunehmen, wenn der Bestimmte vorsatzlos, bloß fahrlässig, schuldlos, qualifikationslos oder rechtmäßig handle[90]. Die aus der Teilnahmelösung stammende sog. »mittelbare Täterschaft« sei damit der zweiten Täterschaftsform des § 12 östStGB zuzuordnen[91]. Für die Beitragstäterschaft wird das Vorsatzerfordernis beim unmittelbaren Täter ebenfalls ausdrücklich abgelehnt[92]. Aufgrund der rechtlichen Gleichwertigkeit aller Täterschaftsformen bestehe kein Nachteil für einen Verurteilten, soweit seine Beteiligung nicht korrekt unter § 12 östStGB subsumiert worden sei; dennoch erhobene Nichtigkeitsbeschwerden nach § 281 Abs. 1 Z. 10 östStPO seien von vornherein als unbegründet zu verwerfen[93].

Im Schrifttum stößt diese Praxis des OGH teilweise auf Kritik. Vor allem nach Ansicht der Gegner der Einheitstäterlösung sei die Verwerfung der Nichtigkeitsbeschwerden als unbegründet mit dem Grundgedanken der Recht- und Gesetzmäßigkeit nicht vereinbar; der OGH handle offensichtlich contra legem, da den Parteien im Strafprozess, wie § 281 Abs. 1 Z. 10 östStPO eindeutig zum Ausdruck bringt, ein Anspruch auf eine korrekte Subsumtion zustehe[94]. Zudem sei es widersprüchlich, wenn der OGH einerseits Nichtigkeitsbeschwerden verwirft, andererseits aber das Gesetz in § 314 östStPO im Verfahren vor den Geschworenengerichten das Stellen einer Eventualfrage vorschreibt, falls in der Hauptverhandlung Tatsachen vorgebracht werden, die eine andere als die in der Anklage genannte Täterform für möglich erscheinen lassen[95]. Ein Verstoß hiergegen macht das Urteil nach § 345 Abs. 1 Z. 6 östStPO nichtig[96]. In einer Ent-

---

[89] Vgl. WK-*Fabrizy*, § 12 Rn. 17 mwN..

[90] Vgl. *OGH*, SSt 54/56, 56/19 = RZ 1986/31 (mit zust. Anm. *Kienapfel*), JBl 1990, 331, mit Leitsatzberichtigung in JBl 1990, 468.

[91] Vgl. *OGH*, SSt 49/5; sowie WK-*Fabrizy*, § 12 Rn. 17.

[92] Vgl. *OGH*, EvBl 1995/6 = JBl 1994, 627 (mit abl. Anm. *Burgstaller*).

[93] Vgl. beispielhaft *OGH*, EvBl 1999/27; sowie die ausführliche Auflistung bei *Leukauf/Steininger*[3], § 12 Rn. 14.

[94] Vgl. *Platzgummer*, Grundzüge des österreichischen Strafverfahrens, S. 186 f. unter Bezugnahme auf *OGH*, EvBl 1981/108; 1985/67; RZ 1987/78; *Burgstaller*, RZ 1982, 216 (217); *E. Steininger*, Handbuch zur StPO, § 281 Abs. 1 Z. 10 Rn. 96 ff..

[95] Vgl. *Zipf*, RZ 1980, 141 (143); *Fuchs*, ÖJZ 1986, 257 (263); *Lewisch*, JBl 1989, 294 (296); *Friedrich* in Triffterer-FS, S. 43 (61); *Seiler*, Strafprozeßßordnung, Rn. 936; einschränkend jedoch *Nowakowski*, RZ 1982, 124 (126 und 128 f.).

[96] Vgl. *OGH*, EvBl 1991/48 = JBl 1991, 603.

scheidung aus dem Jahre 2002 hält der OGH dem eben vorgebrachten Argument entgegen, dass es sich bei § 314 Abs. 1 östStPO lediglich um eine verfahrensrechtliche Ausnahme handle: »*Soweit Feststellungen nur die Art strafbarer Beteiligung nach § 12 StGB betreffen, ist – nach nunmehr gefestigter Rechtsprechung – ein Anspruch auf präzise „Urteilswahrheit" nicht gegeben. Ist doch die Einordnung einer Tat unter die richtige Täterschaftsform aus § 281 Abs. 1 Z. 10 StPO nicht anfechtbar und § 314 Abs. 1 StPO als Sonderbestimmung nur im Verfahren vor dem Geschworenengericht beachtlich [...].*«[97]. Dem OGH ist jedoch ein weiteres Argument entgegenzuhalten: Aufgrund der Vorschrift des § 281 Abs. 3 Satz 1 östStPO können die Nichtigkeitsgründe der Ziffern 2, 3 und 4 des § 281 Abs. 1 östStPO nicht zum Vorteil des Angeklagten »*geltend gemacht werden, wenn unzweifelhaft erkennbar ist, daß die Formverletzung auf die Entscheidung keinen dem Angeklagten nachteiligen Einfluß üben konnte.*«. Eine hiermit vergleichbare Regelung aber, die auf den Nichtigkeitsgrund des § 281 Abs. 1 Z. 10 östStPO Bezug nimmt und eine Verletzung sachlichen Rechts dann für irrelevant erklärt, wenn hieraus für den Angeklagten offensichtlich kein Nachteil resultieren kann, ist in der österreichischen StPO nicht ersichtlich.

Dem OGH ist allerdings insofern zuzustimmen, als die Verwerfung der Nichtigkeitsbeschwerden in der Praxis zu einer tatsächlichen Vereinfachung der österreichischen Beteiligungsregelung führt. In den ersten zu § 12 östStGB ergangenen Entscheidungen des OGH finden sich noch Ausführungen zu der Frage, wie die einzelnen Tatbegehungsformen auszulegen und zu verstehen sind und wie die Beteiligung im jeweils zu entscheidenden Fall rechtsfehlerfrei hätte beurteilt werden müssen. Erst im Anschluss daran wird begründet, dass die eingelegte Nichtigkeitsbeschwerde nach § 281 Abs. 1 Z. 10 östStPO aufgrund mangelnder Beschwer für den Angeklagten zu verwerfen ist[98]. In jüngeren Entscheidungen hingegen verzichtet der OGH gänzlich auf ein Eingehen der behaupteten Rechtsverletzung bezüglich der in Frage stehenden Täterschaftsform und stellt unter Berufung auf die hierzu ständige Rechtsprechung vorab klar, dass ein möglicher Subsumtionsfehler nicht nach § 281 Abs. 1 Z. 10 östStPO gerügt werden kann[99]. So heißt es nach dem kurzen Hinweis auf die rechtliche Gleichwertigkeit der drei Täterschaftsformen des § 12 östStGB beispielhaft: »*Folglich kann der Angeklagte durch die, wenn auch etwa unzutreffende, Annahme einer dieser drei Varianten in seinen Rechten nicht beeinträchtigt sein*«[100]. In einer weiteren Entscheidung finden sich die hierzu gemachten Ausführungen in einem eher beiläufigen Klammerzusatz: »*(der näheren Abgrenzung*

---

[97] Vgl. *OGH*, 13 Os 179/01.

[98] Vgl. hierzu die Ausführungen in *OGH*, JBl 1979, 662; 1981, 108; 1983, 214; 1984, 267; EvBl 1983/74.

[99] So die kurzen Ausführungen zu *OGH*, JBl 1986, 59; SSt 60/13.

[100] Vgl. *OGH*, JBl 1986, 59.

und damit auch der Frage, von welchem der Täter jeweils die Initiative ausgegangen ist, kommt angesichts der rechtlichen Gleichwertigkeit sämtlicher in dieser Gesetzesstelle umschriebenen Begehungsweisen keine Bedeutung zu)«[101].

Die Ausführungen bezüglich der zuletzt angesprochenen Urteile sind nicht nur offensichtlich kurz, sondern führen auch zu einer Entlastung österreichischer Strafgerichte dahingehend, dass es weder zur Zurückverweisung an das Erstgericht und zur erneuten Verhandlung noch zur Entscheidung des OGH in der Sache selbst kommt. Darüber hinaus fällt bei der Durchsicht der gängigen Entscheidungssammlungen[102] auf, dass die Zahl der veröffentlichten Urteile, die sich mit Fragen zu § 12 östStGB auseinandersetzen, ab Mitte der 80er Jahre stark zurückgegangen ist. Dies legt die Vermutung nahe, dass sich der OGH in der Tat mit weitaus weniger Nichtigkeitsbeschwerden aus diesem Bereich zu beschäftigen hat, weil sich die Erkenntnis durchgesetzt hat, dass die Einlegung dieses Rechtsmittels ohnehin erfolglos bleibt. Darüber hinaus stellt dieser Rückgang möglicherweise auch ein Indiz dafür dar, dass die rechtlichen Fragen zu § 12 östStGB durch die Rechtsprechung weitestgehend geklärt sein dürften.

II) Die deutsche Lösung

Gleichzeitig mit Inkrafttreten des neuen östStGB zum 01. 01. 1975 wurde auch das deutsche StGB durch das 2. StrRG (1975) reformiert[103]. Die bisher in den §§ 47 ff. dtStGB a. F.[104] enthaltenen Beteiligungsvorschriften wurden im Zuge dieser Neuregelung in den §§ 25 ff. dtStGB n. F. neu formuliert. Hierbei wurde manches ergänzt und gegenüber dem früheren Recht klargestellt, es kam jedoch zu keiner Änderung der überkommenen Teilnahmelehre[105].

1) Verständnis und Ausprägung der §§ 25 ff. dtStGB

Im Gegensatz zum österreichischen Recht wurde die deutsche Lösung seit jeher einhellig als akzessorisches Teilnahmemodell begriffen.

---

[101] Vgl. *OGH*, SSt 60/13.

[102] Vgl. SSt, EvBl, JBl, RZ der Jahrgänge 1975 bis einschließlich 2002, sowie die Datenbank des Bundeskanzleramtes unter *http://www.ris.bka.gv.at/jus/* Judikatur Justiz (OGH, OLG, LG, BG).

[103] 2. StrRG v. 04.07.1969 (BGBl. I S. 717), in Kraft getreten gem. G. v. 30.07.1973 (BGBl. I S. 909) am 01.01.1975; vgl. hierzu auch LK-*Roxin*, Vor § 25 Rn. 1 und § 25 Rn. 53.

[104] Abgedruckt im Anhang dieser Arbeit.

[105] Vgl. *Kaufmann*, Die Dogmatik im Alternativ-Entwurf, ZStW 80, 34 (36); MK-*Joecks*, Vor § 25 Rn. 2.

a) Die Unterscheidung von Täter und Teilnehmer

In Anlehnung an die aus dem französischen Code penal (Art. 59, 60) stammenden Begriffe[106] unterscheidet das deutsche Strafgesetzbuch im Bereich der Vorsatzdelikte zwischen den Beteiligungsformen der Täterschaft und Teilnahme[107].

Wer Täter ist, regelt § 25 dtStGB: Hierunter fallen nach Abs. 1 der Alleintäter und der mittelbare Täter – zwei Erscheinungsformen, die im alten StGB nicht erwähnt, jedoch allgemein anerkannt waren[108] – sowie nach Abs. 2 der bzw. die Mittäter. Sie alle werden nach der Formulierung dieser Vorschrift *als Täter* bestraft.

Anders dagegen der Wortlaut von § 26 dtStGB, demzufolge der Anstifter nicht *als Täter*, sondern *gleich einem Täter* bestraft wird. Auch die Strafbarkeit des Gehilfen wird nicht im Rahmen des § 25 dtStGB geregelt, sondern separat in § 27 Abs. 1 dtStGB, dessen Abs. 2 vorschreibt, dass sich die Strafe für den Gehilfen nach der Strafdrohung für den Täter richtet, aber obligatorisch gem. § 49 Abs. 1 dtStGB zu mildern ist.

Das dtStGB geht somit von einem restriktiven, d. h. engen Täterbegriff aus[109] und unterstellt nur bestimmte Beteiligungsformen der Täterschaft. Die Vorschriften über Anstiftung und Teilnahme stellen sich nach h. M. als Strafausdehnungsgründe dar[110]. Einer rechtlich korrekten Einordnung der Beteiligungsformen kommt im deutschen Recht deshalb große Bedeutung zu, weil diese einen unterschiedlichen Intensitätsgrad hinsichtlich des Beitrags zur Rechtsgutverletzung zum Ausdruck bringen[111], aber auch eine Strafrahmenverschiebung zu Gunsten eines Mitwirkenden nach sich ziehen können. Von besonderer praktischer Relevanz ist vor allem die bereits angesprochene Strafmilderung des Gehilfen gem. § 27 Abs. 2 Satz 2 dtStGB gegenüber einem Täter oder Anstifter. Außerdem ist die Strafe des Teilnehmers gem. § 28 Abs. 1 dtStGB nach § 49

---

[106] Vgl. LK-*Roxin*, Vor § 25 Rn. 16; *Jescheck/Weigend*, § 61 II 2 a; zur historischen Entwicklung der differenzierenden Teilnahmeregelung *Maiwald*, Bokkelmann-FS, S. 343 (344 ff.).

[107] So auch schon die Überschrift des Dritten Titels des Zweiten Abschnitts des Allgemeinen Teils vor den §§ 25 ff. dtStGB.

[108] Zum alten Recht vor 1975 vgl. *Schmidhäuser*, AT, S. 415 ff.; sowie *Baumann*, Beiträge zur Strafrechtsdogmatik, S. 139 ff.; MK-*Joecks*, Vor § 25 Rn. 2.

[109] Vgl. *Jescheck/Weigend*, § 61 III 3; *Zimmerl*, ZStW 49, 39 (45 ff.); *ders.*, ZStW 54, 575; *Schröder*, ZStW 57, 459.

[110] Vgl. MK-*Joecks*, Vor § 25 Rn. 9; *Geppert*, Die Beihilfe (§ 27 StGB), Jura 1999, 266; *Herzberg*, Anstiftung und Beihilfe als Straftatbestände, GA 1971, 1 (2); *Maurach/Gössel/Zipf*, AT II, § 27 IV A); *Gropp*, AT, § 10 Rn. 12; *Kühl*, AT, § 20 Rn. 7; *Roxin*, Zur Dogmatik der Teilnahmelehre im Strafrecht, JZ 1966, 293 (294).

[111] Vgl. *Jakobs*, AT, S. 659 f.; *BGH*St **1**, 241 (242); **1**, 305; **6**, 308 (311).

Abs. 1 dtStGB zwingend zu mildern, wenn bei diesem besondere persönliche Merkmale fehlen, welche die Strafbarkeit des Täters begründen[112].

b) Die Akzessorietät der Teilnahme

Da die Teilnahme nach deutschem Verständnis ihrem Wesen nach Mitwirkung an fremder Rechtsgüterverletzung und demzufolge auch Mitwirkung an fremder Tatbestandsverwirklichung ist, ergibt sich die rechtliche Abhängigkeit der Tat des Teilnehmers von der des Haupttäters[113]. Die Strafbarkeit wegen Anstiftung oder Beihilfe setzt, wie sich aus dem Wortlaut der §§ 26 und 27 Abs. 1 dtStGB ergibt, eine vorsätzliche und rechtswidrige Tat seitens des Täters voraus. Die Tatsache, dass die Strafbarkeit der Teilnehmer nicht isoliert und eigenständig beurteilt werden kann, sondern die Existenz einer Haupttat, an die bestimmte Anforderungen gestellt werden, voraussetzt, wird als Akzessorietät der Teilnahme[114] bezeichnet. Da die Haupttat lediglich vorsätzlich und rechtswidrig, jedoch nicht notwendig schuldhaft und somit nicht voll deliktisch sein muss, spricht man im Gegensatz zum früher (bis 1943)[115] geltenden Grundsatz der *strengen* Akzessorietät[116] nunmehr von *limitierter* Akzessorietät[117].

2) Zum rechtstheoretischen Verständnis

Die Tatsache, dass nach deutschem Recht die Strafbarkeit über die bloße täterschaftliche Begehung hinaus auf Anstiftung und Beihilfe ausgedehnt wird, bedarf einer Rechtfertigung. Die Frage nach dem Strafgrund der Teilnahme wird jedoch unterschiedlich beantwortet.

a) Der Strafgrund der Teilnahme

Nach der früher teilweise vertretenen »*Schuldteilnahmetheorie*« besteht der Strafgrund der Teilnahme nicht in der mitverursachten Rechtsgutverletzung

---

112 Vgl. *Detter*, Zum Strafzumessungs- und Maßregelrecht, NStZ 1993, 473.

113 Vgl. Sch/Sch-*Cramer/Heine*, Vorbem §§ 25 ff., Rn. 17 und 21; *Bockelmann*, Strafrechtliche Untersuchungen, S. 31 ff..

114 Vgl. *Jescheck/Weigend*, § 61VII 1; *Jakobs*, AT, S. 661 ff.; *Stratenwerth*, AT I, § 12 Rn. 123 ff..

115 Bis zur VO vom 29. 5. 1943 (RGBl. I S. 339).

116 Vgl. *RG*St **70**, 26.

117 Vgl. *Wessels/Beulke*, AT, Rn. 553; *Gropp*, AT, § 10 Rn. 9; ausführlich zur Entwicklung des Akzessorietätserfordernisses *Schmidhäuser*, AT, S. 537 ff..

des Täters, sondern darin, dass der Teilnehmer den Haupttäter in eine schuldhafte Handlung verwickelt[118]. Diese Auffassung ist nicht nur hinsichtlich der Beihilfe offensichtlich verfehlt, sondern auch mit dem Gesetz nicht mehr zu vereinbaren, nachdem § 29 dtStGB eine Teilnahme an einer schuldlos begangenen Haupttat für möglich erklärt[119].

Auch die Lehrmeinung, die in der Teilnahme als solcher ein gänzlich »*selbstständiges Teilnehmerdelikt*« sieht, wird heute kaum mehr vertreten[120]. Diese Ansicht, welche die Verantwortung des Teilnehmers nicht in seinem Beitrag zur fremden Tat, sondern in seinem eigenen tatbestandlichen Unrecht begreift, verkennt, dass es sich bei der Akzessorietät um eine rechtliche, und nicht nur rein faktische Abhängigkeit handelt. Zudem ist diese Auffassung nicht mit § 28 Abs. 1 dtStGB vereinbar, dem der Grundgedanke zu entnehmen ist, dass Täter wie auch Teilnehmer den gleichen Rechtsgutsangriff unternehmen und grundsätzlich denselben Tatbestand verwirklichen[121].

Die »*akzessorietätsorientierte Verursachungstheorie*« der heute h. M. sieht den Strafgrund der Teilnahme zum einen in der Verwirklichung selbständiger Unrechtselemente durch den Teilnehmer, vornehmlich jedoch darin, dass sich das Teilnahmeunrecht aus dem Unrecht der Haupttat ableitet[122]. Nuancierungen zwischen den einzelnen Ansichten der Vertreter der Verursachungstheorie ergeben sich vor allem aufgrund unterschiedlicher Gewichtung selbstständiger und aus der Haupttat abgeleiteter Elemente des Teilnehmerunrechts.

---

[118] Vgl. *Lange*, Die notwendige Teilnahme, S. 36 ff.; *ders.*, Die Schuld des Teilnehmers, insbesondere bei Tötungs- und Wirtschaftsverbrechen, JR 1949, 165 (167); *H. Mayer*, Rittler-FS, S. 252 (254 ff.); irreführend *Trechsel*, Der Strafgrund der Teilnahme, S. 54 ff., der seine Auffassung selbst als Schuldteilnahmetheorie bezeichnet, jedoch im Sinne einer Unrechtsteilnahmelehre zu verstehen ist; vgl. hierzu MK-*Joecks*, Vor §§ 26, 27 Rn. 6.

[119] Vgl. *Esser*, Die Bedeutung des Schuldteilnahmebegriffs im Strafrechtssystem, GA 1958, 321; *Less*, Der Unrechtscharakter der Anstiftung, ZStW 69, 43 (44 ff.); *Stratenwerth*, AT I, § 12 Rn. 119 f.; ausdrücklich gegen die Schuldteilnahmelehre *BGH*St **4**, 355 (357 f.).

[120] Vgl. hierzu mit jeweils unterschiedlichen Begründungen *Sax*, Zur Problematik des Teilnehmerdelikts, ZStW 90, 927; *Schmidhäuser*, AT , S. 396 f.; *Lüderssen*, Zum Strafgrund der Teilnahme, S. 117 ff.; *Herzberg*, GA 1971, 1 (8 ff.); *M.-K. Meyer*, Tatbegriff und Teilnehmerdelikt, GA 1979, 252 (255).

[121] Vgl. *Jescheck/Weigend*, § 64 I 3; *Roxin*, Zum Strafgrund der Teilnahme, Stree/Wessels-FS, S. 365 (366); Sch-Sch/*Cramer-Heine*, Vorbem §§ 25 ff. Rn. 20; *Otto*, AT, § 22 Rn. 5 f..

[122] Vgl. *Esser*, GA 1958, 321 (333); *Heinitz*, Teilnahme und unterlassene Hilfeleistung beim Selbstmord, JR 1954, 403 (404); *Rudolphi*, Ist die Teilnahme an einer Notstandstat iS. der §§ 52, 53 Abs. 3 und 54 StGB strafbar?, ZStW 78, 67 (92); *ders.*, Strafbarkeit der Beteiligung an den Trunkenheitsdelikten im Straßenverkehr, GA 1970, 353 (365); *Schumann*, Die „rechtswidrige" Haupttat als Gegenstand des Teilnahmevorsatzes, Stree/Wessels-FS, S. 383; zu weiteren Ansätzen vgl. *Schumann*, Strafrechtliches Handlungsunrecht und das Prinzip der Selbstverantwortung der Anderen; *Niedermair*, Straflose Beihilfe durch neutrale Handlungen?, ZStW 107, 507 (512).

Nach *Jescheck* besteht das Unrecht des Teilnehmers darin, dass dieser »*an der Normverletzungen des Täters mitwirkt. Das Unrecht der Teilnehmertat ist nach Grund und Maß vom Unrecht der Haupttat abhängig.*«[123]. *Maurach/Gössel* sehen den Strafgrund der Teilnahme ganz ähnlich »*in der Veranlassung oder Unterstützung fremden tatbestandlichen Unrechts*«[124]. Nach Ansicht des *BGH* besteht das »*Wesen der Anstiftung*« in der »*Verursachung eines rechtswidrigen Verhaltens*«[125].

Roxin hingegen bemüht sich, den Beweis zu führen, dass Teilnahme ebenso eine Verletzung von auch dem Teilnehmer gegenüber geschützten Rechtsgütern darstellt[126]. So sei das überlebende Opfer einer Anstiftung zur versuchten Tötung auf Verlangen gem. §§ 216 Abs. 2, 26 dtStGB deshalb nicht strafbar, weil das eigene Leben des Anstifters wegen der Straflosigkeit einer Selbsttötung nicht strafrechtlich geschützt sei. Gleiches gelte auch für die Beihilfe in dieser Konstellation. Zudem sei eine strafbare Anstiftung in den Fällen ausgeschlossen, in denen jemand einen anderen, um ihn zu prüfen oder zu überführen, zum Diebstahl einer Sache animiere, die jedoch im Eigentum des Veranlassenden stehe. Ebenso verhalte es sich, wenn der Anstifter die Tat nur bis zum Versuch gelangen lassen will (Fälle des sog. agent provocateur). Die Strafbarkeit des Teilnehmers setze somit eine eigene strafbare Rechtsgutverletzung voraus, weshalb in strafbarer Teilnahme auch eigenes Unrecht zu erblicken sei.

Diesen unterschiedlichen Ausprägungen der akzessorietätsorientierten Verursachungstheorie ist gemein, dass beide Teilnahmeformen als Beteiligung an fremder Tatbestandsverwirklichung ihren Unrechtsgehalt auch vom Unrecht der Haupttat ableiten[127].

b) Die rechtspolitische Rechtfertigung der Teilnahmelösung

Bei der Neuregelung des dtStGB durch das 2. StrRG (1975)[128] entschied sich der deutsche Gesetzgeber wiederum für die Teilnahmelösung. Zwar wurde bei den Vorarbeiten zum 2. StrRG, insbesondere bei den Beratungen der Großen Strafrechtskommission zum Gesetzesentwurf vereinzelt die Einheitstäterlösung

---

[123] Vgl. *Jescheck/Weigend*, § 64 I 2.
[124] Vgl. *Maurach/Gössel/Zipf*, AT II, § 50 Rn. 57.
[125] Vgl. *BGH*St **4**, 355 (358) im Anschluss an *RG*St **5**, 227 (228); **15**, 315 (316).
[126] Vgl. *Roxin*, Zum Strafgrund der Teilnahme, Stree/Wessels-FS, S. 365 ff.; LK-*Roxin*, Vor § 26 Rn. 2 f..
[127] Vgl. *Wessels/Beulke*, AT, Rn. 551 mwN.; *Jakobs*, AT, S. 659; *Baunack*, Grundfragen der strafrechtlichen Beihilfe, S. 26 ff. und 72 ff.; *Roxin*, Stree/Wessels-FS, S. 365 (380 f.).
[128] Vgl. 2. StrRG v. 04.07.1969 (BGBl. I S. 717), in Kraft getreten gem. G. v. 30.07.1973 (BGBl. I S. 909) am 01.01.1975.

befürwortet[129]; die Entscheidung für eine derartige Regelung stand jedoch nie ernsthaft zur Debatte[130].

Sinn und Zweck der vom Gesetzgeber aufgestellten akzessorischen Bindung der Teilnahme an die Haupttat besteht vor allem darin, der Teilnahmehandlung die notwendige rechtstaatliche Bestimmtheit und Konturierung zu geben[131]. Da sich Anstiftung und Beihilfe gegenüber der Täterschaft jeweils als Strafausdehnungsgründe darstellen, muss dafür Sorge getragen werden, dass nicht jedes für die Tatbestandsverwirklichung kausale Handeln eines Teilnehmers der Strafbarkeit unterfällt. Nicht nur um einer unerwünschten Ausdehnung der Strafbarkeit entgegenzuwirken wurde die Haupttat als Bezugspunkt von Anstiftung und Beihilfe gewählt, vielmehr wurden auch bestimmte Bereiche bewusst aus der Strafbarkeit der Teilnahme ausgeklammert wie z. B. Fälle, in denen der Haupttäter unvorsätzlich oder gerechtfertigt handelt[132].

III) Die wesentlichen Unterschiede der österreichischen und deutschen Lösung

Die bisher angestellten Untersuchungen beschränkten sich darauf, die Unterschiede des österreichischen und deutschen Rechts gegenüberzustellen und die unterschiedlichen dogmatischen Grundlagen der beiden Lösungen hervorzuheben. So nimmt das österreichische Recht in den §§ 12 ff. östStGB einerseits eine Vereinheitlichung aller Tatbegehungsformen dahingehend vor, dass alle Beteiligten an einer Tat gleichermaßen zu Tätern erklärt werden, welche voneinander unabhängig jeweils eigenes Unrecht verwirklichen und dem gleichen Strafrahmen unterstellt sind. Andererseits wird dem tatsächlichen Gewicht des jeweiligen Beitrags durch spezielle mitwirkungsspezifische Strafzumessungsvorschriften ausgleichend Rechnung getragen, um eine schuld- und unrechtsangemessene Strafe bilden zu können.

Das deutsche Strafrecht hingegen differenziert zwischen Tätern und Teilnehmern, wobei letztere das Unrecht ihrer Tat vornehmlich aus dem Unrecht der Haupttat ableiten und von dieser im Sinne einer limitierten Akzessorietät rechtlich abhängig sind. Strafbare Anstiftung und Beihilfe setzen – anders als die

---

[129] Vgl. hierzu *Schwalm*, *Krille*, *v. Stackelberg* und *Eb. Schmidt* in Niederschriften über die Sitzungen der Großen Strafrechtskommission, AT, Band 2, 14. bis 25. Sitzung, Bonn 1958, S. 90 f., 98 f., 100 und 122; *Schwalm*, Zu einigen ungelösten Strafrechtsproblemen, Engisch-FS, S. 548 (552); *Roxin*, JZ 1966, 293.

[130] Vgl. *Kienapfel*, Der Einheitstäter im Strafrecht, S. 17 f.; LK-*Roxin*, Vor § 25 Rn. 3 mwN.; *Kaufmann*, ZStW 80, 34 (36).

[131] Vgl. Sch/Sch-*Cramer/Heine*, Vorbem §§ 25 ff. Rn. 23; *Kühl*, AT, § 20 Rn. 7; *Roxin/Arzt/Tiedemann*, Einführung in das Strafrecht und Strafprozessrecht, S. 23 f..

[132] Vgl. LK-*Roxin*, Vor § 25 Rn. 5 ff. und Vor § 26 Rn. 5.

Bestimmungs- und Beitragstäterschaft in Österreich – eine tatbestandsmäßige, vorsätzliche und rechtswidrige Haupttat voraus. Da die deutsche Lösung zudem für einzelne Mitwirkungsformen in bestimmten Konstellationen Strafrahmenverschiebungen vorsieht, kommt der Kategorisierung strafrechtlichen Verhaltens bereits auf Tatbestandsebene besondere Bedeutung zu.

B) Vergleich der österreichischen und deutschen Rechtsprechung

Im Folgenden soll gefragt werden, inwieweit sich die Unterschiede des österreichischen und deutschen Modells in Gerichtsentscheidungen widerspiegeln, die zu Einzelfragen der Teilnahmeproblematik ergangen sind.

Von primärem Interesse ist hierbei, ob die österreichische Lösung in der Praxis tatsächlich die von ihren Befürwortern prophezeite Vereinfachung zur Folge hat. So war es das erklärte Ziel, durch die Einheitstäterschaft »*eine wesentliche Vereinfachung und damit einen erheblichen Vorteil*« gegenüber der Teilnahmelösung zu erreichen[133]. Auch nach Ansicht Kienapfels besticht die österreichische Lösung vor allem »*durch Einfachheit, Klarheit und Praktikabilität*«[134], wogegen das akzessorische Teilnahmesystem »*eindeutig von der Dogmatik beherrscht*« werde, »*was enormen begrifflichen Aufwand und unendlichen dogmatischen Scharfsinn*« erfordere. Beides stehe »*im Vergleich mit dem Einheitstätersystem in keinem angemessenen Verhältnis zum praktischen Ertrag*«[135]. Darüber hinaus könne durch die strenge Kategorisierung der Beteiligungsformen auf Tatbestandsebene – insbesondere in den Fällen des atypisch entlasteten unmittelbaren Täters wie auch des atypisch belasteten Gehilfen – keine der jeweiligen Tat angemessene Einzelfallentscheidung getroffen werden[136].

Von deutscher Seite werden gegen diese Behauptungen jedoch Bedenken dahingehend geltend gemacht, dass die österreichische Lösung, soweit sie tatsächlich eine Vereinfachung auf Tatbestandsebene mit sich bringen sollte, diese im Bereich der Strafzumessung wieder aufhebe[137]. So ist Roxin davon überzeugt, dass sich die ersparten Probleme »*durch die Hintertür der mitwirkungsbezogenen Strafzumessungsgründe alle wieder einschleichen*«[138]. Einen Nachweis hierfür liefert Roxin jedoch nicht.

Die folgenden Untersuchungen werden zeigen, ob derartige Behauptungen haltbar sind.

---

133 Vgl. EBRV 1971, 79 r. Sp. oben.

134 Vgl. *Kienapfel/Höpfel*, AT, E 4 Rn. 29.

135 Vgl. *Kienapfel/Höpfel*, AT, E 2 Rn. 18.

136 Vgl. *Kienapfel*, JuS 1974, 1 (3); *ders.*, StPdG I, 63 (78); *ders.*, JBl 1974, 113 (119).

137 Vgl. die Begründung zum E 1962, BR-Drs. 200/62, S. 149; ebenso *Schwalm* in Niederschriften über die Sitzungen der Großen Strafrechtskommission, AT, Band 2, 14. bis 25. Sitzung, Bonn 1958, S. 90.

138 Vgl. LK-*Roxin*, Vor § 25 Rn. 5 und 8; ebenso *Bruns*, Das Recht der Strafzumessung, S. 177; *Gallas*, Beiträge zur Verbrechenslehre, 113 ff. und 161 ff..

I) Die Beteiligungsformen des § 12 östStGB

Das österreichische StGB stellt in § 12 dem unmittelbaren Täter den Bestimmungs- und Beitragstäter gegenüber. Die beiden letztgenannten Täterformen werden auch unter dem Oberbegriff der »mittelbaren Täterschaft« zusammengefasst. Unter »unmittelbarer Täterschaft« wird sowohl der Alleintäter als auch der Mittäter verstanden[139]. Der mittelbare Täter nach österreichischem Recht ist daher vom mittelbaren Täter nach deutschem Recht gem. § 25 Abs. 1 Alt. 2 dtStGB zu unterscheiden.

1) Der unmittelbare Alleintäter

Die Vorschrift des § 12 östStGB erwähnt zwar den unmittelbaren Täter, definiert ihn jedoch nicht näher. Nach einhelliger Meinung wird unter dem unmittelbaren Täter zunächst einmal der Alleintäter verstanden[140], der allein, d. h. ohne strafrechtlich relevante Mitwirkung Dritter, einen Straftatbestand (in Österreich auch *Tatbild* genannt) verwirklicht. Verwirklichen bedeutet hierbei, wie schon von den Gesetzesmaterialien ausdrücklich vorgegeben[141], das Setzen einer eigenen, dem jeweiligen Tatbild entsprechenden Ausführungshandlung[142]. Wer also selbst eine fremde Sache wegnimmt oder beschädigt, eine andere Person verletzt oder tötet, ist somit unmittelbarer Täter des Diebstahls, der Sachbeschädigung, der Körperverletzung oder des Totschlags.

Aufgrund einer solchen objektiven Auslegung des unmittelbaren Alleintäters unterfallen diesem Begriff nicht die Konstellationen, die im deutschen Recht als mittelbare Täterschaft gem. § 25 Abs. 1 Alt. 2 dtStGB erfasst werden. Vom OGH werden derartige Fälle in ständiger Rechtsprechung der Bestimmungstäterschaft nach § 12, 2. Fall östStGB zugeordnet[143]. Damit wird auch Burgstallers Auffassung, nach der unter § 12, 1. Fall östStGB all jene Tatbeteiligte fallen, welche die Tatherrschaft ausüben, und demzufolge auch seine Konstruktion der verdeckten unmittelbaren Täterschaft als besondere Ausprägung bzw. Erscheinungsform der unmittelbaren Täterschaft, abgelehnt[144].

---

139 Vgl. zur Begriffsbestimmung *Schmoller*, ÖJZ 1983, 337 (347); *Triffterer*, Beteiligungslehre, S. 66 ff.; WK-*Fabrizy*, § 25 Rn. 18 f. und 38.

140 Vgl. *Leukauf/Steininger*³, § 12 Rn. 18; *Mayerhofer*, Vor § 12 Rn. 4a.

141 Vgl. EBRV 1971, 80 l. Sp. = Dok. StGB 66 r. Sp..

142 Vgl. WK-*Fabrizy*, § 12 Rn. 18 mwN..

143 Vgl. grundlegend hierzu *OGH*, 9 Os 143/76 in RZ 1978/72 (mit Anm. *Kienapfel*); 10 Os 186, 201, 202/77 in RZ 1978/73 (mit Anm. *Kienapfel*) uva.; zur ausführlichen Darstellung und Erläuterung dieser Urteile siehe Kapitel *A)I)3)a)* dieser Arbeit, S. 32 ff..

144 Vgl. WK-*Fabrizy*, § 12 Rn. 20 f. mwN.; sowie zum Begriff der verdeckten unmittelbaren Täterschaft Burgstallers, *A)I)2)d)* dieser Arbeit, S. 31.

Vergleicht man die österreichische Rechtsprechung mit der deutschen, so ergeben sich beim Verständnis des Begriffs der unmittelbaren Alleintäterschaft keine Unterschiede. Nach deutschem Recht ist unmittelbarer Alleintäter derjenige, der die Tat *selbst* begeht. Mit dieser Formulierung des § 25 Abs. 1 Alt. 1 dtStGB wurde durch das 2. StrRG[145] klargestellt, dass, wer allein sämtliche Tatbestandsmerkmale in seiner Person verwirklicht, »*stets Täter ist und nicht etwa wegen fehlenden Täterwillens Teilnehmer sein kann, wie in der Rechtsprechung früher bisweilen angenommen worden ist.*«[146]. Hiermit wurde beabsichtigt, der (extrem-) subjektiven Teilnahmetheorie von RG und BGH die Grundlage zu entziehen[147]. Wer wie im sog. „*Badewannenfall*"[148] von 1940 auf Geheiß der im Wochenbett liegenden Kindesmutter eigenhändig ein Neugeborenes ertränkt oder wie im „*Staschynskij-Fall*"[149] von 1962 als Geheimagent eigenhändig Auftragsmorde begeht, sollte nicht mehr als bloßer Gehilfe verurteilt werden können. Dennoch wurde bei den Vorarbeiten zum neuen deutschen StGB nicht ausgeschlossen, dass man »*sich gewisse extreme Fälle vorstellen [könne], wo jemand alle Tatbestandsmerkmale verwirkliche, aber doch nur Gehilfe sei.*«[150]. Als Beispiel wird der Fall eines Erschießungskommandos genannt, bei dem ein Vorgesetzter fünf Mann befiehlt, einen Menschen zu erschießen, und die Untergebenen dies in Ihrer Zwangssituation auch täten. Aufgrund ihrer unterlegenen Stellung hätten die fünf Mann nicht die volle Herrschaft über die Tat und seien nur als Werkzeuge anzusehen.

Die deutsche Rechtsprechung geht mittlerweile grundsätzlich davon aus, dass eigenhändige und vollständige Tatbestandsverwirklichung stets Täterschaft begründet[151]. Im Fall eines als Strohmann nach außen in Erscheinung tretenden Firmeninhabers, der falsche Steuererklärungen und Arbeitnehmeranmeldungen selbst unterzeichnet und damit in eigener Person die Tatbestände der Steuerhinterziehung (§ 370 Abs. 1 Nr. 1 AO) und des Betrugs (§ 263 dtStGB) erfüllt hat-

---

145 2. StrRG v. 04.07.1969 (BGBl. I S. 717), in Kraft getreten gem. G. v. 30.07.1973 (BGBl. I S. 909) am 01.01.1975; vgl. hierzu auch LK-*Roxin*, Vor § 25 Rn. 1 und § 25 Rn. 53.

146 Vgl. die Begründung zum E 1962, welchem die heute geltende Gesetzesfassung entstammt, BR-Dr. 200/62, S. 149.

147 Vgl. *Roxin*, Unterlassung, Vorsatz und Fahrlässigkeit, Versuch und Teilnahme im neuen Strafgesetzbuch, JuS 1973, 329 (335); *Herzberg*, Grundfälle zur Lehre von Täterschaft und Teilnahme, JuS 1974, 237 (239); *ders*, Täterschaft, Mittäterschaft und Akzessotietät der Teilnahme, ZStW 99, 49 f..

148 Vgl. *RG*St **74**, 84; sowie die Reminiszenz des RG-Rat i.R. *Fritz Hartung*, Der „Badewannenfall", JZ 1954, 430.

149 Vgl. *BGH*St **18**, 87; sowie die Kritik bei *Schmidhäuser*, S. 463 f. mwN.; vgl. auch den Kommentar von *Gerhard Ziegler* in „Die Zeit" v. 26.10.1962, S. 6, „Nicht der Mörder ist schuldig ...".

150 Vgl. *Dreher*, Protokoll des Sonderausschusses für die Strafrechtsreform, V. Wahlperiode, 91. Sitzung, S. 1825; LK-*Jähnke*, § 212 Rn. 6.

151 Vgl. MK-*Joecks*, § 25 Rn. 19; LK-*Roxin*, § 25 Rn. 47.

te, sah der BGH – entgegen der Beurteilung durch das Landgericht Essen – den Angeklagten als Täter und nicht als Gehilfen an[152]. Der BGH beruft sich hierbei auf eine Entscheidung aus dem Jahre 1956, in der es heißt: »*daß grundsätzlich Täter ist, wer mit eigener Hand einen Menschen tötet, selbst wenn er es unter dem Einfluß und in Gegenwart eines anderen nur in dessen Interesse tut.*«[153]. Auch der BGH hält sich offen, ob in »*extremen Ausnahmefällen*« nicht anderes gilt[154]. Entscheidungen, in denen die Rechtsprechung einen extremen Ausnahmefall annahm und eine von ihrem aufgestellten Grundsatz abweichende Beurteilung traf, sind bisher jedoch nicht ersichtlich. Selbst im sog. „*Katzenkönig-Fall*"[155] von 1988 wurde vom BGH trotz der Defekte und der Untergeordnetheit des ausführenden Vordermannes die Annahme von Beihilfe nicht einmal erwogen. Gleiches gilt für die DDR-Grenzsoldaten in den „*Mauerschützenprozessen*"[156], obwohl bloße Beihilfe angesichts der damaligen Befehlsstrukturen nahegelegen hätte.

Durch das 2. StrRG wurde auch die mittelbare Täterschaft, welche im alten Recht als Erscheinungsform der Täterschaft anerkannt gewesen ist[157], in § 25 Abs. 1 Alt. 2 dtStGB als gesonderte Form der Täterschaft gesetzlich normiert. Wer somit als unmittelbarer Alleintäter einzustufen ist, wird nach österreichischem wie auch nach deutschem Recht gleich beurteilt, nämlich nach ausschließlich objektiven Kriterien.

---

152 Vgl. *BGH*, NStZ 1987, 224 (225) = *BGH*R StGB § 25 I Begehung, eigenhändige 1.

153 Vgl. *BGH*St **8**, 393.

154 Vgl. *BGH*R StGB § 25 I Begehung, eigenhändige 3; ebenso *BGH*, NStZ 1987, 224 (225) = *BGH*R StGB § 25 I Begehung, eigenhändige 1; *BGH*St **38**, 315 (316 f.) = *BGH*R StGB § 25 I Begehung, eigenhändige 2.

155 Vgl. *BGH*St **35**, 347 = NJW 1989, 912; vgl. hierzu die Besprechung von *Schumann*, NStZ 1990, 32; *ders*., Der Täter hinter dem Täter bei vermeidbarem Verbotsirrtum und verminderter Schuldfähigkeit des Tatmittlers, NStZ 1989, 153; *Küper*, Die dämonische Macht des Katzenkönigs oder: Probleme des Verbotsirrtums und Putativnotstandes an den Grenzen strafrechtlicher Begriffe, JZ 1989, 617.

156 Vgl. *BGH*St **40**, 218 = NJW 1994, 2703 = NStZ 1994, 537; *BGH*St **42**, 65 = NJW 1996, 2042.

157 Zum alten Recht vor 1975 vgl. *Schmidhäuser*, AT, S. 415 ff.; *Baumann*, Beiträge zur Strafrechtsdogmatik, S. 139 ff.; *Pfeffer/Maul/Schulte*, § 47 Rn. 16; *Kohlrausch/Lange*, S. 161 ff.; E 1962, BR-Drs. 200/62, S. 149.

2) Der unmittelbare Mittäter

Ebenfalls der unmittelbaren Täterschaft nach § 12, 1. Fall östStGB zuzuordnen ist die Tatbegehungsform der Mittäterschaft.

a) Das Fehlen einer ausdrücklichen gesetzlichen Regelung

Eine mit § 25 Abs. 2 dtStGB vergleichbare Regelung der Mittäterschaft enthält das österreichische StGB expressis verbis nicht, § 12, 1. Fall östStGB spricht von der Beteiligungsform des unmittelbaren Täters lediglich im Singular. Auch den Gesetzesmaterialien lässt sich zur Figur der Mittäterschaft keine Stellungnahme entnehmen. Diese Tatsache führte in der Literatur anfänglich zu einem Streit hinsichtlich der Frage, wie das Zusammenwirken mehrerer unmittelbarer Täter an einer Straftat rechtlich in den Griff zu bekommen, vor allem aber, ob das Rechtsinstitut der Mittäterschaft überhaupt anzuerkennen sei.

So vertraten die Anhänger einer extremen Einheitstäterlösung zuerst noch die Auffassung, dass dem Begriff der Mittäterschaft durch die Vertäterschaftlichung sämtlicher Teilnahmeformen jede Basis entzogen sei[158]. Der Konstruktion der Mittäterschaft, mit deren Hilfe einzelne Tatbeiträge zu einer gemeinsamen Tat zusammengeklammert werden, bedürfe es deshalb nicht, weil im Rahmen einer Einheitstäterlösung ohnehin jeder Beteiligte eigenes und nicht abgeleitetes Unrecht verwirkliche, eine gegenseitige Zurechnung somit schlichtweg nicht stattfinde[159]. Daher habe die Mittäterschaft ihren Platz ausschließlich in einem Teilnahmesystem.

Praktisch durchführbar scheint dieser Ansatz noch in den Fällen zu sein, in welchen jeder von mehreren Zusammenwirkenden in kausaler und zurechenbarer Weise den Tatbestand verwirklicht, so z. B., wenn A und B gemeinsam den X verprügeln oder wenn bei einem Einbruchsdiebstahl jeder von ihnen einen Teil der Diebesbeute aus dem Haus fortschafft. A und B haben sich jeweils als unmittelbare Täter gem. § 83 Abs. 1 bzw. §§ 127, 129 Z. 1 östStGB strafbar gemacht. Im Rahmen von Erfolgsdelikten, bei welchen nur ein Täter die zum Erfolg führende Handlung begeht, gebe es nur einen unmittelbaren Täter: Während A das Opfer O festhält, versetzt B diesem den tödlichen Messerstich. B sei hier unmittelbarer Täter, A dagegen nur Beitragstäter. Der Tatsache, dass A nur als Beitragstäter und nicht als Mittäter einzustufen ist, soll auf der Ebene der Strafzumessung ausreichend Rechnung getragen werden[160]. Bei mehraktigen Delikten hingegen, die sich als solche nur aufgrund einer Zusammenschau aller

---

[158] Vgl. *Kienapfel*, NJW 1970, 1896 (1831); *ders.*, JBl 1974, 113 (123); *ders.*, JBl 1974, 180; in diesem Sinne auch *Schmoller*, ÖJZ 1983, 389 (387); WK-*Fabrizy*, § 12 Rn. 25.

[159] Ausführlich hierzu *Triffterer*, Beteiligungslehre, S. 67.

[160] Vgl. *Kienapfel*, JBl 1974, 113 (119).

Tatbeiträge ergeben, ist es unausweichlich, auf die Konstruktion der Mittäterschaft zurückzugreifen, so vor allem beim klassischen Beispiel des arbeitsteilig begangenen Raubes nach § 142 Abs. 1 östStGB, bei dem A den „Diebstahl" gem. § 127 östStGB, B die „Nötigung" nach § 105 östStGB zu verantworten hat. Selbst wenn Kienapfel in solchen Konstellationen davon spricht, dass »*sich der Teilakt des A mit dem Teilakt des B zur Tatausführung* [des Raubes] *addiert*«[161], führt dies letztendlich doch zu einer gegenseitigen Zurechnung, für die nur die Bezeichnung Mittäterschaft vermieden wird[162].

b) Die Ausprägung der Mittäterschaft durch den OGH

Mit der im vorhergehenden Abschnitt dargestellten Lehrmeinung und der damit aufgeworfenen Frage, ob auf das Institut der Mittäterschaft nach der neuen österreichischen Beteiligungsregelung zu verzichten sei, hat sich der OGH in keinem einzigen veröffentlichten Urteil auseinandergesetzt. Vielmehr hat er die schon in seiner bisherigen Rechtsprechung zum alten östStG anerkannte Konstruktion der Mittäterschaft nach der großen Strafrechtsnovelle von 1974 ohne weiteres beibehalten und fortgeführt[163].

Während der ersten Jahre nach Inkrafttreten des neuen östStGB neigte die Rechtsprechung dazu, dem bisherigen Verständnis nach altem Recht folgend, den Begriff der Mittäterschaft auf Kosten der anderen Beteiligungsformen weit auszulegen[164]. So heißt es im Leitsatz einer nur insoweit veröffentlichten Entscheidung des OGH aus dem Jahre 1975: »*Die aktive Rolle des als Mittäter zu beurteilenden Beteiligten [...] könnte nach Lage des Falles sogar bloß darin bestehen, daß der Mittäter bei der Tatausführung vorerst lediglich anwesend ist und daß in dieser Anwesenheit allein schon sein Wille zum Ausdruck kommt, nötigenfalls in den Ablauf des Ereignisses auf Seiten seines bereits handelnden Mittäters einzugreifen.*«[165].

Die bloße Anwesenheit, wie auch das Bereithalten zum Abtransport weiterer Tatbeteiligter und der Diebesbeute bei einem von mehreren begangenen Einbruchsdiebstahl gem. §§ 127, 129 Z. 1 östStGB ließ der OGH in einem Urteil aus dem Jahre 1976 ebenfalls für die Annahme von Mittäterschaft ausreichen: »*Veronika K, welche sich [...] mit dem Fahrzeug in unmittelbarer Nähe des Tatorts zum Abtransport der Komplizen (und der allfälligen Beute) bereithielt,*

[161] Vgl. *Kienapfel*, ÖJZ 1979, 90 (93); *Triffterer*, Beteiligungslehre, S. 67.
[162] Zur Anerkennung der Mittäterschaft durch die Vertreter eines akzessorischen Teilnahmesystems vgl. v. a. *Burgstaller*, RZ 1975, 13 (14).
[163] Vgl. *Zipf*, RZ 1980, 141 (147); *Höpfel*, ÖJZ 1982, 314 (315); zum alten östStG vgl. *Rittler*, AT, S. 281 f..
[164] Vgl. WK-*Fabrizy*, § 12 Rn. 27 f.; *Mayerhofer*, § 12 Rn. 40 aE.; *Triffterer*, AT, S. 399 f..
[165] Vgl. *OGH*, 12 Os 97/75 = LSK 1975/216.

spielte somit eine aktive Rolle bei der Sachentziehung und handelte solcherart als Mittäterin iS der ersten Alternative des § 12 StGB [...]. Das Gleiche gilt für Franziska P, welche – entsprechend dem gemeinsam gefaßten Tatentschluß – zu den einzelnen Tatorten mitgekommen war, dort schon allein durch ihre Gegenwart nicht nur dem Angeklagten Ferdinand B, sondern auch Veronika K Rückhalt gab [...] und somit durch ihr Verhalten in Tatortnähe ebenfalls an der Durchführung des jeweils im Zuge befindlichen Diebstahls (aktiv) mitwirkte.«[166]. Ein derart extensives Verständnis der Mittäterschaft stieß in der Literatur zunehmend auf Kritik. Aus kriminalpolitischer Sicht bestehe kein Erfordernis für eine derart weite Auslegung, da zufolge der Einheitstäterlösung ohnehin alle Beteiligten als Täter erfasst und der gleichen Strafdrohung unterstellt würden[167].

Erst ab Anfang/Mitte der 80er Jahre ist eine Änderung der Rechtsprechung dahingehend erkennbar, dass für die Bejahung von Mittäterschaft nicht mehr der gemeinsam gefasste Tatentschluss, der Wille eines Tatbeteiligten möglicherweise einzugreifen oder die Bedeutung der Aufgabe eines jeden Mitwirkenden im Wege der Gesamtbetrachtung ausschlaggebend ist. Die Rechtsprechung fordert für die Annahme von Mittäterschaft vielmehr das Setzen einer eigenen, vom gemeinsamen Tatplan erfassten Ausführungshandlung.

Im Fall einer gemeinschaftlich begangenen schweren Körperverletzung gem. §§ 83 Abs. 1, 84 Abs. 1 östStGB, bei der jeder der Tatbeteiligten selbst und eigenhändig auf das Opfer eingeschlagen und eingetreten hatte, jedoch nicht mehr festzustellen war, wer dem Opfer die schweren Verletzungen zugefügt hatte, führte der OGH im Jahre 1985 aus: »*Das Wesen der [...] Mittäterschaft liegt im einverständlichen Zusammenwirken mehrerer in der Ausführungsphase der Tat durch unmittelbare Beteiligung an der Tatausführung. Dabei ist es [...] nicht erforderlich, daß jeder Mittäter das Tatbild zur Gänze durch eigenhändige Herbeiführung des gesamten Verletzungserfolges verwirklicht.*« Daher sind »*die vom Beschwerdeführer angestrebten Urteilsfeststellungen darüber, welchen Verletzungserfolg er selbst im einzelnen durch seinen Tatanteil herbeigeführt hat, entbehrlich.*«[168]. Diese Formulierung stellt zwar eine Konkretisierung des Instituts der Mittäterschaft dar, nähere Ausführungen dazu, was unter dem Erfordernis »*unmittelbare Beteiligung an der Tatsausführung*« zu verstehen ist, finden sich jedoch nicht. Der Rechtsprechung stand somit nach wie vor ein breiter Beurteilungsspielraum offen, wie folgender Fall aus dem Jahre 1984 verdeutlicht:

Erich B und Manfred H beabsichtigten Wilhelm M zu töten. Dazu fasste Erich B das Opfer am Hals und würgte es, während Manfred H diesem mehrfach

---

166 Vgl. *OGH*, 13 Os 179/75 in EvBl 1976/218.

167 Vgl. WK-*Fabrizy*, § 12 Rn. 29; zur Kritik an der bisherigen Rechtsprechung vgl. *Leukauf/Steininger*³, § 12 Rn. 22; *Triffterer*, AT, S. 399 f.; *Kienapfel/Höpfel*, AT, E 3 Rn. 6; *Kienapfel*, ÖJZ 1979, 90 (93).

168 Vgl. *OGH*, 12 Os 171/84.

Schläge mit einem faustgroßen Stein gegen den Kopf versetzte, die jedoch nur mit mäßiger Wucht geführt wurden und keine Verletzung von Schädelknochen verursachten. Sodann stach Erich B dem Opfer mit einem Schraubenzieher mehrere Male in die Brust, ergriff anschließend ein Messer und stach weiter auf Wilhelm M ein, um diesen endgültig zu töten. Die beiden Angeklagten wurden vom Kreisgericht Krems a. d. Donau wegen mittäterschaftlich begangenen Mordes gem. §§ 75, 12, 1. Fall östStGB verurteilt, wogegen sich Manfred H mit der Nichtigkeitsbeschwerde wandte, weil ausschließlich die von Erich B geführten Stiche tödlich wirken. Der OGH bestätigte das erstinstanzliche Urteil und lehnte bloße Beitragstäterschaft ab: »*Nach der Aktenlage [...] setzte der Angeklagte Manfred H wenigstens in der ersten Phase jener Tätlichkeiten, die von ihm und vom Mitangeklagten Erich B in Verfolgung eines gemeinsamen Tötungsvorsatzes an Wilhelm M verübt wurden, selbst Ausführungshandlungen. [...] Daß der Angeklagte H [...] in der ersten Phase des einheitlichen [...] Tatgeschehens an Wilhelm M selbst Hand anlegte, reicht für die Annahme seiner Mittäterschaft hin, zumal im Fall der Tatbegehung durch mehrere Personen nicht jeder von ihnen den gesamten Tatbestand verwirklichen muß, um unmittelbarer Täter zu sein.*«[169].

Das Institut der Mittäterschaft hat mittlerweile durch eine restriktivere Auslegung des OGH eine weitere Konturierung erfahren. So reicht nun eine bloße unmittelbare Beteiligung an der Tatausführung in der eigentlichen Ausführungsphase nicht mehr für die Annahme von Mittäterschaft aus. Vielmehr muss ein Beteiligter eine dem Tatbild des jeweiligen Deliktes entsprechende, wortlautkonforme Ausführungshandlung vornehmen, d. h. mindestens ein Tatbestandsmerkmal des entsprechend Deliktes selbst verwirklichen[170].

Deshalb lehnte der OGH 1984 einen mittäterschaftlich begangenen schweren Betrug gem. §§ 146, 147 Abs. 3 östStGB in einem Fall ab, in dem der Tatbeteiligte A dem B, wie zuvor abgesprochen, ein gestohlenes Sparbuch besorgte, diesen zur Bank begleitete und dort so lange wartete, bis B einen nicht unerheblichen Betrag abgehoben hatte, den sie sich anschließend teilten[171]. Eine typische Betrugshandlung, wie sie B gegenüber dem Bankangestellten vorgenommen hatte, habe der vor der Bank wartende A im vorliegenden Fall nicht ausgeübt. A wurde daher nur als Beitragstäter verurteilt.

Ebenfalls nur als Beitrags- und nicht als Mittäter war in einem weiteren Fall nach Ansicht des OGH ein Beschwerdeführer zu qualifizieren, der zwar seine Komplizen sowie die Beute nach einem gemeinsam begangenen Raub gem. §§ 142 Abs. 1, 143 Satz 1 Alt. 2 östStGB abtransportiert, jedoch nicht

---

169 Vgl. *OGH*, 11 Os 101/84 = SSt 55/62.

170 Vgl. *Kienapfel/Höpfel*, AT, E 3 Rn. 13; *Kienapfel*, ÖJZ 1979, 90 (93); WK-*Fabrizy*, § 12 Rn. 34.

171 Vgl. *OGH*, JBl 1984, 445.

»*selbst das Raubopfer bedroht oder diesem Geld weggenommen, somit Ausführungshandlungen des Verbrechens des Raubes gesetzt*« hatte[172].

Ebenso verneinte der OGH eine mittäterschaftlich begangene unerlaubte Einfuhr von Suchtmitteln nach § 12 Abs. 1 östSGG[173] für einen von mehreren Tatbeteiligten, weil dieser lediglich einen Geldbetrag zur Suchtgiftbeschaffung bereitgestellt und den Suchtgifttransporteur begleitete hatte[174]. Mit diesem Verhalten sei der Tatbestand des *Einführens*, wie von § 12 Abs. 1 östSGG gefordert, nicht verwirklicht worden[175].

Nach mittlerweile ständiger Rechtsprechung kommt für die Annahme von Mittäterschaft demnach nur noch eine, auf einem gemeinsamen Tatplan beruhende, unmittelbare und eigenhändige Beteiligung an der Tatbestandsverwirklichung selbst in Betracht; bloße Vorbereitungs- und Unterstützungshandlungen, wie Aufpasserdienste am Tatort oder planerische und organisatorische Tätigkeiten eines ortsabwesenden Bandenchefs oder Befehlshabers, die nicht direkt unter den Wortlaut eines Straftatbestandes fallen und nur mittelbar zur Deliktsverwirklichung beitragen, führen nach Ansicht des OGH nicht zur Mittäterschaft[176].

Mit dieser formalistischen Sichtweise steht der OGH im Einklang mit den Vertretern in der Literatur, welche die österreichische Regelung als Einheitstäterlösung verstanden wissen wollen. Ihnen zufolge ist eine auf inhaltliche Aspekte abstellende, wertende Betrachtung deshalb nicht geboten, weil der rechtlichen Gleichwertigkeit aller Mitwirkungsformen zufolge ohnehin jeder Beteiligte als Täter zu qualifizieren ist und derselben Strafdrohung untersteht[177]. Zudem ist nur mit einer, an einfachen Kriterien ausgerichteten Abgrenzung die mit der Einführung der neuen österreichischen Beteiligungsregelung beabsichtigte Vereinfachung erreicht[178]. Die Rechtsprechung kann sich auch auf die in den Gesetzesmaterialien gemachten Vorgaben berufen, wonach »*die Unterscheidung zwischen Ausführungen und anderen Formen der Beteiligung [...] nach § 12 ausschließlich von der äußeren Art der Handlung*« abhängt[179].

Gegen eine derart formale Betrachtungsweise, wie sie der OGH in mittlerweile ständiger Rechtsprechung anstellt, sprechen sich u. a. die Vertreter aus, die der Teilnahmelösung näher stehen. Ihrer Ansicht nach sei aufgrund des unterschiedlichen sozialen Sinngehaltes der Beteiligungsformen eine inhaltliche

---

172 Vgl. *OGH*, 13 Os 62, 63/92 = RZ 1993/31.
173 Österreichisches Suchtgiftgesetz, abgedruckt im Anhang dieser Arbeit.
174 Vgl. *OGH*, EvBl 1996/61 = RZ 1996/3.
175 Zu weiteren Beispielen in diesem Zusammenhang, vgl. WK-*Fabrizy*, § 12 Rn. 29 aE. mwN.; ebenso *Mayerhofer*, § 12 Rn. 39 ff..
176 Vgl. hierzu den Leitsatz in ÖJZ-LSK 1977/17.
177 Vgl. *Kienapfel/Höpfel*, AT, E 3 Rn. 3, 6 und 15 f.; *Triffterer*, Beteiligungslehre, S. 73; *ders.*, AT, S. 399 f.; *Friedrich*, RZ 1986, 227 (229); *ders.*, Zur Beteiligung an einem Versuch (§ 15 Abs 1 StGB), ÖJZ 1995, 9 (10).
178 Vgl. *Kienapfel/Höpfel*, AT, E 2 Rn. 17 ff., 37 und 50; ebenso EBRV 1971, 79 r. Sp..
179 Vgl. EBRV 1971, 84 l. Sp. = Dok. StGB 69 l. Sp..

Betrachtung zwingend geboten[180]. Hierfür sei auf die Tatherrschaft als Täterschaftskriterium abzustellen. Für eine Abgrenzung der Beteiligungsformen allein anhand der inneren Einstellung der Beteiligten zur Tat spricht sich lediglich *Schild* aus. Seiner Ansicht nach kommt als Mittäter nur derjenige in Betracht, der auch im Fall der Alleinbegehung Täter wäre, also auch dann, wenn es die Vorschrift des § 12 östStGB nicht gäbe. Dies sei nach Schild gerade jener Täter, der das Delikt selbst, d. h. nicht als Delikt eines anderen, verwirklichen wolle[181]. In den zu § 12 östStGB veröffentlichten Entscheidungen werden die dargestellten Literaturmeinungen weder erwähnt noch diskutiert. Der OGH behält vielmehr seine an einfachen Kriterien ausgerichtete Abgrenzung der Beteiligungsformen konsequent bei.

c) Die Bedeutung der Strafzumessungsbestimmungen bei Mittäterschaft

Der Mittäter als spezielle Erscheinungsform des unmittelbaren Täters nach § 12, 1. Fall östStGB untersteht dem gleichen Strafrahmen des jeweils verwirklichten Deliktes wie jeder andere nach § 12 östStGB Beteiligte. Dem tatsächlichen Gewicht des Tatbeitrages ist erst auf der Ebene der Strafzumessung durch eine schuldangemessene Strafe Rechnung zu tragen[182]. Für die hierbei vorzunehmende Abwägung zählt der Katalog der §§ 33 und 34 östStGB besondere Erschwerungs- und Milderungsgründe auf, die auch im Rahmen der Mittäterschaft verwirklicht und deshalb von Bedeutung sein können.

aa) § 33 Z. 4 Alt. 1 östStGB

Als erschwerend ist u. a. zu werten, »*wenn der Täter der Urheber oder Anstifter einer von mehreren begangenen strafbaren Handlung*« gewesen ist. Die Bezeichnung »*Urheber oder Anstifter*« bezieht sich zwar vom Wortlaut her auf den Bestimmungstäter nach § 12, 2. Fall östStGB. In erster Linie findet die Vorschrift aber auf den unmittelbaren Täter bzw. Mittäter nach § 12, 1. Fall östStGB Anwendung, der nicht nur selbst eine eigene wortlautkonforme Ausführungshandlung setzt, sondern zugleich den Tatentschluss bei den anderen Betei-

---

[180] Vgl. *Burgstaller*, RZ 1982, 216 (217); ebenso *Dietz*, Täterschaft und Teilnahme, Materialien zur Strafrechtsreform, AT, Band 2, S. 329; vgl. hierzu auch *Triffterer*, Beteiligungslehre, S. 52 f..

[181] Vgl. *Schild*, ZfRV 1976, 182 (187 f.); kritisch zur Tatherrschaftslehre von Roxin, *ders.*, Täterschaft als Tatherrschaft, S. 44 ff.; instruktiv zur subjektiven Beteiligungslehre von Schild, *Schmoller*, ÖJZ 1983, 337 (340).

[182] Vgl. *Seiler*, AT II, Rn. 195 ff.; *Maleczky*, AT II, S. 40 ff.; *Michel/Wessely*, AT, S. 131 ff.; *Platzgummer*, Die Strafzumessung in rechtlicher Sicht, S. 1 ff..

ligten hervorgerufen hat[183]. Demnach ist derjenige Mittäter strenger zu bestrafen, der das Unternehmen ausgedacht und Mitwirkende angeworben hat[184].

Eingehende Auseinandersetzungen mit der Frage, wie die Urheberschaft bzw. Anstiftung nach § 33 Z. 4 Alt. 1 östStGB zu verstehen und bei der Strafzumessung im Einzelfall zu gewichten ist, finden sich in der Rechtsprechung nicht. Berufungsentscheidungen der österreichischen Landes- und Oberlandesgerichte (LG und OLG) als Tatsacheninstanzen, welchen man Ausführungen zu diesem Punkt entnehmen könnte, sind nicht veröffentlicht. Auch Nichtigkeitsbeschwerden nach § 281 Abs. 1 Z. 10 östStPO, die – wenn man von der Vorstellung des deutschen Rechts ausgeht – auf eine falsche rechtliche Anwendung der mitwirkungsspezifischen Strafzumessungsgründe der §§ 33 und 34 östStGB durch das Erstgericht gestützt oder wegen Verstoßes gegen § 32 Abs. 1 östStGB erhoben werden, weil die verhängte Strafe als nicht mehr schuldangemessen angesehen wird, sind nicht ersichtlich. Für die Verletzung von Strafzumessungsvorschriften wie der §§ 32 ff. östStGB sieht die österreichische StPO mit § 281 Abs. 1 Z. 11 einen besonderen Nichtigkeitsgrund vor, der bei unvertretbaren Verstößen gegen Bestimmungen über die Strafbemessung zur Urteilsnichtigkeit führt[185]. Dennoch sind keine hierauf gestützten Entscheidungen ergangen, die sich mit Fragen rechtsfehlerhafter Strafzumessung im Zusammenhang mit den Beteiligungsformen des § 12 östStGB befassen. Grund hierfür ist, dass gem. § 296 Abs. 1 östStPO Berufungen gegen schöffen- oder geschworenengerichtliche Urteile, für die das OLG sachlich zuständig wäre, vor dem OGH verhandelt werden, wenn sie mit einer Nichtigkeitsbeschwerde in der selben Sache zusammentreffen[186]. In der Regel stellt sich daher in solchen Konstellationen die eingelegte Berufung als reine Strafmaßberufung dar, mit der primär die strafrechtlichen Sanktionen des angegriffenen Urteils überprüft werden. Im Hinblick auf die mittäterschaftliche Begehungsweise sind bisher nur zwei Entscheidungen des OGH zu der Vorschrift des § 33 Z. 4 Alt. 1 östStGB ergangen. Sie wurden lediglich mit ihrem Leitsatz veröffentlicht. So heißt es in einem Urteil des 11. Senates: »*Die Äußerung der Idee zur Tat ist noch nicht erschwerend.*«[187], in einer weiteren des 13. Senates: »*Der Erschwerungsgrund, Urheber oder Anstifter einer von mehreren begangenen strafbaren Handlung gewesen zu sein, setzt eine dominante Bedeutung des Bestimmungstäters voraus, die einer führenden Beteiligung an der Tat gleichwertig ist. (Dies war hier nicht der Fall, weil der*

---

183 Vgl. WK-*Kunst*, § 33 Rn. 9.

184 Vgl. *Leukauf/Steininger*³, § 33 Rn. 10.

185 Vgl. *Seiler*, Strafprozeßßrecht, Rn. 994 ff.; *Bertel/Venier*, Grundriß, Rn. 889 ff.; *Pallin*, Der neue Nichtigkeitsgrund der unrichtigen Strafbemessung, ÖJZ 1988, 385; zur Rechtslage vor Einführung des § 281 Abs. 1 Z. 11 östStPO vgl. *Weiß*, Strafzumessungsermessen und Rechtsrüge, ÖJZ 1985, 110 und 129.

186 Vgl. *Platzgummer*, Grundzüge des österreichischen Strafverfahrens, S. 195.

187 Vgl. *OGH*, 11 Os 6/78.

Anstifter an der Tatausführung nicht unmittelbar mitwirkte und der unmittelbare Täter ohnedies schon allgemein zu einem Vermögensdelikt entschlossen gewesen war.)«[188]. Beiden Leitsätzen ist nur ansatzweise zu entnehmen, wie die Vorschrift des § 33 Z. 4 Alt. 1 östStGB auszulegen und zu verstehen ist. Ob in den Entscheidungsgründen zu diesen Urteilen eine ausführlichere Definition der Urheberschaft sowie eingehende Auseinandersetzungen mit den einzelnen Tatbeiträgen und Verhaltensweisen der Tatbeteiligten erfolgen, bleibt offen.

bb) § 33 Z. 4 Alt. 2 östStGB

Ebenfalls als erschwerend wird gewertet, wenn der Täter an einer von mehreren begangenen strafbaren Handlung »*führend beteiligt gewesen ist*«. Als »*führend beteiligt*« wird nach allgemeiner Ansicht derjenige bezeichnet, der bei der Tatausführung eine besonders hervorragende Rolle gespielt hat[189]. Die einzige zu § 33 Z. 4 Alt. 2 östStGB ersichtliche Entscheidung des OGH befasst sich mit dem Fall einer älteren Dame, die vom Landesgericht Linz als Beitragstäterin des schweren Betrugs nach §§ 146, 147 Abs. 3, 12, 3. Fall östStGB verurteilt wurde, weil sie zwei vermeintlichen Erbprätendenten das Sparbuch des Erblassers samt dazugehörigem Losungswort übergeben hatte, obwohl sie gewusst hatte, dass andere berechtigte Erben vorhanden waren[190]. Das Landesgericht sah hierin keine führende Beteiligung der älteren Dame an der Tat; auch die auf die Verletzung von § 33 Z. 4 Alt. 2 (und auf § 33 Z. 7) östStGB gestützte Berufung der Staatsanwaltschaft, mit der eine Erhöhung der Freiheitsstrafe angestrebt wurde, führte nicht zum Erfolg. Hierzu heißt es lediglich: »*Nach dem festgestellten Tathergang kann weder gesagt werden, daß die Angeklagte bei der [...] Tat führend beteiligt war, also eine besonders hervorragende Rolle gespielt hat [...], noch daß sie bei dem ihr angelasteten Befugnismißbrauch im Rahmen der Tatbegehung die Wehr- und Hilflosigkeit des Friedrich B ausgenutzt hat.*«. Weitere Ausführungen zur Strafzumessung selbst sowie zum Abwägungsvorgang sind den Entscheidungsgründen nicht zu entnehmen. In diesem Urteil äußerte sich der OGH lediglich in einem einzigen Satz dazu, wie die führende Beteiligung nach § 33 Z. 4 Alt. 2 östStGB zu verstehen sei und dass dieser besondere Erschwerungsgrund im vorliegenden Fall keine Anwendung finde.

---

[188] Vgl. *OGH*, 13 Os 29/92.
[189] Vgl. *Leukauf/Steininger*³, § 33 Rn. 10.
[190] Vgl. *OGH*, 12 Os 126/85.

cc) § 34 Abs. 1 Z. 4 östStGB

Nach § 34 Abs. 1 Z. 4 östStGB ist es als mildernd zu werten, »*wenn der Täter die Tat unter der Einwirkung eines Dritten oder aus Furcht oder Gehorsam verübt hat*«. Dem liegt die Auffassung zu Grunde, dass der Schuldgehalt desjenigen in der Regel geringer ist, der erst durch die Einwirkung eines Dritten zu einer Straftat bewegt wird, als bei dem Täter, der den Tatentschluss selbst ohne Anstoß von außen fasst[191]. Zu der Frage, wann § 34 Abs. 1 Z. 4 östStGB zu bejahen ist, führt der OGH in ständiger Rechtsprechung aus[192]: »*Der Milderungsgrund des § 34 Z 4 StGB ist nicht immer schon dann gegeben, wenn die Tatausübung auf die Bestimmung eines Dritten zurückzuführen ist. Erst wenn der bestimmende Einfluß so geartet ist, daß den Umständen nach auch ein maßgerechter Charakter zur Tat gedrängt werden konnte, kommt ihm mildernde Wirkung zu.*«[193]. In weiteren Urteilen heißt es lediglich: »*allein daraus aber, daß die Initiative zu dieser Tat von [...] ausgegangen war, kann für ihn noch nicht ein Milderungsgrund (§ 34 Z 4 StGB) abgeleitet werden.*«[194]. Eingehende Erläuterungen zu den Begriffen »*Furcht*« und »*Gehorsam*« sind in der Rechtsprechung nicht ersichtlich[195].

Es fällt auf, dass der OGH in den zu § 34 Abs. 1 Z. 4 östStGB veröffentlichten Entscheidungen das Vorliegen dieses speziellen Milderungsgrundes ausnahmslos ablehnt. Deshalb ist auch nicht ersichtlich, wo die Rechtsprechung die Grenze zwischen einer bloß verminderten persönlichen Vorwerfbarkeit nach § 34 Abs. 1 Z. 4 östStGB und dem Zustand zieht, in dem der unmittelbare Täter aufgrund massiver Einwirkung eines Dritten auf die Entscheidungsfreiheit und Eigenverantwortlichkeit des Ausführenden nicht mehr schuldhaft handelt.

dd) § 34 Abs. 1 Z. 6 östStGB

Im Rahmen der Mittäterschaft kommt darüber hinaus der besondere Milderungsgrund des § 34 Abs. 1 Z. 6 östStGB in Betracht, der dann greift, »*wenn der Täter an einer von mehreren begangenen strafbaren Handlung nur in untergeordneter Weise beteiligt war*«. § 34 Abs. 1 Z. 6 östStGB bildet somit das Gegenstück zur führenden Beteiligung nach § 33 Z. 4 Alt. 2 östStGB[196]. Der OGH stellt in diesem Zusammenhang klar, dass »*der Milderungsgrund einer unterge-*

---

[191] Vgl. hierzu unter Bezugnahme auf die EBRV 1971, 127 *Pallin*, Die Strafzumessung in rechtlicher Sicht, Rn. 57 mwN..

[192] Vgl. hierzu die Leitsätze zu *OGH*, 13 Os 183/95 und 12 Os 101/97.

[193] Vgl. auch WK-*Kunst*, § 34 Rn. 20.

[194] Vgl. *OGH*, 10 Os 49/82; an diese Entscheidung angelehnt 12 Os 95/84 und 12 Os 103/84.

[195] Vgl. hierzu lediglich die knappen Ausführungen bei *Leukauf/Steininger*[3], § 34 Rn. 9.

[196] Vgl. *Pallin*, Die Strafzumessung in rechtlicher Sicht, Rn. 59; WK-*Kunst*, § 34 Rn. 25 f..

ordneten Tatbeteiligung [...] bei jeder der Täterschaftsformen angenommen werden« kann[197]. Primär kommt § 34 Abs. 1 Z. 6 östStGB jedoch bei § 12, 3. Fall östStGB (Beitragstäterschaft) zum Tragen[198].

In zwei veröffentlichten Entscheidungen verneint der OGH das Vorliegen dieses besonderen Milderungsgrundes bei jeweils mittäterschaftlich begangenen Delikten:

Die Angeklagten S und M wurden vom Landesgericht Wien des schweren Gesellschaftsdiebstahls durch Einbruch nach §§ 127 Abs. 1 und Abs. 2 Z. 1, 128 Abs. 1 Z. 4, 129 Z. 1 östStGB a.F.[199] für schuldig befunden, weil sie aus einem Einfamilienhaus mehrere Wertgegenstände entwendet hatten. Obwohl M nur Aufpasserdienste verrichtete, wurden beide Angeklagten nach der bis 1988 geltenden Vorschrift des „Gesellschaftsdiebstahls" gem. § 127 Abs. 2 Z. 1 östStGB a. F. als unmittelbare Täter verurteilt. Aufgrund dieser deliktsspezifischen Sondertäterschaftsform wurde, abweichend von § 12, 3. Fall östStGB, jeder als unmittelbarer Täter eines Diebstahls qualifiziert, der am Tatort oder in dessen Nähe die Tatausführung eines unmittelbaren Täters unterstützt hatte[200]. Der vom Angeklagten M reklamierte Milderungsgrund der untergeordneten Beteiligung war nach Ansicht des OGH in diesem Fall nicht einschlägig: »*zum einen kann beim Zusammenwirken zweier einschlägig erfahrener Täter im Rahmen eines Einbruchdiebstahls von einer als mildernd wirkenden wesentlichen Herabsetzung des Bewusstseins der eigenen Verantwortlichkeit bei einem von ihnen [...] schon typischerweise keine Rede sein und zum anderen kam gerade im vorliegenden Fall der Funktion des Angeklagten M als Aufpasser wegen der naheliegenden Möglichkeit einer Überraschung der Täter durch die Hauseigentümer durchaus maßgebliche Bedeutung zu.*«[201].

Ebenfalls vom Landesgericht Wien wurden die Angeklagten G und A des schweren Raubes nach §§ 142 Abs. 1, 143 Satz 1, 2. Fall östStGB verurteilt, weil sie im bewussten und gewollten Zusammenwirken wechselseitig auf das Opfer J teils mit Fäusten, teils mit einer Gaspistole eingeschlagen, ihm mit dem Tod gedroht und einen Schlüssel weggenommen hatten, mit dem sie schließlich aus einer Geldkassette einen erheblichen Geldbetrag entwendet hatten. Die vom Angeklagten G erstrebte Strafherabsetzung aufgrund von § 34 Abs. 1 Z. 6 östStGB wurde wie folgt als unbegründet zurückgewiesen: »*Bei der Verübung*

---

197 Vgl. den Leitsatz der nur insoweit veröffentlichten Entscheidung, *OGH*, 15 Os 114/94.

198 Vgl. *Pallin*, Die Strafzumessung in rechtlicher Sicht, Rn. 59; WK-*Kunst*, § 34 Rn. 25 f..

199 Vgl. die §§ 127, 128 und 129 östStGB idF. bis zum 29.02.1988, geändert durch das Strafrechtsänderungsgesetz 1987 (StRÄG 1987) vom 25.11.1987, (östBGBl. I 1987/605), abgedruckt im Anhang zu dieser Arbeit.

200 Vgl. *Leukauf/Steininger*², § 12 Rn. 14 und § 127 Rn. 74 ff..

201 Vgl. *OGH*, 15 Os 136/87 unter Bezugnahme auf den in den Gesetzesmaterialien ausdrücklich erklärten Sinn und Zweck des Milderungsgrundes des § 34 Abs. 1 Z. 6 östStGB in EBRV 1971, 127.

eines Deliktes durch mehrere als Mittäter ergibt sich bereits aus dem Wesen dieser Täterschaftsform, daß die Mittäter aufeinander Einfluß üben [...], insbesondere wenn, wie im vorliegenden Fall, vor allem auch die besonders aktive Rolle des Angeklagten bei der Gewaltanwendung zu berücksichtigen war. Die Berufung versucht insgesamt die Aktivitäten des Angeklagten beim Raub zu minimieren, scheitert damit aber bereits an den im Wahrspruch der Geschworenen festgestellten Tatsachen.«[202].

Bei beiden Urteilen fällt auf, dass mit jeweils einem Satz begründet wird, weshalb der Milderungsgrund des § 34 Abs. 1 Z. 6 östStGB nicht zutrifft. Die Ausführungen hierzu sind ebenso knapp und allgemein gehalten wie bereits bei den oben dargestellten Entscheidungen zu den Erschwerungsgründen des § 33 Z. 4 östStGB. Von einer ausführlichen, subtilen Auseinandersetzung mit dem gesamten Tathergang bzw. den einzelnen Verhaltensweisen aller Mittäter bei der jeweiligen Tatausführung auf der Ebene der Strafzumessung kann zumindest im Bereich der Mittäterschaft nicht die Rede sein.

Zusammenfassend ist festzuhalten, dass sich die Rechtsprechung im Rahmen der Mittäterschaft mit allen in Betracht kommenden beteiligungsspezifischen Strafzumessungsgründen der §§ 33 und 34 östStGB auseinanderzusetzen hatte und keinen von diesen a priori ablehnte oder annahm. Zumindest bei der untergeordneten Tatbeteiligung nach § 34 Abs. 1 Z. 6 östStGB wäre ein grundsätzlicher Ausschluss denkbar gewesen. Aufgrund der Tatsache, dass der OGH in den beiden zuletzt dargestellten Urteilen das Eingreifen von § 34 Abs. 1 Z. 6 östStGB verneinte, kann jedoch nicht gefolgert werden, dass die Praxis diesen Milderungsgrund bei mittäterschaftlicher Begehungsweise generell ablehnt. Andererseits ist jedoch keine Favorisierung eines speziellen Strafzumessungsgrundes zu erkennen, der an die rechtliche Qualifikation eines Tatbeteiligten als Mittäter anknüpft und somit bei dieser Täterschaftsform zwingend oder zumindest grundsätzlich zur Anwendung kommt.

d) Vergleich mit der Mittäterschaft nach deutschem Recht

Auch nach deutschem Recht setzt das Institut der Mittäterschaft einen gemeinsamen Tatplan, d. h. einen gemeinsamen Tatentschluss voraus, auf welchem die funktionelle Rollenverteilung des arbeitsteiligen Vorgehens aller Mittäter beruht und demzufolge es zu einer wechselseitigen Zurechnung der einzelnen erbrachten Tatbeiträge kommt. Jeder Mittäter muss seinen Beitrag zur Tat als Ergänzung des Tatanteils des bzw. der anderen wollen[203].

---

[202] Vgl. *OGH*, 13 Os 154/95.

[203] Vgl. *BGH*St **8**, 393 (396); **14**, 124 (128 f.); *Gropp*, AT, § 10 B III Rn. 82 ff.; *Maurach/Gössel/Zipf*, AT II, § 49 II Rn. 47 ff.; *Baumann/Weber/Mitsch*, AT, § 29 Rn. 80 ff.; *Küpper*, Der gemeinsame Tatentschluß als unverzichtbares Moment der Mittäterschaft,

Während in subjektiver Hinsicht sowohl nach österreichischem als auch nach deutschem Recht die gleichen Voraussetzungen für eine mittäterschaftliche Begehungsweise gelten, werden unterschiedliche Anforderungen an die zu erbringenden Tatbeiträge gestellt. Aber auch hinsichtlich der gegen die einzelnen Mittäter zu verhängenden Strafen weichen beide Lösungen zumindest teilweise voneinander ab.

aa) Unterschiedliche Auslegung des Begriffs »Mittäterschaft«

Unterschiede zum österreichischen Recht ergeben sich vor allem im Rahmen der Tatausführung, insbesondere bei der Verteilung der einzelnen Mitwirkungshandlungen. So ist nach deutscher Rechtsprechung die eigenhändige Vornahme der tatbestandlichen Ausführungshandlung selbst für die Annahme von Mittäterschaft zwar stets hinreichend[204], aber nicht notwendig. Auch bloße Vorbereitungs- und Unterstützungshandlungen, wie Aufpasserdienste am Tatort oder planerische und organisatorische Tätigkeiten eines ortsabwesenden Bandenchefs bzw. Befehlshabers, der ausschließlich im „Hintergrund" agiert, können Mittäterschaft begründen[205]. Ein direkter, unmittelbarer Zusammenhang mit der eigentlichen Tatausführung, mithin eine wortlautkonforme Ausführungsteilhabe, wie sie vom OGH gefordert wird, muss demnach nicht zwingend bestehen.

So ließ der BGH es für mittäterschaftlich begangene unerlaubte Einfuhr von Betäubungsmitteln gem. § 29 Abs. 1 Nr. 1 BtMG genügen, dass der Angeklagte Heroin von Bangkok nach Brüssel transportierte, das anschließend von anderen Tatbeteiligten in die BRD eingeführt wurde. Für die unerlaubte *Einfuhr* von Betäubungsmitteln ist zwar grundsätzlich das Verbringen über die deutsche Hoheitsgrenze in den Geltungsbereich des Gesetzes (vgl. § 2 Abs. 2 BtMG) entscheidend[206]. Nach Ansicht des BGH aber muss sich nicht jeder Täter an der eigentlichen Tatbestandsverwirklichung beteiligen. »*Mittäter kann auch sein, wer – mit Täterwillen [...] – lediglich einen die Tatbestandsverwirklichung fördernden Beitrag leistet, der sich auch auf Vorbereitungshandlungen beschränken kann [...]. Notwendig ist aber stets, daß dies auf der Grundlage gemeinsamen*

ZStW 105, 295; LK-*Roxin*, § 25 Rn. 173; teilweise ablehnend *Jakobs*, AT, S. 617 f.; *Lesch*, Die Begründung mittäterschaftlicher Haftung als Moment der objektiven Zurechnung, ZStW 105, 271.

[204] Vgl. *BGH*, NStZ 1987, 224 f. unter Bezugnahme auf die Begründung zum E 1962, BR-Drs. 200/62, S. 149 f..

[205] Zur st. Rspr. des BGH vgl. die umfangreiche Darstellung bei *Zieschang*, Mittäterschaft bei bloßer Mitwirkung im Vorbereitungsstadium?, ZStW 107, 361; ebenso Sch/Sch-*Cramer/Heine*, § 25 Rn. 66 mwN..

[206] Vgl. *BGH*St **38**, 315 (318); *Körner*, Kommentar zum BtMG, § 29 Rn. 659 mwN.; *Wagner*, Betäubungsmittelstrafrecht, S. 31 ff..

Wollens geschieht [...].«[207]. Mit der gleichen Begründung sah der BGH auch die Aushändigung eines Geldbetrages zur Beschaffung von Haschisch und Amphetamin in den Niederlanden sowie zu deren Einfuhr in die BRD für mittäterschaftlich begangene unerlaubte Einfuhr von Betäubungsmitteln als ausreichend an[208]. Im Gegensatz zu den beiden zuletzt dargestellten Urteilen steht die in Abschnitt *B)I)2)b)* erörterte Entscheidung des OGH, der Mittäterschaft verneinte, weil der Angeklagte lediglich einem Suchtgifttransporteur die nötigen finanziellen Mittel zur Beschaffung bereitgestellt und diesen bei einer Kurierfahrt begleitet hatte, das Merkmal des *Einführens* somit also nicht selbst verwirklicht hatte[209].

In einem weiteren vom BGH entschiedenen Fall wurde ein Tatbeteiligter als Mittäter eines Raubes verurteilt, der weder Gewalt angewandt noch die Beute selbst weggenommen hatte. Sein Tatbeitrag bestand nach den Feststellungen des Landgerichts lediglich darin, ein Fahrzeug entwendet zu haben, mit dem sein Komplize zum Tatort gefahren war und sich nach dem Überfall aus der unmittelbaren Nähe des Tatorts entfernt hatte. Zudem hatte er seinen eigenen PKW als Fluchtfahrzeug zur Verfügung gestellt und diesen gesteuert. Die Ermöglichung der Flucht wertete der BGH als wesentlichen Tatbeitrag, weil dieser vor der Tatausführung zugesagt worden war und ohne ihn die Tat nicht oder nicht so hätte begangen werden können[210]. Aufgrund des nahezu identischen Sachverhalts lässt auch dieses Urteil den direkten Vergleich mit einer bereits im Kapitel *B)I)2)b)* dargestellten Entscheidung des OGH[211] zu. Vom OGH wurde ein Tatbeteiligter, der ebenfalls seine Komplizen sowie die Beute nach einem gemeinsam begangenen Raub abtransportiert hatte gerade nicht als Mittäter qualifiziert, weil er nicht *»selbst das Raubopfer bedroht oder diesem Geld weggenommen, somit Ausführungshandlungen des Verbrechens des Raubes gesetzt«* hatte[212].

Während nach österreichischem Recht bloße Unterstützungshandlungen niemals Mittäterschaft begründen können, lässt die deutsche Rechtsprechung hierfür sogar untergeordnete Hilfstätigkeiten[213] ausreichen. Dies verdeutlicht der folgende Fall: Der Angeklagte K war für den Geheimdienst der ehemaligen

---

207 Vgl. *BGH*, NJW 1985, 1035.

208 Vgl. *BGH*St **36**, 249 (250); sowie die Besprechung dieser Entscheidung bei *Zieschang*, ZStW 107, 361 (362 f.).

209 Vgl. *OGH*, EvBl 1996/61 = RZ 1996/3; sowie Darstellung und Erörterung dieses Urteils auf S. 53 dieser Arbeit.

210 Vgl. *BGH*, GA 1977, 306; sowie die Erörterung der Entscheidung bei Sch/Sch-*Cramer/Heine*, Vorbem §§ 25 ff. Rn. 89 und *Roxin*, Täterschaft und Tatherrschaft, S. 578 f..

211 Vgl. *OGH*, 13 Os 62, 63/92 = RZ 1993/31, dargestellt und erörtert auf S. 52 dieser Arbeit.

212 Vgl. *OGH*, 13 Os 62, 63/92 = RZ 1993/31.

213 So die Kommentierung bei Sch/Sch-*Cramer/Heine*, Vorbem §§ 25 ff. Rn. 82 a; zu weiteren Beispielen aus der Rspr. *Zieschang*, ZStW 107, 361 (362).

DDR tätig gewesen, indem er wertvolle Informationen an Offiziere des Ministeriums für Staatssicherheit (MfS) geliefert hatte. Die Mitangeklagte H hatte für K mehrfach Fotokopien der zu übergebenden Unterlagen angefertigt und K vereinzelt zum Ort der Übergabe begleitet, war jedoch nie in Kontakt zu den Offizieren des MfS getreten. Der BGH befand die H der in Mittäterschaft begangenen geheimdienstlichen Agententätigkeit gem. § 99 Abs. 1 Nr. 1 dtStGB für schuldig. Seiner Ansicht nach habe sie »*sich durch aktives Tun zur Mitwirkung an Erforschungs- und Sammeltätigkeit des Geheimdienstes auf dessen Seite geschlagen*« und »*sich in die von den Führungsoffizieren des MfS gewünschte konspirative Form der Nachrichtenübermittlung durch Übernahme einer typischen Kuriertätigkeit einspannen lassen, dadurch eine aktive Mitarbeit für den Geheimdienst entfaltet [...].*«[214].

Ebenfalls der Mittäterschaft zugeordnet wurde die Tätigkeit eines Bandenchefs, der die Mitangeklagten überredet hatte, für ihn Viehweidediebstähle zu begehen. Hierfür hatte er ihnen einen Transporter zur Verfügung gestellt, sie jedoch auf keiner ihrer Diebestouren begleitet. Zur Begründung des mittäterschaftlich begangenen Diebstahls gem. §§ 242, 243 dtStGB führte der BGH aus: »*Der Angeklagte handelte mit Täterwillen. Er hatte den Plan zur Verübung von Viehweidediebstählen ausgearbeitet und stellte die Transportmittel zur Verfügung; er besaß die Möglichkeit der Verwertung der Beute und zahlte den Zeugen ihren Anteil am Erlös aus. Damit war der Angeklagte der Kopf der Bande; er war mithin Dieb*«[215].

Einem derartig weiten Verständnis liegt die Auffassung der deutschen Rechtsprechung zur Abgrenzung von Täterschaft und Teilnahme zugrunde. Mittäterschaft ist gegeben, wenn ein Tatbeteiligter mit seinem Beitrag nicht bloß fremdes Tun fördern will, sondern dieser Beitrag Teil einer gemeinschaftlichen Tätigkeit sein soll. Die Frage, ob ein Beteiligter dieses enge Verhältnis zur Tat haben will, muss nach mittlerweile gefestigter Rechtsprechung des BGH aufgrund aller von der Vorstellung der Beteiligten umfassten Umstände in wertender Betrachtung beurteilt werden. Als wesentliche Anhaltspunkte für diese Beurteilung kommen namentlich in Betracht das eigene Interesse am Taterfolg, der Umfang der Tatbeteiligung und die Tatherrschaft oder wenigstens der Wille zur Tatherrschaft[216]. Zufolge dieser Zusammenschau objektiver und vornehmlich

---

214 Vgl. *BGH*, NStZ 1986, 165 (166).

215 Vgl. *BGH*St **33**, 50 (53).

216 Vgl. *BGH*R StGB § 25 II Mittäter 2; sowie die eingängige Darstellung bei *Tröndle/Fischer*, Vor § 25 Rn. 2 a mwN.; ebenso MK-*Joecks*, § 25 Rn. 21 mwN.; *Roxin*, Anm. zu BGH, StV 1986, 384 (385); *Küpper*, Anspruch und wirkliche Bedeutung des Theorienstreits über die Abgrenzung von Täterschaft und Teilnahme, GA 1986, 437 (440 f.); *Geerds*, Täterschaft und Teilnahme – Zu den Grenzen einer normativen Auslegung –, Jura 1990, 173 (175); grundlegend hierzu LK-*Roxin*, § 25 Rn. 20 und 26; *ders.*, Täterschaft und Tatherrschaft, S. 633 mwN.; vgl. hierzu auch die ausführliche Darstellung in Kapitel *B)I)5)a)bb)* dieser Arbeit, S. 100 f..

subjektiver Elemente ist es möglich, auch jene Verhaltensweisen in den Bereich der Mittäterschaft miteinzubeziehen, die nicht direkt unter den Wortlaut eines Tatbestandsmerkmals zu subsumieren sind. Diese, im Vergleich zum österreichischen Recht stark auf subjektive Merkmale abstellende Abgrenzung ermöglicht es, im Wege einer Gesamtbetrachtung ein »Beteiligungsminus« im eigentlichen Kerngeschehen durch ein »Beteiligungsplus« an der mitgestaltenden Deliktsplanung oder im Bereich des Randgeschehens auszugleichen[217].

Gegen das zuletzt aufgezeigte Verständnis der Rechtsprechung von Mittäterschaft wendet sich eine breite Meinung im Schrifttum, zu der auch Anhänger der Tatherrschaftslehre gehören[218]. Ihrer Ansicht nach sei für die Annahme von Mittäterschaft eine Beteiligung im Ausführungsstadium, d. h. zwischen Versuchsbeginn und materieller Beendigung der Tat zwingend erforderlich[219]. Dies folge schon aus dem Wortlaut des § 25 Abs. 2 dtStGB, der eine gemeinschaftliche Tat*begehung* verlange. Wer lediglich bei Planung und Vorbereitung tätig ist, habe zwar Mitherrschaft; die eigentliche Tatausführung habe er jedoch aus der Hand gegeben, weshalb ihm keine Einflussnahme mehr hinsichtlich der maßgeblichen Entscheidung über das Ob der Tatbestandsverwirklichung möglich sei. Eine andere Ansicht stelle eine Rückkehr zur subjektiven Theorie dar, die eine beliebige Täterschaftszuschreibung zulasse und dem Tatrichter einen zu breiten Ermessensspielraum eröffne[220].

Eine derartig stark am Herrschaftsprinzip ausgerichtete Auffassung wird jedoch von der h. M. abgelehnt. Ihr zufolge sei nicht entscheidend, ob ein Tatbeteiligter seinen Beitrag im Bereich der Planung oder Vorbereitung erbracht hat, sondern allein, ob ein Mitwirkender an der kollektiven Tatherrschaft teilhat, wann auch immer er seinen Tatbeitrag erbringt. Darüber hinaus stelle die Gegenauffassung einen Rückfall in die formal-objektive Theorie dar, die dem Wesen der Mittäterschaft als Tatherrschaft einer Personengesamtheit nicht gerecht werde[221]. Weiter kann sich die h. M. auf die ständige Rechtsprechung des BGH berufen, die ebenso stark auf subjektive Momente abstellt.

---

217 Vgl. *Wessels/Beulke*, AT, Rn. 528; *Jakobs*, AT, S. 628; *Maurach/Gössel/ Zipf*, AT II, § 49 II Rn. 59; *Kühl*, AT, § 20 Rn. 99 f.; *Otto*, AT, S. 288; *ders.*, Jura 1987, 246 (253); *Küpper*, Anm. zu BGH, JR 1993, 292 (293).

218 Instruktiv zum Meinungsstand *Stoffers*, Mittäterschaft und Versuchsbeginn, MDR 1989, 208 (209 ff.); ebenso *Roxin*, Die Mittäterschaft im Strafrecht, JA 1979, 519 (522).

219 Vgl. *Bloy*, Die Beteiligungsform als Zurechnungstypus im Strafrecht, S. 196 ff.; *Bottke*, Täterschaft und Gestaltungsherrschaft, S. 88 und 90; *Eschenbach*, Zurechnungsnormen im Strafrecht, Jura 1992, 637 (644 f.); *Herzberg*, Mittäterschaft durch Vorbereitung: eine actio communis in causa?, JZ 1991, 856 (859 ff.); *ders.*, ZStW 99, 49 (58 ff.); *Roxin*, Anm. zu BGH, JR 1991, 206 f.; *ders.*, Anm. zu BGH, StV 1985, 278; *ders.*, JA 1979, 519 (522); *Stein*, Anm. zu BGH, StV 1993, 411 (414).

220 Vgl. hierzu die zusammenfassende Darstellung bei *Stoffers*, MDR 1989, 208 (210 f.).

221 Vgl. *Arzt*, Anm. zu BGH, JZ 1984, 428 (429); *Beulke*, Anm. zu OLG Köln, JR 1980, 423 (424); *Küpper*, Anm. zu BGH, JR 1993, 292 (293); *Lesch*, Täterschaft und Gestaltungs-

In der Praxis ist somit das Institut der Mittäterschaft nach § 25 Abs. 2 dtStGB hinsichtlich seines Anwendungsbereiches wesentlich weiter als das nach § 12, 1. Fall östStGB, weil es nicht kategorisch mittels objektiver Kriterien umschrieben wird, sondern eine einzelfallbezogene Gesamtabwägung aller Umstände, vor allem auch der inneren Einstellung der Beteiligten, erfolgt.

bb) Unterschiede im Rahmen der Strafzumessung

Im Gegensatz zum österreichischen Recht kennt das deutsche Strafgesetzbuch keinen derart umfangreichen Katalog von speziellen Erschwerungs- und Milderungsgründen wie die §§ 33 und 34 östStGB. Insbesondere sind keine mitwirkungsspezifischen Strafzumessungsgründe normiert. § 46 dtStGB enthält neben den allgemeinen Grundsätzen der Strafzumessung lediglich ein paar beispielhaft aufgezählte Strafzumessungstatsachen[222]. Dennoch haben sich in der Rechtsprechung nicht zuletzt wegen des Begründungszwanges für Strafzumessungsentscheidungen nach § 267 Abs. 3 Satz 1 dtStPO[223] Richtlinien herausgebildet, die im Rahmen der Beteiligung mehrerer von Bedeutung sind:

So muss bei Mittätern entsprechend dem Grundsatz des § 46 Abs. 1 Satz 1 dtStGB die schuldangemessene Strafe für jeden einzelnen *»aus der Sache selbst«* gefunden werden[224], wobei in die anzustellende Abwägung, wie bei einem Alleintäter auch, alle strafzumessungserheblichen Umstände einbezogen werden müssen, die zu Gunsten wie auch zu Ungunsten des Angeklagten sprechen[225]. Darüber hinaus verdient der führend Beteiligte einer von mehreren begangenen Tat grundsätzlich eine höhere Strafe[226], ebenso wie derjenige, der als Urheber des gemeinsamen Tatplans die weiteren Mittäter zur Tatbegehung verführt hat[227]. Diese Strafzumessungsaspekte entsprechen den besonderen Erschwerungsgründen des § 34 Z. 4 Alt. 2 östStGB (führende Beteiligung) und § 34 Z. 4 Alt. 1 östStGB (Urheberschaft).

Wie bereits festgestellt, geht der OGH davon aus, dass von der Qualifizierung eines Tatbeteiligten als Mittäter gem. § 12, 1. Fall östStGB keinerlei Indizwirkung für die vorzunehmende Strafzumessung ausgeht[228]. Im Gegensatz

herrschaft, GA 1994, 112 (125); *Seelmann*, Mittäterschaft im Strafrecht, JuS 1980, 571 (573); *Stoffers*, MDR 1989, 208 (210 f.); *Stratenwerth*, AT I, § 12 Rn. 91 ff..

222 Vgl. *Tröndle/Fischer*, § 46 Rn. 15.

223 Vgl. *Bruns*, Strafzumessungsrecht (Gesamtdarstellung), S. 14.

224 Grundlegend hierzu *BGH*R StGB § 46 II Wertungsfehler 6 und Zumessungsfehler 1; zuletzt *BGH*, NStZ-RR 1998, 50.

225 Vgl. LK-*Gribbohm*, § 46 Rn. 121.

226 Vgl. *OGH*St **2**, 149 (151 f.); *BGH*, NStE Nr. 16 zu § 46 StGB.

227 Vgl. *Bruns*, Strafzumessungsrecht (Gesamtdarstellung), S. 457.

228 Vgl. *OGH*, 10 Os 186, 201, 202/77 in RZ 1978/73 (mit zust. Anm. *Kienapfel*); sowie die Ausführungen in Kapitel *B)I)2)c)* dieser Arbeit, ab S. 54.

dazu darf nach Ansicht des BGH nicht außer Betracht bleiben, dass »*gegen Mittäter verhängte Strafen auch in einem gerechten Verhältnis zueinander stehen sollen*« und Unterschiede in der Bestrafung dann einer ausführlichen Darlegung bedürfen, »*wenn sie sich nicht von selbst verstehen*«[229]. So hob der BGH den Strafausspruch in mehreren Fällen wegen mangelnder bzw. nicht nachvollziehbarer Begründung auf:

Einer Entscheidung lag ein landgerichtliches Urteil zu Grunde, durch das zwei Mittäter wegen gemeinschaftlich begangener schwerer räuberischer Erpressung in Tateinheit mit fahrlässiger Tötung einerseits zu 6 und andererseits zu 7 ½ Jahren Freiheitsstrafe verurteilt wurden[230]. In einem weiteren Fall des räuberischen Angriffs auf einen Kraftfahrer in Tateinheit mit schwerer räuberischer Erpressung betrugen die vom Landgericht Dortmund verhängten Freiheitsstrafen für den einen Mittäter 4 Jahre, für den anderen dagegen nur 2 Jahre, wobei die Vollstreckung der Freiheitsstrafe bei letzterem zur Bewährung ausgesetzt wurde[231]. In beiden Fällen sah der BGH die lapidare Begründung der Kammer, die Schuld des einen Angeklagten wiege gegenüber der des anderen wesentlich geringer, als nicht ausreichend an.

Den dargestellten Urteilen des BGH ist der Leitgedanke zu entnehmen, dass der dogmatischen Einordnung der Tatbeteiligung mehrerer als Mittäter eine widerlegbare Indizwirkung für die vorzunehmende Strafzumessung dahingehend innewohnt, Mittäter im Regelfall als gleichermaßen strafwürdig anzusehen. Sollte davon abgewichen werden, bedarf es einer eingehenden Begründung. In logischer Fortführung dieses Ansatzes könnte man den Grundgedanken des BGH dahingehend verstehen, einer unterschiedlichen Strafwürdigkeit vor allem dadurch Rechnung zu tragen, dass der nur in untergeordneter Weise Beteiligte schon von vornherein als Gehilfe einzustufen ist und somit über § 27 Abs. 2 Satz 2 i.V.m. § 49 Abs. 1 dtStGB milder bestraft werden soll. Ausdrücklich wird diese Auffassung vom BGH allerdings nicht geäußert.

Dieser Unterschied zum österreichischen Recht erklärt sich dadurch, dass an die rechtliche Einordnung innerhalb von § 12 östStGB keinerlei Rechtsfolgen anknüpfen, insbesondere für den Beitragstäter keine Strafrahmenverschiebung erfolgt. Darüber hinaus weisen die drei Täterformen des § 12 östStGB kein normatives Wertgefälle auf, wie dies bei den §§ 25 ff. dtStGB der Fall ist[232], sondern zeichnen sich durch rechtliche Gleichwertigkeit untereinander aus[233].

---

229 Vgl. *BGH*R StGB § 46 II Zumessungsfehler 1 = StV 1987, 435 f.; *BGH*, NStZ-RR 1998, 50; StV 1991, 557.

230 Vgl. *BGH*, NStE Nr. 12 zu § 46 StGB = StV 1987, 435 f..

231 Vgl. *BGH*, StV 1991, 557; eine vergleichbar große Diskrepanz lag *BGH*, NStZ-RR 1998, 50 zu Grunde; vgl. auch *Schäfer*, Praxis der Strafzumessung, Rn. 483.

232 Vgl. hierzu LK-*Roxin*, § 26 Rn. 2; Sch/Sch-*Cramer/Heine*, Vorbem §§ 25 ff. Rn. 14.

233 Grundlegend *OGH*, 13 Os 176/80 in EvBl 1982/98; sowie *OGH*, 9 Os 78/83 in JBl 1984, 267.

Im vorliegenden Zusammenhang wäre des Weiteren denkbar, dass die Rechtsprechung von OGH und BGH in demjenigen Bereich zu jeweils unterschiedlichen Ergebnissen kommt, in welchem nach österreichischem Recht Tatbeteiligte mangels wortlautkonformer Ausführungsteilhabe der Beitragstäterschaft, nach deutschem Recht aber noch der Mittäterschaft unterfallen. Möglich wären Differenzen hier insbesondere deshalb, weil sich in derartigen Konstellationen unterschiedliche Beteiligungsformen gegenüberstehen und es auf deutscher Seite zu keiner Strafrahmenverschiebung nach § 27 Abs. 2 Satz 2 i.V.m. § 49 Abs. 1 dtStGB kommt, die zu verhängenden Strafen somit aus den jeweiligen „Grundstrafrahmen" gefunden werden müssen.

Eine verallgemeinerungsfähige Aussage hierzu ist jedoch nicht möglich, weil sich die wenigen, zu diesem Punkt veröffentlichten Entscheidungen der österreichischen und deutschen Rechtsprechung mit unterschiedlichen Strafzumessungsfragen beschäftigen und somit keinen direkten Vergleich zulassen.

Wie sich das Verhalten von Mittätern gem. § 25 Abs. 2 dtStGB, die keine aktive Rolle bei der Tatausführung innehaben, auf die Strafzumessung auswirkt, konnte nicht festgestellt werden. Wenn der BGH, wie bereits erwähnt, sich für eine Indizwirkung der Kategorisierung dahingehend ausspricht, dass die gegen Mittäter verhängten Strafen regelmäßig einander entsprechen müssen[234], so lässt dies ausnahmsweise auch Abweichungen nach oben wie auch nach unten zu. Dies ist jedoch Tatfrage des konkreten Einzelfalles.

Lediglich ein Urteil aus der frühen deutschen Rechtsprechung ist ersichtlich[235], in dem ein Mittäter gegenüber den anderen als führend beteiligt angesehen wurde, obwohl er selbst nicht aktiv an der Tatbestandsverwirklichung der gefährlichen Körperverletzung mitgewirkt hatte. Dies betraf den Fall eines SS-Oberscharführers, der sich 10 Juden einzeln vorführen hatte lassen und ihnen mehrere Peitschenhiebe zudiktiert hatte, während er selbst auf einem Sofa gesessen und die Tatausführung überwacht hatte. Diese 1950 ergangene Entscheidung des deutschen Obersten Gerichtshofes für die Britische Zone, der für seine instruktive Auseinandersetzung mit Strafzumessungsfragen bekannt war, ist jedoch wenig repräsentativ und nicht verallgemeinerungsfähig[236]. Weitere Urteile, die sich im dargestellten Zusammenhang mit Problemen der Strafzumessung auseinandersetzen, sind nicht veröffentlicht.

Der (österreichische) OGH sprach sich in mehreren Fällen dafür aus, dass die Qualifikation als Beitragstäter nach § 12, 3. Fall östStGB »*wegen der rechtlichen Gleichwertigkeit aller im § 12 östStGB angeführten Beteiligungsformen keineswegs zwangsläufig eine untergeordnete Tatbeteiligung*« im Sinne des § 34

---

234 Vgl. *BGH*R StGB § 46 II Zumessungsfehler 1 = StV 1987, 435 f.; *BGH*, NStZ-RR 1998, 50; StV 1991, 557.

235 Vgl. *OGH*St **2**, 149 (150 f.).

236 Vgl. *Bruns*, Strafzumessungsrecht (Gesamtdarstellung), S. 10.

Abs. 1 Z. 6 östStGB zur Folge hat[237]. In einer Vielzahl von Berufungen, in denen Beitragstäter, die bei Einbruchsdiebstählen „Schmiere" gestanden hatten, eine Herabsetzung ihrer Strafe anstrebten, führte der OGH immer wieder an: »*Wer Aufpasserdienste am Tatort leistet, ist keineswegs nur in untergeordneter Weise an der Begehung eines Diebstahls beteiligt.*«[238]. Ein Tatbeteiligter zieht somit keinen Vorteil daraus, dass er nach österreichischem Recht nicht mehr als Mittäter, sondern als Beitragstäter eingestuft wird, weil er über diese Qualifikation nicht in den Genuss einer zwangsläufigen Strafmilderung kommt[239].

---

237 Vgl. *OGH*, 13 Os 45/83; 9 Os 25/85; 15 Os 4/90.

238 Vgl. den häufig wiederkehrenden Leitsatz zu *OGH*, 12 Os 94/81; 10 Os 49/82; 13 Os 45/83; 10 Os 193/83; 13 Os 65/85; 15 Os 136/87; 15 Os 97/90.

239 Vgl. dazu näher die Ausführungen zum Beitragstäter in Kapitel *B)I)4)b)* dieser Arbeit, ab S. 86.

3) Der Bestimmungstäter

Täter im Sinne des § 12, 2. Fall östStGB ist auch, wer »*einen anderen dazu bestimmt, sie [die strafbare Handlung] auszuführen*«; er wird als Bestimmungstäter bezeichnet.

a) Verständnis und Auslegung von § 12, 2. Fall östStGB

Nach dem Wortlaut der Gesetzesmaterialien bestimmt einen anderen zur Tat, »*wer dafür ursächlich wird, daß sich dieser andere zu ihrer Ausführung entschließt.*«[240]. Der OGH lehnt sich in ständiger Rechtsprechung an diese Vorgabe an und stellt auf das »*Veranlassen*«[241] eines anderen zur Ausführungen der strafbaren Handlung durch Erwecken des Tatentschlusses ab[242]. Da die Rechtsprechung die strafbare Handlung, zu der bestimmt wird, nicht als konkrete Tat im Sinne einer voll deliktischen Straftat des unmittelbaren Täters, sondern lediglich als Gattungsbegriff versteht, der sich auf Handlungsweisen bezieht, die grundsätzlich geeignet sind, einen Straftatbestand zu erfüllen, ist unter dem Erwecken des Tatentschlusses nicht das Hervorrufen des *Tatvorsatzes*[243], sondern lediglich des bloßen *Handlungsentschlusses*[244] zu verstehen. Nach Auffassung des OGH ist somit Bestimmungstäter »*wer den unmittelbaren Täter zur Ausführung einer mit Strafe bedrohten Handlung veranlaßt*«[245].

Der zu Bestimmende darf noch nicht fest zur Tat entschlossen sein, andernfalls könnte bei diesem kein Tatentschlusses mehr hervorgerufen werden (so genannter omnimodo bzw. alias facturus)[246]. Die Veranlassung muss darauf abzielen, dass ein anderer die strafbare Handlung ausführt, also die tatbestandsmäßige Ausführungshandlung selbst vornimmt; die Bestimmung eines anderen zur Leistung eines sonstigen Tatbeitrages kann lediglich Beitragstäterschaft nach § 12, 3. Fall östStGB sein[247].

---

240 Vgl. EBRV 1971, 80 l. Sp. = Dok. StGB 66 r. Sp..

241 Grundlegend hierzu *OGH*, RZ 1978/72; 1978/73 uva.; jüngst *OGH*, RZ 1999/7 = JBl 1999, 265 (266).

242 Vgl. die Einführung bei WK-*Fabrizy*, § 12 Rn. 42 mwN.; *Triffterer*, Beteiligungslehre, S. 75.

243 So jedoch die Ansicht *Burgstallers*, RZ 1975, 13 (15); zustimmend *Fuchs*, ÖJZ 1986, 257 (263 ff.); ebenso *Lewisch*, JBl 1989, 294 (299).

244 Vgl. *Kienapfel*, JBl 1974, 180 (185); *Nowakowski*, ZnStR II 1974, 147 (148); *Friedrich*, RZ 1986, 227 (231).

245 Vgl. *OGH*, JBl 1999, 265 (266) = RZ 1999/7.

246 Vgl. *OGH*, SSt 47/34 = EvBl 1976/287.

247 Vgl. *OGH*, EvBl 1995/45 = JBl 1996, 329 (mit Anm. *Medigovic*).

Aufgrund der Ablehnung einer qualitativen Akzessorietät der Bestimmungstäterschaft[248] wird nach Ansicht der Rechtsprechung auch derjenige von § 12, 2. Fall östStGB erfasst, der sich nicht nur eines schuldlos, sondern auch eines vorsatzlos oder bloß fahrlässig, qualifikationslos, tendenzlos oder rechtmäßig handelnden Werkzeugs bedient[249]. Der Bestimmungstäterschaft unterfällt nach österreichischem Recht somit auch das Gros der Fälle der sog. mittelbaren Täterschaft nach § 25 Abs. 1 Alt. 2 dtStGB, wie folgende Entscheidungen verdeutlichen: Die Angeklagte veranlasste durch die wahrheitswidrige Vorgabe, 300.000 Schilling zur Abführung an das Finanzamt in einem gegen sie anhängigen Finanzstrafverfahren zu benötigen, ihren Ehegatten dazu, dessen Bruder um die Gewährung eines Darlehens in dieser Höhe zu überreden. Der gutgläubige Ehemann holte das Geld bei seinem Bruder ab und übergab es der Angeklagten, die von Anfang an beabsichtigt hatte, das Geld für sich zu behalten. Nach Ansicht des OGH »*bediente sich die Beschwerdeführerin nach dem Inhalt des gesamten Urteilssachverhaltes ihres gutgläubigen Ehemanns*«, um einen Betrug im Sinne des § 146 östStGB zu begehen. Sie war daher »*nicht, wie das Erstgericht vermeint, als unmittelbare Täterin im Sinn des ersten Falls des § 12 StGB, sondern als Bestimmungstäterin gemäß dem zweiten Fall dieser Gesetzesbestimmung*« zu verurteilen[250]. Einem anderen Fall lag folgender Sachverhalt[251] zu Grunde: Der Angeklagte war bei der Post- und Telegraphendirektion Wien als Bautruppführer beschäftigt. In dieser Position beauftragte er den ihm untergeordneten Alois E eine posteigene Telefonanlage im Wert von über 17.000 Schilling an die B zu liefern und anzuschließen; die Bezahlung erfolgte auf Anweisung des Angeklagten nicht an die Post- und Telegraphendirektion, sondern an ihn selbst. Gegen die Verurteilung durch das Schöffengericht Wien wegen schweren Diebstahls nach §§ 127, 128, 12, 1. Fall östStGB wandte der Angeklagte ein, der Schuldspruch sei verfehlt, weil er selbst die Telefonanlage gar nicht weggenommen habe. Diesem Argument hielt der OGH entgegen, »*daß er nach den Urteilsfeststellungen die Sachwegnahme zwar nicht selbst ausführte, aber durch Alois E (als gutgläubiges Werkzeug) veranlaßte [...], sodaß ihm richtigerweise allerdings Bestimmungstäterschaft im Sinne des § 12 zweiter Fall StGB zur Last fällt.*«[252].

---

248 Vgl. *OGH*, SSt 54/56; 56/19 = RZ 1986/31 (mit zust. Anm. *Kienapfel*), JBl 1990, 331 mit Leitsatzberichtigung in JBl 1990, 468; sowie die Übersicht bei WK-*Fabrizy*, § 12 Rn. 17 mwN..

249 Vgl. grundlegend hierzu *OGH*, 9 Os 143/76 in RZ 1988/72 (mit Anm. *Kienapfel*); 10 Os 186, 201, 202/77 in RZ 1978/73 (mit Anm. *Kienapfel*) uva..

250 Vgl. *OGH*, 11 Os 31/89; zu weiteren, vergleichbaren Betrugsstraftaten in Bestimmungstäterschaft vgl. *OGH*, 9 Os 22/79; 12 Os 40/80; 13 Os 98/85 = RZ 1986/31.

251 Stark vereinfacht.

252 Vgl. *OGH*, 10 Os 201/84.

Nicht von § 12, 2. Fall östStGB werden jedoch die Konstellationen erfasst, in denen der Bestimmte als „Werkzeug gegen sich selbst" instrumentalisiert wird, wie im Fall eines Schuldunfähigen, der dazu veranlasst wird, eine in seinem Eigentum stehende Sache zu zerstören, sich selbst zu verletzen oder gar zu töten. Zwar ist es einem Schuldunfähigen nicht möglich, wirksam in die Verletzung eigener Rechtsgüter einzuwilligen; als Opfer aber kann er selbst nicht tatbestandsmäßig handeln, weil er nicht einen anderen, sondern sich selbst schädigt. Während derartige Konstellationen nach deutschem Recht § 25 Abs. 1 Alt. 2 dtStGB unterfallen[253], stellt sich die Bestimmung zu einer tatbestandslosen Handlung auf den ersten Blick nach österreichischem Recht als straflos dar, da laut OGH der Vorschrift des § 12, 2. Fall östStGB nur derjenige unterfällt, der »*den unmittelbaren Täter zur Ausführung einer mit Strafe bedrohten Handlung veranlaßt*«[254]. Um eine Straflosigkeit des Bestimmenden zu vermeiden, werden im Schrifttum verschiedene Lösungsansätze vertreten. Kienapfel – als führender Vertreter einer extremen Einheitstäterlösung – spricht sich für die Möglichkeit einer »*Mitwirkung ohne Mitwirkende*« aus[255], die er mit der autonomen und individuellen Verantwortlichkeit jedes einzelnen Beteiligten begründet. Die der Teilnahmelösung näher stehende Gegenauffassung, welche jedoch vom OGH seit jeher abgelehnt wird, zieht die Tatherrschaft des Bestimmenden heran und qualifiziert diesen als („verdeckten") unmittelbaren Täter im Sinne des § 12, 1. Fall östStGB[256]. Eine andere Lehrmeinung stellt auf die objektive Zurechnung der Tatbildverwirklichung ab und sieht den als unmittelbaren Täter an, der in einer Kausalkette als Letzter objektiv zurechenbar gehandelt hat[257]. Seitens der Rechtsprechung ist bisher keine Favorisierung eines dieser Ansätze zu erkennen, weil die Konstellation der Bestimmung zu einer tatbestandslosen Handlung bisher noch nicht zu entscheiden war[258].

Als Bestimmungshandlung im Sinne des § 12, 2. Fall östStGB kommt jede Verhaltensweise in Betracht, die geeignet ist, den Anstoß zur Tatausführung zu geben. Hierunter fallen zunächst Aktivitäten wie Vorschlagen, Anraten, Be-

---

253 Vgl. LK-*Roxin*, § 25 Rn. 125 ff..

254 Vgl. *OGH*, JBl 1999, 265 (266) = RZ 1999/7.

255 Vgl. *Kienapfel*, JBl 1974, 180 (190).

256 Vgl. *Burgstaller*, RZ 1975, 13 (16 f.); *Fuchs*, AT, S. 302 ff.; *ders.*, Probleme der Beteiligung mehrerer, StPdG XIV, 1 (14 ff.); *Zipf*, ÖJZ 1975, 617 (619 ff.); *Wach*, Strafrechtliche Probleme des Selbstmordes, ÖJZ 1978, 479 (481).

257 Vgl. *Schmoller*, ÖJZ 1983, 379 (380 ff.); WK-*Moos*, § 75 Rn. 33, § 78 Rn. 19; *Moos*, in Fälle und Lösungen zum Strafrecht, von Kienapfel (Hrsg.), S. 53 Fußnote 45; *Triffterer*, AT, S. 396 f. und 400; *ders.*, Beteiligungslehre, S. 64 f., 69 und 72; vgl. hierzu auch die Besprechungen bei *Friedrich*, RZ 1986, 227 (229) und *Lewisch*, JBl 1989, 294 (300 f.).

258 Vgl. die Analyse der bisherigen Rechtsprechung WK-*Fabrizy*, § 12 Rn. 23.

auftragen, Auffordern und Überreden[259], wobei diese mündlich, schriftlich, ausdrücklich oder konkludent erfolgen können. Wie die beiden soeben dargestellten Fälle zeigen, kann Bestimmung auch durch Täuschung erfolgen. Vom OGH namentlich bejaht wurden zudem Handlungen, die auf die freie Willensbetätigung und Eigenverantwortlichkeit des zu Bestimmenden massiv einwirken, wie z. B. eine nicht unerhebliche Nötigung[260]. So bestätigte der OGH die Verurteilung eines Zuhälters wegen Bestimmung zu einer falschen Beweisaussage vor einer Verwaltungsbehörde gem. §§ 289, 12, 2. Fall östStGB. Der Angeklagte hatte der Prostituierten Karin Ö, die er vorher schon mehrfach in erheblicher Weise körperlich misshandelt hatte, gedroht, sie „krankenhausreif zu schlagen", wenn sie nicht bei einer bevorstehenden Vernehmung vor der Polizeidirektion Linz zur Sache falsch aussage[261]. In einem weiteren, jedoch nur im Leitsatz veröffentlichten Urteil, in dem der Angeklagte einen Dritten durch eine gefährliche Drohung im Sinne des § 105 Abs. 1 östStGB dazu bestimmt hatte, aus dem ihm anvertrauten Warenlager in Zukunft Gegenstände zu entwenden und dem Angeklagten zu überlassen, heißt es: »*Wer einen anderen durch eine Drohung der in § 105 StGB bezeichneten Art zu Begehung eines Eigentumsdeliktes veranlaßt, haftet neben der Verleitung zum Eigentumsdelikt auch wegen Nötigung.*«[262].

Strittig war nach Einführung des neuen § 12 östStGB, ob Beteiligung, insbesondere Bestimmung, nur vorsätzlich oder auch fahrlässig erfolgen kann. Ein Teil der Literatur vertrat die Ansicht, dass eine fahrlässige Beteiligung deshalb ausgeschlossen sei, weil § 12 östStGB diese nicht ausdrücklich erwähnt[263]. Darüber hinaus leitete Kienapfel aufgrund des finalen Charakters des Wortes „Bestimmen" ab, dass diese Täterschaftsform ausschließlich Vorsatz erfordere.[264] Nach herrschender Meinung jedoch schreiben weder Gesetzeswortlaut, noch -materialien eine derartige Auslegung zwingend vor[265]. Dem folgte nach anfänglichem Zögern auch der OGH, er bejahte allerdings die fahrlässige Beteiligung zu Beginn lediglich im Fall einer fahrlässigen Beitragstäterschaft eines

---

[259] Vgl. *OGH*, SSt 47/34 = EvBl 1976/287; SSt 48/72 = JBl 1978, 103; SSt 49/3; EvBl 1979/230 uva., zu weiteren Bestimmungshandlungen vgl. WK-*Fabrizy*, § 12 Rn. 50 jeweils mwN..

[260] Vgl. den Leitsatz der nur insoweit veröffentlichten Entscheidung *OGH*, ÖJZ-LSK 1977/38.

[261] Vgl. *OGH*, EvBl 1979/245.

[262] Vgl. *OGH*, 13 Os 123/76 = ÖJZ-LSK 1977/38; näher zum Sachverhalt vgl. *Mayerhofer*, § 12 Rn. 66.

[263] Vgl. *Marschall*, „In dubio mutius" als Auslegungsgrundsatz im neuen Strafrecht, ÖJZ 1974, 425 (427); *Zipf*, RZ 1980, 141 (142); *Leukauf/Steininger*^{3}, § 12 Rn. 34.

[264] Vgl. *Kienapfel/Höpfel*, AT, E 4 Rn. 2; *Kienapfel*, JBl 1974, 180 (182 und 189).

[265] Vgl. *Nowakowski*, ZnStr II 1974, 147 (156 f.) mwN.; *Höpfel*, ÖJZ 1982, 314 (316); *Mayerhofer*, Keine Mitschuld des Gläubigers an der Krida des Schuldners, ÖJZ 1989, 238 (239); *Burgstaller*, RZ 1975, 29 (30); *Schmoller*, ÖJZ 1983, 379 (386).

leitenden Angestellten an fahrlässiger Insolvenz[266] des Geschäftsherrn gem. § 159 östStGB[267]. Voraussetzung hierfür ist, dass der Beitragstäter einer »*ihn selbst treffenden objektiven Sorgfaltspflicht*« zuwider und auch subjektiv sorgfaltswidrig handelt. Mit der selben Argumentation bejahte der OGH im Fall einer fahrlässigen Gefährdung durch Sprengmittel nach § 174 Abs. 1 östStGB und der fahrlässigen Körperverletzung nach § 88 Abs. 1 und 4 östStGB durch mehrere Täter die Möglichkeit einer fahrlässigen Beteiligung »*gleichgültig in welcher Erscheinungsform*«[268]. Da gem. § 7 Abs. 1 östStGB grundsätzlich nur vorsätzliches Handeln strafbar ist, muss die fahrlässige Tatbestandsverwirklichung im konkreten Einzelfall auch mit Strafe bedroht sein. Kann ein Delikt nicht fahrlässig begangen werden, so scheidet auch eine fahrlässige Bestimmung hierzu aus, weil letztendlich auch der Bestimmungstäter originärer Täter des Deliktes ist, welches vom unmittelbaren Täter ausgeführt wurde.

b) Die Bedeutung der Strafzumessungsvorschriften bei Bestimmungstäterschaft

Für den Bestimmungstäter gem. § 12, 2. Fall östStGB kommt nach dem Katalog der §§ 33 und 34 östStGB nur ein mitwirkungsspezifischer Strafzumessungsgrund in Betracht: § 33 Z. 3 östStGB zufolge ist es als erschwerend anzulasten, »*wenn der Täter einen anderen zur strafbaren Handlung verführt hat*«.

Anfänglich sah der OGH in der Anwendung des § 33 Z. 3 östStGB auf den Bestimmungstäter einen Verstoß gegen das Doppelverwertungsverbot des § 32 Abs. 2 östStGB und hob erstinstanzliche Urteile im Wege der Nichtigkeitsbeschwerde nach § 281 Abs. 1 Z. 11 östStPO auf. So heißt es in einer Entscheidung aus dem Jahre 1975, die nur in ihrem Leitsatz veröffentlicht ist: »*Einem Täter, der ausschließlich wegen Bestimmung eines anderen zur Tat schuldig erkannt wird, darf der Umstand, daß er der Anstifter der (von mehreren) begangenen strafbaren Handlung war, nicht (noch einmal) als erschwerend angelastet werden*«[269]. Ebenso entschied der OGH in einem Fall, in dem der Täter J den Mitangeklagten E lediglich zur falschen Beweisaussage vor Gericht gem. § 288 Abs. 1 östStGB bestimmt hatte[270]. Das Erstgericht hätte bei der Strafbemessung des Bestimmungstäters J beachten müssen, »*daß die Verführung (Verleitung) des Markus E zur falschen Beweisaussage nicht gesondert als erschwerend zu*

---

[266] In Österreich als »*fahrlässige Krida*« bezeichnet, hierzu näher WK-*Liebscher*, § 159 Rn. 1 ff..

[267] Vgl. *OGH*, SSt 51/2 = JBl 1980, 496 (mit Anm. *Liebscher*) = RZ 1980/21 (mit zust. Anm. *Burgstaller*).

[268] Vgl. *OGH*, SSt 52/34 = EvBl 1982/12; ausführlich WK-*Fabrizy*, § 12 Rn. 64.

[269] Vgl. *OGH*, 10 Os 183/75 in ÖJZ-LSK 1976/264; ebenso *Meyerhofer*, § 33 Rn. 27 a).

[270] Vgl. *OGH*, 16 Os 1/89.

werten ist, weil gerade darin der ausschließliche Schuldvorwurf liegt«. Darüber hinaus ist dieses Urteil die einzige veröffentlichte Entscheidung, in der sich der OGH, wenn auch nur kurz, zur Auslegung des Begriffs »Verführung« äußert, indem er ihn der »Verleitung« gleichsetzt.

Ab Anfang der 90er Jahre schwenkte der OGH jedoch auf die Linie der Literatur ein, die den besonderen Erschwerungsgrund des § 33 Z. 3 östStGB stets annimmt, wenn der Verführende wegen Bestimmungstäterschaft nach § 12, 2. Fall östStGB bestraft wird[271]. In einem Fall der Bestimmung zum schweren Raub nach §§ 142 Abs. 1, 143, 12, 2. Fall östStGB führte der OGH aus: »*Ebenso ist die Anklagebehörde in Ansehung des Angeklagten D im Recht, wenn sie den Umstand, daß der Genannte den Mitangeklagten S zur vorliegenden (schweren) Raubtat verführt hat und die Intensität der Einwirkung des Angeklagten D auf den Mitangeklagten S während eines Zeitraumes von mehreren Wochen als weitere besondere Erschwerungsgründe ins Treffen führt*«[272]. Eine weitere Entscheidung befasst sich unter anderem mit der Bestimmung zum gewerbsmäßigen Schmuggel nach §§ 35 Abs. 1, 38 Abs. 1 lit. a östFinStrG durch den Zollbeamten Z: »*Bei der Strafbemessung werteten die Tatrichter bei beiden Angeklagten als erschwerend das Zusammentreffen eines Verbrechens mit einem Finanzvergehen, bei Z überdies die Anstiftung des Adalbert T*«. Hierbei »*hat das Schöffengericht die besonderen Strafzumessungsgründe vollständig angeführt und sie auch zutreffend gewürdigt.*«[273]. Im Leitsatz eines Urteils aus dem Jahre 1993 gibt der OGH zu erkennen, dass der Anwendung des Erschwerungsgrundes nach § 33 Z. 3 östStGB im Rahmen des § 12, 2. Fall östStGB grundsätzlich nichts entgegensteht: »*Die schuldspruchmäßige Qualifikation der Tat als Bestimmungstäterschaft hindert ebensowenig die Heranziehung des Erschwerungsgrundes des § 33 Z 3 oder 4 StGB wie die schuldspruchmäßige Qualifikation einer Tat als Versuch nach § 15 StGB die Heranziehung des Milderungsgrundes des § 34 Z 13 StGB.*«[274]. Ein Jahr später spricht sich der gleiche Senat für eine zwingende Anwendung des § 33 Z. 3 östStGB auf den Bestimmungstäter aus: »*Die Verführung eines anderen zur Begehung einer Straftat wirkt auch für den Bestimmungstäter stets erschwerend.*«[275]. Hierin sieht der OGH mittlerweile, wie er selbst ausdrücklich ausführt[276], keinen Verstoß mehr gegen das Doppelverwertungsverbot des § 32 Abs. 2 östStGB. Ergänzend

---

271 Vgl. *Leukauf/Steininger*[3], § 33 Rn. 10; WK-*Kunst*, § 33 Rn. 8; *Kunst*, Fragen der Strafbemessung in der Rechtsprechung des Obersten Gerichtshofes, RZ 1978, 117 (118); ausführlich hierzu *Zagler*, Das Doppelverwertungsverbot, AnwBl 1976, 481 (483 f.).

272 Vgl. *OGH*, 14 Os 51/91.

273 Vgl. *OGH*, 15 Os 69/91.

274 Vgl. die insoweit auch nur im Leitsatz veröffentlichte Entscheidung des *OGH*, 15 Os 182/93; mit der gleichen Argumentation ferner *Kunst*, RZ 1978, 117 (118).

275 Vgl. die ebenfalls nur im Leitsatz veröffentlichte Entscheidung des *OGH*, 15 Os 172/94.

276 Vgl. *OGH*, 14 Os 80/96.

spricht sich der OGH dafür aus, dass der besondere Milderungsgrund des § 34 Abs. 1 Z. 6 östStGB, der seiner Ansicht zufolge grundsätzlich bei jeder Täterschaftsform angenommen werden kann[277], bei der Bestimmungstäterschaft nicht zur Anwendung kommt: »*ebenso kann – schon im Hinblick auf § 33 Z. 3 StGB – in Ansehung einer Straftat, deren Begehung er durch die Bestimmung des unmittelbaren Täters auslöste, nicht von einer bloß untergeordneten Tatbeteiligung gesprochen werden.*«[278].

Warum in der Rechtsprechung dieser Wandel von einer anfänglichen Ablehnung bis hin zu einer steten Bejahung des Erschwerungsgrundes nach § 33 Z. 3 östStGB beim Bestimmungstäter vollzogen wurde, geht aus den hierzu veröffentlichten Entscheidungen nicht hervor. Auch seitens der Vertreter in der Literatur wird diese nunmehr ständige Rechtsprechung kaum diskutiert, sie erfährt jedoch insoweit überwiegend Zustimmung[279]. Einigkeit besteht vor allem dahingehend, dass die Anwendung des § 33 Z. 3 östStGB auf den Bestimmungstäter keinen Verstoß gegen § 32 Abs. 2 östStGB darstellt, weil die Art der Beteiligung gerade kein für die generelle Strafwürdigkeit ausschlaggebendes Tatbestandsmerkmal ist[280]. Vielmehr beruht die generelle Anwendung des Erschwerungsgrundes des § 33 Z. 3 östStGB auf der Entscheidung des Gesetzgebers, den Bestimmungstäter im Gegensatz zu den anderen Täterformen über § 33 Z. 3 östStGB für strafwürdiger zu erklären[281]. Nur vereinzelt wird gefordert, den Begriff des »*Verführens*« in § 33 Z. 3 östStGB in Anlehnung an § 211 Abs. 2 und 4 östStGB[282] restriktiv auszulegen. So versteht *Kunst* unter »*Verführen*«, dass die Einstellung des zur Tat Bestimmten dem an ihn gerichteten Ansinnen zunächst entgegen stand[283]. *Pallin* hingegen will unter »*Verführen*« die Willensbeeinflussung eines Schuldunfähigen zur Tatsausführung verstehen[284]. Denkbar wäre in diesem Zusammenhang auch, bei der Strafzumessung bzgl. des Bestimmungstäters eine Unterscheidung und Abstufung dahingehend vorzunehmen, wie viele weitere Täter zur strafbaren Handlung verführt worden sind. Eine breite und eingehende Diskussion mit diesen Ansätzen findet sich jedoch im österreichischen Schrifttum nicht.

Die zwingende Anwendung des § 33 Z. 3 östStGB auf den Bestimmungstäter begegnet jedoch aufgrund der bisher angestellten Untersuchungen erheblichen Bedenken. So ist ein Widerspruch darin zu erblicken, dass einerseits Nichtigkeitsbeschwerden, die sich gegen eine rechtsfehlerhafte Beurteilung der Be-

---

277 Vgl. *OGH*, 15 Os 114/94, näher hierzu auf S. 57 f. dieser Arbeit.

278 Vgl. *OGH*, 10 Os 51/82.

279 Vgl. *Leukauf/Steininger*[3], § 33 Rn. 10 mwN..

280 Vgl. *Kunst*, RZ 1978, 117 (118).

281 Vgl. *Zagler*, AnwBl 1976, 481 (483 f.).

282 Vgl. hierzu WK-*Schick*, § 211 Rn. 7 mwN..

283 Vgl. WK-*Kunst*, § 33 Rn. 8.

284 Vgl. *Pallin*, Die Strafzumessung in rechtlicher Sicht, Rn. 47.

teiligungsformen nach § 12 östStGB wenden, mit dem Argument der rechtlichen Gleichwertigkeit aller Täterformen verworfen werden[285]. Andererseits aber soll die Bestimmung eines anderen als stets strafschärfend gewertet werden. Seit sich der OGH für eine zwingende Anwendung des § 33 Z. 3 östStGB auf die Bestimmungstäter ausspricht[286], ist jedoch keine Entscheidung mehr ersichtlich, in der eine rechtsfehlerhafte Verurteilung wegen Bestimmung zu einer Straftat nach § 12, 2. Fall östStGB mit einer Nichtigkeitsbeschwerde angegriffen und verworfen worden wäre. Eine Stellungnahme und Auseinandersetzung mit diesem Problemen findet sich weder in höchstrichterlichen Entscheidungen, noch im österreichischen Schrifttum.

Aus dem Bereich der Konstellationen, die nach deutschem Recht der mittelbaren Täterschaft nach § 25 Abs. 1 Alt. 2 dtStGB unterfallen, in Österreich aber der Bestimmungstäterschaft zugeordnet werden, ist nur eine einzige Entscheidung ersichtlich, die lediglich in ihrem Leitsatz veröffentlicht ist[287]. Dort heißt es: »*Der Mißbrauch eines achtjährigen Kindes zur Ausführung eines Mordes ist besonders erschwerend.*«. Eine allgemeingültige Stellungnahme kann hieraus für derartige Fälle, in denen sich ein Bestimmungstäter eines menschlichen Werkzeuges bedient, jedoch nicht gewonnen werden.

Bei den dargestellten Urteilen fällt auf, dass diesen kaum eine Aussage zur Auslegung des § 33 Z. 3 östStGB zu entnehmen ist, dass, wie bereits im Rahmen der Mittäterschaft festgestellt, auch hinsichtlich der Bestimmungstäterschaft die Ausführungen zur Strafzumessung äußerst knapp sind und sich in der Regel in einem kurzen Satz erschöpfen.

c) Vergleich des österreichischen Bestimmungstäters mit dem Anstifter und mittelbaren Täter im deutschem Recht

Bestimmungstäterschaft gem. § 12, 2. Fall östStGB und Anstiftung nach § 26 dtStGB weichen sowohl von ihrem Anwendungsbereich als auch hinsichtlich ihrer Rechtsfolgen in erheblichem Maße voneinander ab.

Aus dem Verzicht der österreichischen Rechtsprechung auf eine vorsätzliche und rechtswidrige Tat des Bestimmten, wie dies § 26 dtStGB i.V.m. § 11 Abs. 1 Nr. 5 dtStGB für den Angestifteten voraussetzt, ergeben sich weitreichende Konsequenzen: Während im deutschen Recht das Institut der mittelbaren Täterschaft nach § 25 Abs. 1 Alt. 2 dtStGB die Bereiche abdeckt, die aufgrund der limitierten Akzessorietät der Anstiftung[288] zu unerwünschten Strafbarkeitslücken führen würden, entfällt die Tatbegehungsform der mittelbaren Täter-

---

285 Vgl. hierzu die Ausführungen unter *A)I)3)* ab S. 32.

286 Vgl. *OGH*, 15 Os 172/94 und 14 Os 80/96.

287 Vgl. *OGH*, 10 Os 187/77.

288 Vgl. *Jescheck/Weigend*, § 61 VII 1.

schaft nach österreichischen Recht zur Gänze und geht nahezu vollständig in der Bestimmungstäterschaft nach § 12, 2. Fall östStGB auf. Dass deutsche und österreichische Rechtsprechung hierbei zu völlig unterschiedlichen Ergebnissen gelangen verdeutlichen folgende Entscheidungen:

Der BGH bestätigte die Verurteilung eines Angeklagten wegen versuchten Mordes in mittelbarer Täterschaft, weil dieser seinen Nebenbuhler J aus Eifersucht hatte töten wollen. Hierzu hatte der Angeklagte dem Zeugen G eine Plastikflasche übergeben, welche angeblich Schlafmittel, in Wirklichkeit aber mindestens 100 ml 35 %-iger Salzsäure enthalten hatte, die bei Aufnahme von 20 ml in den leeren Magen mit Sicherheit tödlich wirkt. Hiermit hatte der Zeuge das vermeintliche Opfer überfallen, diesem – notfalls mit Gewalt – das angebliche Schlafmittel verabreichen und anschließend berauben sollen. Als der Zeuge die Täuschung bemerkt hatte, nahm er von seinem Plan Abstand[289]. Der Angeklagte hatte den von ihm ausgewählten Tatmittler zwar nicht darüber getäuscht, dass er eine strafbare Handlung begehen sollte, ihm aber Tatumstände verheimlicht, die den Tatbestand einer schwereren Straftat (Mord) begründet hätten, als der Tatmittler sie sich vorgestellt hatte (Raub, Körperverletzung). Aufgrund dieses Irrtums fehlte dem Tatmittler der Vorsatz einen Mord zu begehen.

Der vorliegende Sachverhalt wäre nach österreichischem Recht als versuchte Bestimmung zum Mord zu beurteilen, weil als Bestimmungshandlung auch eine Täuschung in Betracht kommt, wie die unter *B)I)3)a)* dargestellten Fälle gezeigt haben[290].

In einem weiteren Fall hatte sich die Angeklagte ihres als *»Störfaktor«* bezeichneten Mannes entledigen wollen, weil er ihrem ehebrecherischen Verhältnis zu einem anderen Mann im Wege gestanden hatte. Unter Ausnutzung einer langanhaltenden depressiven Phase ihres Ehegatten, der psychisch wie auch physisch stark unter ihrer Untreue litt, hatte sie ihm einen gemeinsamen Doppelselbstmord vorgeschlagen. Mit der Bemerkung *»dann bleiben wir für immer zusammen«* hatte der Ehemann sofort eingewilligt. Die Angeklagte hatte das Gift E-605 in eine Kornflasche gemischt, war mit ihrem Mann an den abgelegenen Tatort gefahren und hatte ihm die Flasche gereicht. Nachdem er einen kräftigen – bereits tödlichen – Schluck genommen hatte, hatte sich die Angeklagte geweigert von dem vergifteten Schnaps zu trinken. Darauf hatte das Opfer, das die Täuschung nun erkannt hatte, einen weiteren Schluck aus der Flasche genommen. Der BGH bestätigte die Verurteilung wegen Mordes in mittelbarer Täterschaft durch das Schwurgericht, weil die Angeklagte aufgrund ihrer psychischen Überlegenheit die dominierende Gestalt des Geschehens war. Sie hatte den Ablauf der Tat minuziös geplant und zudem zielstrebig ausgeführt. Da

---

[289] Vgl. *BGH*St **30**, 363; kritisch *Sippel*, Mittelbare Täterschaft bei deliktisch handelndem Werkzeug, NJW 1983, 2226 und 1984, 1866; zustimmend *v. Spiegel*, Nochmals: Mittelbare Täterschaft bei deliktisch handelndem Werkzeug, NJW 1984, 110 und 1867.

[290] Vgl. nur *OGH*, 11 Os 31/89 und 10 Os 201/84, dargestellt und erläutert auf S. 69.

sie somit »*die Herrschaft über den von ihr geplanten Geschehensablauf fest in der Hand behalten wollte und behalten hat*«, benutzte sie ihren Mann als Werkzeug gegen sich selbst[291]. Weil der Suizid keine rechtswidrige Tat im Sinne der §§ 26, 11 Abs. 1 Nr. 5 dtStGB darstellt, ist eine Teilnahme daran straflos; eine Strafbarkeit kommt nur bei Täterschaft in Betracht. Diese wurde vom BGH im vorliegenden Fall mit der Tatherrschaft der Angeklagten begründet.

Nach österreichischem Recht würde im vorliegenden Fall unmittelbare Täterschaft, wie auch Bestimmungstäterschaft ausscheiden, weil weder Täter, noch Opfer den objektiven Tatbestand des Mordes erfüllt haben. In derartigen Konstellationen auftretende Strafbarkeitslücken werden jedoch nach österreichischem Recht über die Vorschrift des § 78 östStGB geschlossen, der die Mitwirkung am (tatbestandslosen) Suizid selbstständig pönalisiert[292].

Anders als nach österreichischem fallen nach deutschem Recht all jene Verhaltensweisen aus dem Bereich der Anstiftung heraus, die auf die freie Willensbetätigung und Eigenverantwortlichkeit des Anzustiftenden derart einwirken, dass die Grenze des § 35 Abs. 1 dtStGB überschritten ist und der Ausführende sich im Nötigungsnotstand befindet. Im Fall eines Drogendealers, der gegen das ihm angesonnene strafbare Tun starke Bedenken geäußert hatte, aber dennoch aufgrund der massiven Einwirkung eines polizeilichen Lockspitzels zum besonders schweren Fall des Handeltreibens mit Betäubungsmitteln gem. § 29 Abs. 3 BtMG überredet wurde, führt der BGH aus: »*Erreicht die Fremdeinwirkung die in § 35 StGB vorausgesetzte Intensität, so entfällt seine Schuld ganz.*«[293]. Nicht nur die Nötigung, sondern auch die Täuschung, die den Tatvorsatz beim Ausführungstäter entfallen lässt, ist – anders als nach österreichischem Recht – kein taugliches Mittel zur Anstiftung, wie der oben dargestellte „Salzsäure-Fall" des BGH[294] verdeutlicht.

Die Reduzierung auf die Tatbegehungsform der Bestimmungstäterschaft und der daraus resultierende Wegfall der Differenzierung zwischen den beiden Beteiligungsformen der Anstiftung und mittelbaren Täterschaft bedeutet eine nennenswerte Vereinfachung der österreichischen Lösung gegenüber der deutschen. Abgrenzungsschwierigkeiten können sich nach deutschem Recht nicht nur dann ergeben, wenn dem Hintermann eine überlegene Stellung gegenüber dem Tatmittler zukommt, sondern auch in den Sachverhaltskonstellationen des

---

291 Vgl. *BGH*, GA 1986, 508; sowie die Besprechungen von *Charalambakis*, Selbsttötung aufgrund Irrtums und mittelbare Täterschaft, GA 1986, 485; *Neumann*, die Strafbarkeit der Suizidbeteiligung als Problem der Eigenverantwortlichkeit des „Opfers", JA 1987, 244; *Brandts/Schlehofer*, Die täuschungsbedingte Selbsttötung im Lichte der Einwilligungslehre, JZ 1987, 442.

292 Vgl. WK-*Moos*, § 75 Rn. 1 ff.; *Leukauf/Steininger*[3], § 75 Rn. 1.

293 Vgl. *BGH*, NStZ 1986, 162.

294 Vgl. *BGH*St **30**, 363 auf S. 76 dieser Arbeit.

„Täters hinter dem Täter“[295]. Handelt jemand irrtumsfrei und uneingeschränkt verantwortlich, so ist sein Hintermann regelmäßig Anstifter. Im „*Fall des Nationalen Verteidigungsrates der DDR*“[296] hob der BGH die Verurteilung der Angeklagten K und S wegen Anstiftung zum Totschlag jedoch auf und befand die beiden wegen Totschlags in mittelbarer Täterschaft für schuldig. K und S waren Angehörige des Nationalen Verteidigungsrates der DDR gewesen, der den Schießbefehl gegenüber Republikflüchtlingen an der innerdeutschen Grenze erteilt und bei einem gelungenen Grenzdurchbruch den betreffenden Soldaten erhebliche Konsequenzen angedroht hatte. Innerhalb dieses Gremiums hatten die beiden Angeklagten eine nicht untergeordnete Rolle gespielt. Unabhängig davon, ob die Grenzsoldaten bei einzelnen verfahrensgegenständlichen Tötungshandlungen schuldhaft gehandelt hatten, war nach Ansicht des BGH auf die Tatherrschaft der Hintermänner abzustellen[297]. Diese war zu bejahen, weil die Angeklagten durch die vorhandenen Organisationsstrukturen bestimmte Rahmenbedingungen ausgenutzt hatten, innerhalb derer ihre Tatbeiträge regelhafte Abläufe ausgelöst hatten, die nahezu automatisch zu der von ihnen erstrebten Tatbestandsverwirklichung geführt hatten. Derartige Rahmenbedingungen mit regelhaften Abläufen kommen nicht nur bei mafiaähnlichen Geflechten, sondern vor allem »*bei staatlichen, unternehmerischen oder geschäftlichen Organisationsstrukturen und bei Befehlshierarchien in Betracht.*«[298]. Eine solch wertende Betrachtung, wie sie der BGH bei der Differenzierung zwischen Teilnahme und Täterschaft vornimmt, ist der österreichischen Rechtsprechung fremd. Die Angeklagten des zuletzt dargestellten Falles wären ohne Begründungsschwierigkeiten unter § 12, 2. Fall östStGB zu fassen, da sie durch die Erteilung des Schießbefehls die Mauerschützen zur Ausführung einzelner Tötungsdelikte veranlasst hatten.

Aufgrund ihrer im Vergleich zum österreichischen Recht engeren Voraussetzungen unterfällt der Anstiftung nach § 26 dtStGB nur ein Teil der Konstellationen, die in Österreich dem Begriff der Bestimmungstäterschaft zugeordnet werden. Dieser wiederum beinhaltet nicht nur den Bereich der Anstiftung nach

295 Vgl. hierzu statt vieler *Schroeder*, Der Täter hinter dem Täter, S. 119 ff..

296 Vgl. *BGH*St **40**, 218 = NJW 1994, 2703 = NStZ 1994, 537; *Roxin*, Anm. zu BGH, JZ 1995, 49; *Sonnen*, Anm. zu BGH, JA 1995, 98; *Streng*, Der Irrtum beim Versuch – ein Irrtum?, ZStW 109, 865 (887); *Schröder*, Der Sprung des Täters hinter dem Täter aus der Theorie in die Praxis, JR 1995, 177; *Gropp*, Die Mitglieder des nationalen Verteidigungsrates als „Mittelbare Mit-Täter hinter den Tätern?“, JuS 1996, 13.

297 Erstmals zur Anerkennung des Täters hinter dem Täter im sog. „*Katzenkönigfall*“, *BGH*St **35**, 347 (353 f.); vgl. hierzu die Besprechung von *Schumann*, NStZ 1990, 32; *Schaffstein*, Der Täter hinter dem Täter bei vermeidbarem Verbotsirrtum und verminderter Schuldfähigkeit des Tatmittlers, NStZ 1989, 153; *Küper*, JZ 1989, 617 und 935; *Herzberg*, Abergläubische Gefahrabwendung und mittelbare Täterschaft durch Ausnutzung eines Verbotsirrums, Jura 1990, 16.

298 Vgl. *BGH*St **40**, 218 (236).

§ 26 dtStGB und mittelbaren Täterschaft nach § 25 Abs. 1 Alt. 2 dtStGB, sondern erfasst nach mittlerweile ständiger Rechtsprechung des OGH auch die Fälle der „fahrlässigen Bestimmung"[299], welche nach der gesetzlichen Definition des § 26 dtStGB ausgeschlossen sind[300]. Als einzige gesetzliche Ausnahme, die ein rechtlich verselbständigtes fahrlässiges Teilnahmedelikt normiert, ist die Vorschrift des § 19 Abs. 1 Nr. 1a, Abs. 4 KWKG zu nennen, wonach ausdrücklich ein leichtfertiges Verleiten unter Strafe gestellt wird[301]. Als Haupttat zählt § 19 Abs. 1 Nr. 1 KWKG das Entwickeln, Herstellen oder Handeltreiben mit Atomwaffen im In- und Ausland auf. Da es mangels einer nach deutschem Recht strafbaren Haupttat im Ausland an einer Grundlage für eine Bestrafung wegen Anstiftung oder Beihilfe fehlte, wurde in die KWKG-Novelle von 1990[302] ein eigenständiges Teilnahmedelikt aufgenommen, um die territoriale Begrenzung der Strafvorschriften aufzuheben[303].

Auch im Bereich der Strafbemessung gehen die österreichische und die deutsche Rechtsprechung eigene Wege. Hinsichtlich der gegen den Anstifter zu verhängenden Sanktion besagt § 26 dtStGB, dass jener gleich einem Täter zu bestrafen ist. Das bedeutet, dass der Anstifter dem gleichen Strafrahmen wie auch der Haupttäter selbst unterfällt[304]. Es gelten somit die allgemeinen Regeln; maßgebend ist gem. § 46 Abs. 1 Satz 1 dtStGB allein die Schuld als Grundlage für die Strafzumessung, wobei die im konkreten Einzelfall zu verhängende Sanktion hierbei niedriger oder höher als die des Täters ausfallen kann[305].

Höchstrichterliche Entscheidungen, die sich mit der Frage befassen, wie ein Anstifter im Verhältnis zum Haupttäter zu bestrafen ist, insbesondere Aussagen darüber, ob Anstiftung generell wie in Österreich als erschwerend zu werten ist, finden sich nicht. Die einzigen Urteile des BGH, die sich mit der Strafzumessung im Rahmen des § 26 dtStGB auseinandersetzen, sind zur Tatprovokation durch polizeiliche Lockspitzel ergangen. Hinsichtlich des zur Tat Angestifteten sieht die Rechtsprechung darin, dass jener erst von einem Dritten zur Begehung der Tat überredet werden musste, einen zusätzlichen schuldunabhängigen Strafzumessungsgrund, der sich im Rahmen der Gesamtwürdigung zu Gunsten des Angeklagten auswirkt. Dies kann sogar zur Folge haben, dass in-

---

299 Vgl. *OGH*, SSt 52/34 = EvBl 1982/12; ausführlich WK-*Fabrizy*, § 12 Rn. 64.

300 Vgl. die Begründung zum E 1962, BR-Drs. 200/62, S. 150; *Bockelmann*, Zur Problematik der Beteiligung an vermeintlich vorsätzlichen Taten, Gallas-FS, S. 261; *Jescheck/Weigend*, § 54 IV und § 61 VI; *Roxin*, Täterschaft und Tatherrschaft, S. 552 ff..

301 Vgl. *Holthausen*, Zum Tatbestand des Förderns in den neuen Strafvorschriften des Kriegswaffenkontrollgesetzes (§§ 16 - 21 KWKG), NJW 1991, 203.

302 Vgl. G. v. 22.11.1990 (BGBl. I S. 2506).

303 Vgl. *Holthausen*, NJW 1991, 203, zu weiteren selbständigen Teilnahmedelikten siehe auch *Sommer*, Verselbständigte Beihilfehandlungen und Straflosigkeit des Gehilfen, JR 1981, 490 ff..

304 Vgl. *Tröndle/Fischer*, § 26 Rn. 17.

305 Vgl. LK-*Roxin*, § 26 Rn. 113.

nerhalb des gesetzlichen Strafrahmens eine Unterschreitung der sonst schuldangemessenen Strafe geboten ist[306].

Auch wenn sich keine allgemeine Aussage über das Verhältnis der Strafen für Anstifter und Haupttäter findet, ist es dennoch gängige Praxis deutscher Strafgerichte, dass die gegen einen Anstifter verhängte Strafe überwiegend niedriger als die des Haupttäters ausfällt[307]. Damit entspricht die Rechtsprechung auch dem normativen Wertgefälle der §§ 25 ff. dtStGB, die eine Abstufung im Unwertgehalt der einzelnen Beteiligungsformen beinhalten[308]. Die Gleichsetzung von Anstiftung und Täterschaft im Strafrahmen ist nach Ansicht von *Cramer/Heine* auf den alten Schuldteilnahmegedanken[309] zurückzuführen und *»scheint unreflektiert aus überlieferten Vorstellungen ins neue Recht übernommen worden zu sein.«*[310].

Eine Aussage darüber, ob der Anstifter nach deutschem Recht im Ergebnis milder bestraft wird, als dies nach österreichischem Recht der Fall ist, kann jedoch nicht gemacht werden. Die vorangegangenen Untersuchungen zu § 33 Z. 3 östStGB haben lediglich ergeben, dass die Verführung eines anderen im Rahmen der Gesamtabwägung als erschwerend zu berücksichtigen ist. Es drängt sich zwar auf, dass die gegen den Bestimmungstäter in concreto verhängte Strafe damit auch über der des unmittelbaren Täters liegt; dieses Ergebnis war den zu untersuchenden Entscheidungen allerdings nicht zu entnehmen, weil Bestimmungs- und unmittelbarer Täter mehrere und zum Teil auch unterschiedliche Straftatbestände verwirklicht haben, die in einem gemeinsamen Verfahren zusammen abgeurteilt wurden. Dennoch ist eine konträre Grundhaltung dahingehend zu erkennen, dass der deutsche Anstifter gegenüber dem österreichischen Bestimmungstäter als tendenziell weniger strafwürdig angesehen wird.

---

306 Vgl. *BGH*, MDR 1986, 331 = NStZ 1986, 162; *BGH*, StV 1987, 435 = NStZ 1988, 550 f. (mit Anm. *Endriß*).

307 Vgl. hierzu die empirischen Feststellungen bei Sch/Sch-*Cramer/Heine*, Vorbem §§ 25 ff. Rn. 14 aE..

308 Vgl. LK-*Roxin*, § 26 Rn. 2.

309 Dazu bereits in Kapitel *A)II)2)a)* dieser Arbeit, S. 39 ff..

310 Vgl. Sch/Sch-*Cramer/Heine*, Vorbem §§ 25 ff. Rn. 14 aE..

4) Der Beitragstäter

Die dritte Beteiligungsform im Rahmen des § 12 östStGB ist neben dem unmittelbaren Täter und dem Bestimmungstäter der Beitragstäter.

a) Verständnis und Auslegung von § 12, 3. Fall östStGB

Als Beitragstäter wird bezeichnet, wer sonst zur Ausführung der strafbaren Handlungen beiträgt. „*Sonst*" bedeutet hierbei, dass die Beitragshandlung »*auf andere Weise als durch unmittelbare Täterschaft (Mittäterschaft) oder durch Bestimmung eines anderen zur Begehung der Tat*« erfolgen muss[311]. Die Beitragstäterschaft stellt innerhalb von § 12 östStGB eine Generalklausel gegenüber den anderen Beteiligungsformen dar[312]. Aufgrund der Formulierung »*sondern auch jeder, der einen anderen dazu bestimmt, sie auszuführen, oder der sonst zu ihrer Ausführung beiträgt*« wurde die Bestimmung eines anderen als speziellere Form eines sonstigen Tatbeitrages aus § 12, 3. Fall östStGB ausgeklammert und als eigenständige Beteiligungsform neben den unmittelbaren Täter und den Beitragstäter gestellt.

Als möglicher Beitrag kommt jede Verhaltensweise physischer oder psychischer Art in Betracht[313], welche die Ausführung der strafbaren Handlung durch einen anderen ermöglicht, erleichtert, absichert oder in sonstiger Weise fördert[314]. Im Hinblick auf den ursächlichen Zusammenhang zwischen Beitrag und Tatablauf ist schon die geringste Hilfe ausreichend, welche die strafbare Handlung irgendwie fördert und bis zu ihrer Vollendung wirksam bleibt[315], wie folgender Fall verdeutlicht: Um in Wien einen Anschlag auf eine „nationalchinesische Institution" zu verüben hatte der Angeklagte Helmut S Sprengstoff, der für Lawinensprengungen verwendet und in einem Bunker im Gebirge verwahrt worden war, entwendet. Der Mitangeklagte Song-tau H hatte hierzu einen in das Vorhaben nicht eingeweihten Fahrer organisiert, um Helmut S in ein Gebirgstal chauffieren zu lassen. Von dort aus war Helmut S zum Bunker hinaufgestiegen, hatte diesen gewaltsam geöffnet und 15 kg Sprengstoff entwendet. Zum geplanten Anschlag war es jedoch nicht mehr gekommen, weil Helmut S noch am Berg von der Gendarmerie aufgegriffen und festgenommen worden war. Hinsichtlich der Verurteilung des Mitangeklagten Song-tau H wegen Beitrags zum Einbruchsdiebstahl nach §§ 127, 129 Z. 1 östStGB sowie zur Vorbereitung eines Verbrechens durch Sprengmittel gem. § 175 Abs. 1 östStGB heißt es in den Ur-

---

311 Vgl. grundlegend hierzu *OGH*, EvBl 1978/107; ebenso EvBl 1983/108.

312 Vgl. WK-*Fabrizy*, § 12 Rn. 38, 41 und 81 jeweils mwN..

313 So schon die EBRV 1971, 80 r. Sp. = Dok. StGB 67 l. Sp..

314 Vgl. *OGH*, EvBl 1978/107; 1979/81; SSt 55/85; EvBl 1995/6 = JBl 1994, 627.

315 Vgl. *OGH*, 9 Os 88/76; 12 Os 160/77 = EvBl 1978/107 uva..

teilsgründen lediglich: »*Daß die Bereitstellung eines PKW und eines Lenkers für die Fahrt zum und vom Tatort ein solcher Beitrag ist, kann aber nicht bezweifelt werden.*«[316].

Nach ständiger Rechtsprechung des OGH ist es auch möglich, dass der Täter nach § 12, 3. Fall östStGB in fahrlässiger Weise einen Beitrag zu einer Vorsatz- oder Fahrlässigkeitstat leistet[317]. Damit er selbst als Fahrlässigkeitstäter strafrechtlich belangt werden kann, muss neben der vorsätzlichen auch die fahrlässige Tatbildverwirklichung mit Strafe bedroht sein, § 7 Abs. 1 östStGB[318]. So bejahte der OGH die fahrlässige Beitragstäterschaft eines leitenden Angestellten an der fahrlässigen Insolvenz[319] des Geschäftsherrn gem. § 159 östStGB. Entscheidend war, dass »*der Angeklagte Walter H einen maßgeblichen Einfluß auf die Geschäftsführung des Unternehmens des Helmut H hatte und dabei die Herbeiführung der Zahlungsunfähigkeit des Schuldners [...] ursächlich gefördert*« und dass der Angeklagte »*der (auch) ihn selbst treffenden objektiven Sorgfaltspflicht*« zuwider gehandelt hatte[320].

Wann die Mitwirkung an einer von mehreren begangenen Straftat als Beitragstäterschaft und nicht als Mittäterschaft zu qualifizieren ist, ergibt sich aus dem Verständnis der Rechtsprechung hinsichtlich der letztgenannten Täterform. Danach ist allein entscheidend, ob in der Handlung eines Beteiligten eine *wortlautkonforme Ausführungsteilhabe* hinsichtlich des zu verwirklichenden Tatbestandes zu sehen ist[321]. Wird er diesen engen Voraussetzungen gerecht, kommt Mittäterschaft, andernfalls nur Beitragstäterschaft in Betracht. Die Beteiligungsform des § 12, 3. Fall östStGB wird somit als Auffangtatbestand hauptsächlich negativ von der Mittäterschaft abgegrenzt. Als klassische, vom OGH bereits bestätigte Beitragshandlungen kommen insbesondere in Betracht: Die Beschaffung und Überlassung der Tatrequisiten wie Tatwaffen und -werkzeuge, Gesichtsmasken für einen Raubüberfall oder ein Fluchtfahrzeug[322], die Beförderung des unmittelbaren Täters zum Tatort oder in dessen Nähe[323] wie auch das bloße Begleiten dorthin[324], die Leistung von Aufpasserdiensten[325], die Hilfeleis-

---

316 Vgl. *OGH*, EvBl 1979/81 = ÖJZ-LSK 1978/369.

317 Vgl. *OGH*, SSt 51/2 = JBl 1980, 496 (mit Anm. *Liebscher*) = RZ 1918/21 (mit zust. Anm. *Burgstaller*), SSt 52/34 = EvBl 1982/12 uva..

318 Vgl. WK-*Fabrizy*, § 12, Rn. 107.

319 In Österreich als »*fahrlässige Krida*« bezeichnet, hierzu näher WK-*Liebscher*, § 159 Rn. 1 ff..

320 Vgl. *OGH*, SSt 51/2 = JBl 1980, 496 (mit Anm. *Liebscher*) = RZ 1918/21 (mit zust. Anm. *Burgstaller*).

321 Vgl. hierzu die Ausführungen in Kapitel *B)I)2)b)* dieser Arbeit, S. 50 ff..

322 Vgl. *OGH*, EvBl 1981/132.

323 Vgl. *OGH*, EvBl 1978/107; 13 Os 62, 63/92 = RZ 1993/31.

324 Vgl. *OGH*, JBl 1984, 445 (mit Anm. *Graczol*).

325 Vgl. *OGH*, 16 Os 30/90 = JUS 1990/6/511; 13 Os 35/91 = JUS 1991/6/699.

tung beim Abtransport der Beute[326] sowie die Bereitstellung eines Geldbetrages zum Ankauf von Betäubungsmitteln[327].

Der Täter nach § 12, 3. Fall östStGB muss seinen Beitrag zwar zu einer strafbaren Handlung leisten, mangels qualitativer Akzessorietät ist es jedoch ohne Bedeutung, ob der Ausführende vorsätzlich, fahrlässig, rechtswidrig oder schuldhaft handelt[328]. Die geförderte Handlung muss nur eine mit Strafe bedrohte sein. Unter Berufung auf diesen Grundsatz hob der OGH den vom Landesgericht Wien gefällten Freispruch hinsichtlich des Angeklagten Christian St auf und verurteilte ihn wegen Beischlafs mit Unmündigen in Beitragstäterschaft nach §§ 206 Abs. 1, 12, 3. Fall östStGB. Zusammen mit dem ebenfalls Angeklagten Christian H war St nachts in das Zimmer der als „leichtes Mädchen“ bekannten 13-jährigen Monika Sch eingestiegen und hatte das Opfer überredet, mit H den Beischlaf zu vollziehen. Bevor dies geschah, hatte der Angeklagte St der unmündigen Monika Sch beim Entkleiden geholfen. Während St über deren wahres Alter informiert war, hatte sie der Angeklagte H aufgrund ihrer äußeren Erscheinung für 15 oder 16 Jahre alt gehalten. Der Angeklagte H blieb nach Ansicht der Strafkammer deshalb straflos, weil er das tatsächliche Alter der Monika Sch nicht gekannt hatte und sein Vorsatz demnach nicht auf den außerehelichen Beischlaf mit einer unmündigen Person gerichtet war. Die Verurteilung des Angeklagten St als Beitragstäter begründete der OGH mit seiner bisher vertretenen Auffassung, »*wonach es für die Strafbarkeit eines sonstigen Tatbeitrages genügt, daß der geförderte unmittelbare Täter tatbildmäßig, dh objektiv tatbestandsmäßig handelt, und es nicht auch der Verwirklichung des subjektiven Tatbestand, mithin eines vorsätzlichen Handelns des unmittelbaren Täters, bedarf.*«[329].

In den Fällen eines tatbestandslos handelnden Ausführungstäters kommt es aufgrund dieser Mindestanforderung, die an die Haupttat zu stellen ist, zur Straflosigkeit eines mittelbaren Täters. Zu dieser Konstellation ist lediglich ein Urteil des OGH veröffentlicht: Der zwölfjährige und daher gem. § 74 Abs. 1 Z. 1 östStGB unmündige Peter H hatte beabsichtigt sich selbst umzubringen. In Kenntnis dieser Umstände hatte der 51-jährige Angeklagte Robert N dem ihm hörigen Opfer Peter H, zu dem er als Pfadfinderführer ein sexuelles Missbrauchsverhältnis unterhielt, einen gemeinsamen Doppelselbstmord vorgeschlagen. Unter Übergabe eines Revolvers hatte der Angeklagte das Opfer aufgefordert, sich zu töten, worauf hin sich Peter H selbst erschossen hatte. Robert N sah, wie von Anfang an geplant, von einem Suizid ab. Eine Strafbarkeit wegen Mitwirkung am Selbstmord gem. § 78 östStGB schied aus, weil das Opfer auf-

---

326 Vgl. *OGH*, 16 Os 30/90 = JUS 1990/6/511.

327 Vgl. *OGH*, EvBl 1996/61 = RZ 1996/3.

328 Vgl. *OGH*, SSt 56/19, JBl 1990, 331, mit Leitsatzberichtigung in JBl 1990, 468; JBl 1994, 627 = EvBl 1995/6.

329 Vgl. *OGH*, EvBl 1995/6 = JBl 1994, 627 (mit Anm. *Burgstaller*).

grund seiner Strafunmündigkeit nicht selbstverantwortlich handeln hatte können[330]. Das Landesgesricht Innsbruck verurteilte den Angeklagten wegen Mordes in unmittelbarer Täterschaft gem. §§ 75, 12, 1. Fall östStGB. Diese Täterqualifikation hielt der Überprüfung durch den OGH nicht stand. Hierzu heißt es: »*Als unmittelbarer Täter hinwieder kommt nur in Frage, wer eine dem Wortlaut des Tatbestandes entsprechende Ausführungshandlung vornimmt. [...] Zu Unrecht hat das GeschworenenG daher in der von einer (Selbst-) Tötungsaufforderung begleiteten Übergabe eines Revolvers Mord in unmittelbarer Täterschaft gesehen [...]. Mit der "strafbaren Handlung", zu der vom Bestimmungstäter bestimmt und vom Beitragstäter beigetragen wird, ist jeweils deren eigene strafbare Handlung gemeint, also jener abstrakte Deliktstypus, der nach § 13 StGB allein durch ihre eigene subjektive Tatseite determiniert ist. Lediglich die Realisierung der dem Tätigkeitswort im Tatbestand unmittelbar entsprechenden Handlung wird durch den unmittelbar Ausführenden veranlaßt oder ihm überlassen. Wer demnach einem [...] Unmündigen einen Revolver mit dem Willen übergibt, es diesem zu ermöglichen, sich zu erschießen, leistet einen sonstigen Beitrag (§ 12 dritter Fall StGB) zur Tötung eines (aus seiner Sicht) anderen, indem er die Tötungshandlungen dem unmittelbar Ausführenden überläßt.*«[331].

Die dargestellte Entscheidung zeigt, dass der OGH auf jegliche Abhängigkeit der Beitrags- zur Haupttat verzichtet, und sogar ausreichen lässt, dass nicht einmal der objektive Tatbestand des Straftatbestandes durch den unmittelbaren Täter vollständig verwirklicht wird. Mörder im Sinne des § 75 östStGB ist, »*wer einen a n d e r e n tötet*«. Der OGH lässt im vorliegenden Fall »*die Realisierung der dem Tätigkeitswort im Tatbestand unmittelbar entsprechenden Handlung [...] durch den unmittelbar Ausführenden*« genügen, nämlich »*die Tötungshandlung*« durch das Opfer selbst.

Dieses extreme Verständnis der österreichischen Beteiligungsregelung durch den OGH stößt in der Literatur auf Kritik. So wird es als verfehlt angesehen, »*die Prinzipien der Einheitstäterschaft auf diese Weise auf die Spitze zu treiben.*«[332]. Auch wenn die mittelbare Täterschaft eines Hintermannes, wie sie nach deutschem Recht verstanden wird, in den begrifflichen Kategorien des § 12 östStGB nicht vorkommt, so gebe es sie dennoch als Faktum. In diesen Konstellationen werde daher der Hintermann aufgrund seiner rechtlich relevanten Verantwortung für den Erfolgseintritt zum Vordermann und sei deshalb der Täterform des § 12, 1. Fall östStGB zuzuordnen. Zwar begründe nach richtiger These der Einheitstäterschaft jede Beteiligungsform eigenes Unrecht; diese Selbststän-

[330] Vgl. zur Abgrenzung von Mord und Selbstmord WK-*Moos*, § 78 Rn. 19.
[331] Vgl. *OGH*, JBl 2001, 194 (195 f.) = EvBl 2000/162.
[332] Vgl. die Besprechung dieses Urteils von *Moos*, Anm. zu OGH, JBl 2001, 196 (197 f.).

digkeit des Unrechts spreche aber nicht gegen die Möglichkeit seiner inhaltlichen Aufwertung[333].

Bisher ist kein weiteres Urteil veröffentlicht, in dem auf die Verwirklichung des objektiven Tatbestandes als Mindestanforderung der Beitragstäterschaft verzichtet wird. Die vorliegende Entscheidung muss daher wohl als eine von kriminalpolitischen Gesichtspunkten getragene Ausnahme verstanden werden, in welcher der OGH nicht von seiner bisherigen formalen Betrachtungsweise der Beteiligungsformen abrücken und auf eine inhaltliche Betrachtung abstellen wollte[334].

Die einzige Abhängigkeit zwischen Beitrags- und Ausführungshandlung besteht im Hinblick auf das Deliktsstadium der Haupttat[335]. § 15 Abs. 1 östStGB erklärt jede Beteiligung an einem Versuch, § 15 Abs. 2 östStGB dagegen hinsichtlich des Versuches einer Beteiligung nur die versuchte Bestimmungstäterschaft für strafbar. Im Umkehrschluss dazu stellt das österreichische Recht die versuchte Beitragstäterschaft straflos. Die Rechtsprechung leitet hieraus die quantitative Akzessorietät der Beitragstäterschaft[336] ab: »*Danach setzt die Strafbarkeit wegen Beitragstäterschaft (erst) ein, sobald die (geförderte) Tat des unmittelbaren Täters zumindest (objektiv) das Versuchsstadium erreicht*«[337]. Ist die geförderte Tat im Versuch stecken geblieben, so haftet der Beitragstäter, der seinen Tatbeitrag vollendet hat, nur wegen des Deliktsversuches. Eine Bestrafung wegen vollendeter Beitragstäterschaft setzt somit voraus, dass der Ausführungstäter die Tat vollendet hat[338]. Die Straflosigkeit der versuchten Beitragstäterschaft hat im Hinblick auf die Strafbarkeit der versuchten Bestimmungstäterschaft zur Folge, dass auf Versuchsebene Abgrenzungsprobleme entstehen können. Dies verdeutlicht der folgende Fall: Vom Landesgericht Innsbruck wurde die Angeklagte Margarethe L wegen des versuchten, in Form der Bestimmungstäterschaft begangenen schweren Betruges nach den §§ 146, 147 Abs. 3, 15, 12, 2. Fall östStGB für schuldig erkannt. Nach den Sachverhaltsfeststellungen des Erstgerichts hatte die Angeklagte die Eheleute Johanna und Friedrich R dazu zu verleiten versucht, »*gemeinsam mit ihr*« acht Sparbücher des verstorbenen Matthias L aufzulösen und sich die Spareinlagen unter Umgehung der übrigen Erbberechtigten auszahlen zu lassen. Während die Angeklagte im Besitz der Sparbücher gewesen war, hatten die Eheleute R die dazugehörigen Losungsworte

---

333 Vgl. *Moos*, aaO.; ebenso *Triffterer*, Beteiligungslehre, S. 64 f. und 68 f.; *Schmoller*, ÖJZ 1983, 379 (380 ff.); *Wach*, ÖJZ 1978, 479 (481); zur Konstruktion einer verdeckten unmittelbaren Täterschaft vgl. *Burgstaller*, RZ 1975, 13 (16 f.); ebenso *Fuchs*, StPdG XIV, 1 (14 ff.); *ders.*, AT, S. 302; *Zipf*, ÖJZ 1975, 617 (619 ff.).

334 Vgl. *Moos*, Anm. zu OGH, JBl 2001, 196 (197).

335 Vgl. *Leukauf/Steininger*[3], § 12 Rn. 50.

336 Vgl. WK-*Fabrizy*, § 12 Rn. 97 mwN..

337 Vgl. *OGH*, EvBl 1995/6 = JBl 1994, 627 (mit Anm. *Burgstaller*); ebenso *OGH*, SSt 56/19.

338 Vgl. WK-*Fabrizy*, § 12 Rn. 97 mwN..

gekannt, diese jedoch nicht preisgegeben. Der OGH hob das Urteil auf und verwies die Sache zur erneuten Entscheidung zurück, weil den dem Schuldspruch zu Grunde liegenden Feststellungen nicht zu entnehmen war, ob und in welcher Form die Eheleute R nach den Vorstellungen der Angeklagten bei der Täuschung gegenüber den Bankangestellten hätten tätig werden sollen. Dies war vorliegend entscheidungserheblich. Hätten die Eheleute R als unmittelbare Täter eines Betruges bei der Auszahlung der Spareinlagen mitwirken sollen, so wäre das Ansinnen der Angeklagten als strafbarer Bestimmungsversuch – unter den auch das Anwerben von Mittätern fällt – zu qualifizieren gewesen. Hätten die Eheleute R lediglich die Losungsworte bekannt geben sollen und wäre die Angeklagte alleine zur Bank gegangen, um sich als Berechtigte auszugeben, so hätte ihr Bestimmungsversuch auf die Erbringung eines sonstigen Tatbeitrages abgezielt. Nachdem die Bestimmung zu einem sonstigen Tatbeitrag selbst nicht der Bestimmungs-, sondern der Beitragstäterschaft unterfällt[339], hätte die Angeklagte lediglich einen straflosen Beitragsversuch unternommen[340]. Der Abgrenzung der Bestimmung zur unmittelbaren Täterschaft von der zur Beitragstäterschaft kam somit maßgebliche Bedeutung zu.

b) Die Bedeutung der Strafzumessungsbestimmungen bei Beitragstäterschaft

Zumindest theoretisch denkbar ist, dass ein Beitragstäter an einer von mehreren begangenen strafbaren Handlung im Sinne des § 33 Z. 4 Alt. 2 östStGB führend beteiligt ist. Anwendung müßte dieser besondere Erschwerungsgrund vor allem in den Fällen finden, in denen ein Bandenchef oder Befehlshaber zwar selbst keine dem Wortlauttatbestand entsprechende Ausführungshandlung setzt, das Tatgeschehen aber im Wesentlichen plant und die Fäden des Geschehens in seinen Händen liegen, mit anderen Worten, wenn er die Tatherrschaft ausübt. Zu einer solchen Konstellation sind jedoch keine Rechtsmittelentscheidungen aus der österreichischen Rechtsprechung ersichtlich. Auch in der Literatur wird dieser Fall der führenden Beteiligung eines Beitragstäters nicht diskutiert.

Für den Beitragstäter kommt hingegen in erster Linie der besondere Milderungsgrund des § 34 Abs. 1 Z. 6 östStGB in Betracht, wonach zu Gunsten des Täters ins Gewicht fällt, wenn er »*an einer von mehreren begangenen strafbaren Handlung nur in untergeordneter Weise beteiligt war*«. Den Gesetzesmaterialien zufolge hat dieser Milderungsgrund seinen Sinn darin, dass das Bewusstsein der eigenen Verantwortlichkeit im allgemeinen wesentlich herabgesetzt ist,

---

339 Vgl. WK-*Hager/Massauer*, §§ 15, 16 Rn. 189 ff..
340 Vgl. *OGH*, EvBl 1995/45 = JBl 1996, 329 (mit Anm. *Medigovic*).

wenn man mit einem oder mehreren anderen zusammenwirkt und hierbei nur in untergeordneter Weise beteiligt ist[341].

Der Anwendungsbereich des § 34 Abs. 1 Z. 6 östStGB beschränkt sich in der Praxis erfahrungsgemäß auf die Beteiligungsform des § 12, 3. Fall östStGB[342]; dennoch spricht sich der OGH dafür aus, dass der »*Milderungsgrund einer untergeordneten Tatbeteiligung [...] bei jeder der Täterschaftsformen angenommen werden*« kann[343]. In mehreren Entscheidungen stellt der OGH darüber hinaus klar, dass die Qualifikation als Beitragstäter nicht automatisch § 34 Abs. 1 Z. 6 östStGB nach sich zieht[344]. So heißt es in einem Berufungsurteil[345]: »*Vorweg ist anzumerken, daß die Tatsache, daß "nur" Beitragstäterschaft iS des § 12, dritter Fall StGB vorliegt, wegen der rechtlichen Gleichwertigkeit aller im § 12 angeführten Beteiligungsformen [...] für sich allein keinen Milderungsgrund darstellt.*«[346].

Zur Frage, wie der Begriff der untergeordneten Tatbeteiligung zu verstehen ist, trifft der OGH selbst keine allgemeine Aussage. Die zu § 34 Abs. 1 Z. 6 östStGB ergangenen Entscheidungen befassen sich größtenteils mit Aufpasserdiensten am Tatort[347], vornehmlich bei der Begehung von Einbruchsdiebstählen[348], und nur vereinzelt mit sonstigen Ausführungshandlungen minderen Grades[349], wie das Chauffieren der Ausführungstäter zum Tatort oder das Abtransportieren der Beute[350].

All diesen Urteilen ist gemeinsam, dass die Frage nach dem Vorliegen des besonderen Milderungsgrundes gem. § 34 Abs. 1 Z. 6 östStGB ebenso kurz und knapp abgehandelt wird wie dies hinsichtlich der mitwirkungsspezifischen Strafzumessungsgründe im Rahmen der Mittäter- und Bestimmungstäterschaft erfolgt. So heißt es in einer Entscheidung des OGH bezüglich eines Beitrages zum schweren Raub nach §§ 142 Abs. 1, 143, 1. und 3. Fall, 12, 3. Fall östStGB: »*Auch kann, der Meinung des Berufungswerbers zuwider, vorliegend von seiner untergeordneten Beteiligung am Raub nicht gesprochen werden; hat er doch den Raubgenossen zum Tatort und nach der Tat, die er zudem durch seine Aufpasserdienste sicherte, von dort wieder weggebracht.*«[351]. In einer weiteren Entscheidung bezüglich eines Beitrages zum Einbruchdiebstahl nach §§ 127, 129

---

341 Vgl. hierzu EBRV 1971, 127; ebenso *Pallin*, Die Strafzumessung in rechtlicher Sicht, Rn. 59.
342 Vgl. WK-*Kunst*, § 34 Rn. 25 und *Leukauf/Steininger*[3], § 34 Rn. 11.
343 Vgl. *OGH*, 15 Os 114/94.
344 Vgl. *OGH*, 13 Os 45/83, 9 Os 25/85, 15 Os 4/90.
345 Vgl. *OGH*, 15 Os 4/90.
346 Vgl. die gleiche Argumentation auch in *OGH*, 13 Os 45/83.
347 Vgl. WK-*Kunst*, § 34 Rn. 25.
348 Vgl. *OGH*, 12 Os 94/81, 13 Os 45/83, 13 Os 65/85, 15 Os 136/87, 15 Os 97/90.
349 Vgl. *Pallin*, Die Strafzumessung in rechtlicher Sicht, Rn. 59.
350 Vgl. *OGH*, 10 Os 49/82, 10 Os 193/83.
351 Vgl. *OGH*, 10 Os 193/83.

Z. 2 östStGB fasst sich das Gericht noch kürzer: »*Von einer untergeordneten Tatbeteiligung kann bei der Leistung von Aufpasserdiensten keine Rede sein.*«[352].

Lediglich zwei Berufungsentscheidungen sind ersichtlich, in denen sich der OGH eingehender mit dem für die Tatbeteiligung maßgeblichen Sachverhalt auseinandersetzt und einzelne Tathandlungen ausdrücklich in seine Überlegungen hinsichtlich einer möglichen untergeordneten Beteiligung einbezieht. So heißt es in einem Fall des Einbruchdiebstahls nach §§ 127 Abs. 1 und 2 Z. 1, 128 Abs. 1 Z. 4, 129 Z. 1, 12, 3. Fall östStGB: »*Davon, daß der Berufungswerber an der Tat bloß in untergeordneter Weise beteiligt gewesen wäre (§ 34 Z. 6 StGB), kann keine Rede sein, weil die Ausführung des Diebstahls, bei dem er seine Komplizen an den Tatort brachte, dort wartete, bis sie die Beute aus dem Haus der Geschädigten herausgetragen und in seinem PKW. eingeladen hatten, sowie anschließend auch den Abtransport besorgte, ohne seine Mitwirkung gar nicht möglich gewesen wäre;*«[353]. Im anderen Urteil, das ebenfalls bezüglich des Beitrags zu einem Einbruchdiebstahl ergangen ist, führt der OGH aus: »*Dem Aufpasser bei einem Diebstahl eine vergleichsweise geringere Schuld schlechthin zu attestieren, ohne die Realität des konkreten Geschehens zu beachten, wäre schon deshalb verfehlt, weil oft gerade der Aufpasser ganz entscheidend zum Gelingen einer Straftat beitragen kann. Es ist nicht einzusehen, weshalb die Schuld dessen, der, wie hier der Berufungswerber, für die Mobilität seiner Komplizen, die ungestörte Wegnahme und das rasche Wegschaffen der Sachen Sorge getragen hat, leichter wiegen soll als die derjenigen, die unter seiner Absicherung selbst ins Haus eindrangen und das Diebesgut herausholten.*«[354]. Die beiden letztgenannten Entscheidungen stellen jedoch eher eine Ausnahme als die Regel dar. Davon, dass sich der OGH schwerpunktmäßig mit der Strafzumessung auseinandergesetzt und dadurch die Vereinfachung auf Tatbestandsebene wieder wettgemacht hätte, kann auch hier keine Rede sein.

Zusammenfassend ist festzuhalten, dass allein von der rechtlichen Qualifikation eines Tatbeteiligten als Beitragstäter keine Indizwirkung dahin ausgeht, diesen zwingend milder zu bestrafen. Der OGH sieht den Milderungsgrund des § 34 Abs. 1 Z. 6 östStGB nur als fakultativ an. Darüber hinaus fällt auf, dass in den hierzu veröffentlichten Urteilen das Vorliegen einer nur untergeordneten Tatbeteiligung beim Beitragstäter ausnahmslos abgelehnt wird. Fälle aus der Rechtsprechung, in denen Unterstützungshandlungen minderen Grades als mildernd gewertet wurden, sind nicht ersichtlich.

[352] Vgl. *OGH*, 15 Os 97/90.
[353] Vgl. *OGH*, 10 Os 49/82.
[354] Vgl. *OGH*, 13 Os 65/85.

c) Vergleich des österreichischen Beitragstäters mit dem Gehilfen nach deutschem Recht

Vergleicht man den Beitragstäter nach § 12, 3. Fall östStGB mit dem Gehilfen nach § 27 Abs. 1 dtStGB, so fällt letzterem ein geringerer Anwendungsbereich zu. Dies ist auf mehrere Faktoren zurückzuführen:

Ein Grund liegt darin, dass die Grenze zwischen Mittäterschaft und Beitragstäterschaft im österreichischen Recht anders gezogen wird als zwischen Mittäterschaft und Beihilfe im deutschen. Während Mittäterschaft nach § 12, 1. Fall östStGB nur dann in Betracht kommt, wenn dem zu beurteilenden Tatbeteiligten eine eigene *wortlautkonforme Ausführungsteilhabe* zufällt[355], müssen nach Auffassung der deutschen Rechtsprechung Handlungsbeiträge, die nicht der Umschreibung eines Tatbestandes entsprechen, nicht notwendig der Beihilfe zugeordnet werden, sondern können auch Mittäterschaft nach § 25 Abs. 2 dtStGB begründen[356]. Dies verdeutlichen die oben schon erwähnten, zahlreichen Fälle, die zur unerlaubten Einfuhr von Betäubungsmitteln gem. § 29 Abs. 1 Nr. 1 BtMG ergangen sind. Dort wurde als Mittäter und nicht als Gehilfe qualifiziert, wer dem eigentlichen Transporteur lediglich einen Geldbetrag zur Beschaffung der Betäubungsmittel überlassen[357], den Drogenkurier in Kenntnis aller Tatumstände begleitet[358], oder Betäubungsmittel aus einem Ursprungsland in einen Drittstaat verbracht hatte, damit ein weiterer Tatbeteiligter die Einfuhr in die BRD vornehmen konnte[359].

Bloße Beihilfe kommt nach Ansicht der deutschen Rechtsprechung in Betracht, wenn ein Tatbeteiligter die Tat nicht als eigene will und mit seinem Beitrag beabsichtigt, lediglich fremdes Tun zu fördern. Ob ein solch distanziertes Verhältnis zur Tat vorliegt, ist im Weg einer wertenden Gesamtbetrachtung festzustellen, bei der wesentliche Anhaltspunkte das Tatinteresse, die Tatbeteiligung und die Tatherrschaft bilden[360]. So bestätigte der BGH die Verurteilung eines Angeklagten wegen Beihilfe zum schweren Raub, der bei einem Überfall auf einen Geldtransport nicht nur den Täter J zum Tatort gefahren und diesen abge-

---

355 Vgl. *Kienapfel/Höpfel*, AT, E 3 Rn. 13; *Kienapfel*, ÖJZ 1979,90 (93); WK-*Fabrizy*, § 12 Rn. 34.

356 Vgl. *BGH*R StGB § 25 II Mittäter 2 mwN..

357 Vgl. *BGH*St **36**, 249 (250); sowie die Besprechung dieser Entscheidung bei *Zieschang*, ZStW 107, 361 (362 f.).

358 Vgl. *BGH*R BtMG § 29 Abs. 1 Nr. 1 Handeltreiben 54 mwN..

359 Vgl. *BGH*, NJW 1985, 1035; zu weiteren Beispielen Sch/Sch-*Cramer/Heine*, Vorbem §§ 25 ff. Rn. 94.

360 Vgl. *BGH*R StGB § 25 II Mittäter 2; sowie die eingängige Darstellung bei *Tröndle/Fischer*, Vor § 25 Rn. 2 a mwN.; ebenso MK-*Joecks*, § 25 Rn. 21 mwN.; *Roxin*, Anm. zu BGH, StV 1986, 384 (385); *Küpper*, GA 1986, 437 (440 f.); *Geerds*, Jura 1990, 173 (175); grundlegend hierzu LK-*Roxin*, § 25 Rn. 20 und 26; *ders.*, Täterschaft und Tatherrschaft, S. 633 mwN..

sichert, sondern auch den Zündschüssel am PKW des Geldboten abzogen, dessen Begleiterin mittels einer Gaspistole im Schach gehalten und schließlich auf den Beraubten geschossen hatte, um diesen von der weiteren Verfolgung abzuhalten. Nach den Feststellungen des Erstgerichts hatte sich der Angeklagte »*erst "auf nachhaltiges Drängen" von J – "innerlich widerstrebend" –*« bereitgefunden, dessen Tat zu unterstützen. Daher war nach Ansicht des BGH der Angeklagte wegen Beihilfe zu verurteilen, denn »*starkes Interesse am Taterfolg hatte vielmehr nur der Mitangekl. J, der das Ob und das Wie des Geschehensablaufs beherrschte.*«[361]. In einem weiteren Fall hob der BGH die Verurteilung eines Tatbeteiligten wegen gemeinschaftlichen Betruges auf und befand ihn lediglich der Beihilfe für schuldig. Der Angeklagte war bei einer Kapitalanlagegesellschaft tätigt gewesen, deren Betrieb darauf abzielte, Kunden zu gewinnen, die ihr Kapital in eine ausländische Firma investieren sollten. Tatsächlich war das eingezahlte Geld zu etwa 40 % für die Aufrechterhaltung des Geschäftsbetriebs der Kapitalanlagegesellschaft „IN" und zu etwa 60 % von den Verantwortlichen für deren private Zwecke verbraucht worden. Als Buchhalter, dem zeitweise die Handlungsvollmacht erteilt worden war und der nach Festnahme des Geschäftsführers noch eine Zeit lang die Geschäfte der Gesellschaft abgewickelt hatte, wusste der Angeklagte um die betrügerische Schädigung der Kunden. Dennoch sah der BGH ihn als bloßen Gehilfen an: »*Der Angeklagte strebte keinen Anteil an den von den Kunden eingezahlten Geldbeträgen in Millionenhöhe an. Er wollte lediglich seinen Arbeitsplatz behalten und weiter sein vergleichsweise bescheidenes Monatsgehalt von etwa 1500 DM beziehen.*«. Die Tätigkeit der nach außen hin auftretenden Berater hatte der Angeklagte »*nur dadurch gefördert, daß er durch die Erfüllung seiner Aufgaben als Buchhalter zur Aufrechterhaltung des Geschäftsbetriebs der Firma IN beitrug.*«[362].

Ein weiterer Grund für die geringere Reichweite der Beihilfe gegenüber der Beitragstäterschaft liegt in den Anforderungen, die an die geförderte Haupttat zu stellen sind. Wie sich aus § 27 Abs. 1 i.V.m. § 11 Abs. 1 Nr. 5 dtStGB ergibt, muss der Ausführende tatbestandsmäßig, vorsätzlich und rechtswidrig handeln. Handelt hingegen der Haupttäter gerechtfertigt, vorsatzlos oder bloß fahrlässig, so kommt nach deutschem Recht keine Beihilfe, sondern allenfalls mittelbare Täterschaft in Betracht[363]. Dies kann folgender Fall verdeutlichen: Der Angeklagte, der als Geschäftsführer einer Getreidemühle tätig gewesen ist, hatte diese gegenüber dem Zwischenhändler T verpflichtet, aus Rohgerste gewonnene Perlgraupen der ersten Kategorie an die polnische Firma R zu liefern.

---

[361] Vgl. *BGH*, NStZ 1985, 165, sowie die Besprechung von *Otto*, AT, § 21 II 5 Rn. 36.

[362] Vgl. *BGH*, wistra 1989, 346.

[363] Vgl. *Stratenwerth*, AT I, § 12 Rn. 31 ff.; *Roxin*, Täterschaft und Tatherrschaft, S. 173 f.; *Jescheck/Weigend*, § 62 I 3; *Maurach/Gössel/Zipf*, AT II, § 48 Rn. 60 ff.; *Otto*, Täterschaft und Teilnahme im Fahrlässigkeitsbereich, Spendel-FS, S. 271 (276 ff.); hingegen ablehnend *Schmidhäuser*, AT, S. 523.

Nur bei dieser Qualitätsstufe war T berechtigt, über das Hauptzollamt Ausfuhrerstattungen und Währungsausgleich als Subventionen von der EWG zu erhalten. Nach anfänglich mängelfreier Produktion und Lieferung war die Qualität der Perlgraupen stark abgefallen, so dass diese nur noch der Kategorie 2 bzw. 3 zuzuordnen waren. In Kenntnis dieser Umstände hatte der Angeklagte die von ihm mangelhaft hergestellte Ware weiter an den Abnehmer R ausgeliefert und dabei unterlassen, den gutgläubigen T hiervon zu unterrichten, der deshalb weiterhin die Gewährung von Ausfuhrerstattung und Währungsausgleich beantragt hatte. Der BGH befand den Angeklagten unter anderem des Subventionsbetruges gem. § 264 Abs. 1 Satz 1 dtStGB, begangen in mittelbarer Täterschaft für schuldig, weil ihm die Tatherrschaft kraft Irrtums zufiel[364]. Ein weiterer Fall verdeutlicht, dass mittelbare Täterschaft nach deutschem Recht ausnahmsweise auch dann in Betracht kommt, wenn die „Beihilfe" zu einer tatbestandslosen Handlung geleistet wird: Der Krankenpfleger A hatte dem gem. § 63 dtStGB in einem psychiatrischen Krankenhaus untergebrachten schuldunfähigen S gegen Bezahlung regelmäßig Schnaps mitgebracht, mit dem sich S wiederholt in den Zustand der Volltrunkenheit versetzt hatte. Der BGH sah den Krankenpfleger A wegen Körperverletzung im Amt gem. § 340 Abs. 1 dtStGB begangen in mittelbarer Täterschaft für schuldig an: »*Indem A den S durch die Belieferung mit alkoholischen Getränken [...] als Geldgeber für eigene Zwecke benutzte [...], hatte er zudem die Tatherrschaft, da er allein und nicht etwa S in der Lage war, die Schnapsflaschen in das Krankenhaus zu verbringen und heimlich an S auszuhändigen.*«[365]. Im Gegensatz hierzu steht das Urteil des OGH, in dem die Übergabe eines geladenen Revolvers an einen Strafunmündigen zur Selbsttötung als Beitragshandlung im Sinne des § 12, 3. Fall östStGB gewertet wurde, obwohl das Opfer als Täter gegen sich selbst nicht tatbestandsmäßig handelte[366].

Auch hinsichtlich der Gehilfentat selbst gelten nach deutschem Recht strengere Voraussetzungen als nach österreichischem. So unterfällt nur die vorsätzliche Förderung der Beteiligungsform des § 27 Abs. 1 dtStGB. Während § 12, 3. Fall östStGB auch fahrlässige Beitragstäterschaft erfasst[367], wird nach deutschem Recht in diesen Konstellationen meist fahrlässige Täterschaft angenommen[368], wie der folgende Fall zeigt: Um die Leibesfrucht der von ihm schwangeren J zu töten, hatte der Mitangeklagte T durch ein Kunstharzröhrchen

[364] Vgl. *BGH*, JR 1981, 468 (mit Anm. *Tiedemann*); siehe auch die Besprechung bei *Maurach/Gössel/Zipf*, AT II, § 48 Rn. 62.

[365] Vgl. *BGH*, MDR 1981, 631.

[366] Vgl. *OGH*, EvBl 2000/162 = JBl 2001, 194 (mit Anm. *Moos*); ausführlich hierzu unter *B)I)4)a)* dieser Arbeit, S. 83 ff..

[367] Vgl. *OGH*, JBl 1980, 496 (mit Anm. *Liebscher*) = RZ 1918/21 (mit zust. Anm. *Burgstaller*), SSt 52/34 = EvBl 1982/12 uva..

[368] Vgl. LK-*Roxin* § 27 Rn. 46; *Jescheck/Weigend*, § 64 III 2 d; *Otto*, Täterschaft und Teilnahme im Fahrlässigkeitsbereich, Spendel-FS, S. 271 (272 ff.); *Bindokat*, Fahrlässige Beihilfe, JZ 1986, 421 (423 ff).

Luft in die Gebärmutter der J geblasen. Die J war unmittelbar darauf an einer Luftembolie gestorben, ebenso der Fötus. Das Röhrchen hatte T von dem Angeklagten Wilhelm N erhalten; die Angeklagte Ursula N hatte T den hierzu erforderlichen Ratschlag gegeben. Neben der Beihilfe zum Schwangerschaftsabbruch nach § 218 dtStGB befand der BGH die Eheleute N der fahrlässigen Tötung gem. § 222 dtStGB der Schwangeren für schuldig. Zwar ist eine fahrlässige Beihilfe von Gesetzes wegen nicht strafbar, durch ihre Ratschläge und die Beschaffung des Abtreibungswerkzeugs hatten die Eheleute N dazu beigetragen, dass T die Abtreibung vorgenommen hatte, in deren Folge die Schwangere verstorben war. Dies war nach Ansicht des BGH für die beiden Angeklagten voraussehbar[369].

Besondere Bedeutung kommt nach deutschem Recht der Strafmilderung im Rahmen der Beihilfe zu. Während diese nach altem Recht gem. § 49 Abs. 2 dtStGB (1969)[370] noch im Ermessen des Tatrichters stand, ist inzwischen eine Strafrahmenverschiebung zu Gunsten des Gehilfen gem. § 27 Abs. 2 Satz 2 i. V. m. § 49 Abs. 1 dtStGB (1975)[371] obligatorisch[372], deren Beachtung durch den Tatrichter aus den Urteilsgründen hervorgehen muss. So hob der BGH im Januar 1975 – kurz nach der Reform des deutschen StGB durch das 2. StrRG – eine Entscheidung des Landgerichts Frankfurt am Main auf, das den Angeklagten wegen Beihilfe zur Untreue verurteilt, von der Möglichkeit, die Strafe gem. § 49 Abs. 2 dtStGB a. F. zu ermäßigen, jedoch keinen Gebrauch gemacht hatte. In der Begründung des BGH heißt es: »*Überdies ist nun für den Fall der Beihilfe die Milderung nach den Grundsätzen des § 49 Abs. 1 StGB nF zwingend vorgeschrieben (§ 27 Abs. 2 Satz 2 StGB nF). Das Landgericht hätte also jetzt statt von einer Höchststrafe von fünf Jahren [...] mit Rücksicht auf die nach §§ 27 Abs. 2, 49 Abs. 1 Nr. 2 StGB nF vorgeschriebene Ermäßigung von einer Höchststrafe von drei Jahren und neun Monaten auszugehen. Es erscheint fraglich, ob es unter diesen Umständen noch zu der von ihm erkannten Freiheitsstrafe von drei Jahren gelangt wäre.*«[373]. Im Gegensatz hierzu ist die Strafmilderung nach österreichischem Recht gem. § 34 Abs. 1 Z. 6 östStGB nur fakultativ, das Vorliegen einer mildernd wirkenden untergeordneten Tatbeteiligung wird jedoch, wie die Untersuchungen zu den zu § 34 Abs. 1 Z. 6 östStGB ergangenen Entscheidungen gezeigt haben, vom OGH ausnahmslos abgelehnt[374].

---

369 Vgl. *BGH*St **1**, 280 (283 f.).

370 Vgl. das StGB in der Fassung der Bekanntmachung v. 25.08.1953 (BGBl. I S. 1083, 1954 I S. 33), zuletzt geändert durch das 1. StrRG v. 25.06.1969 (BGBl. I S. 645), abgedruckt im Anhang dieser Arbeit.

371 Vgl. 2. StrRG v. 04.07.1969 (BGBl. I S. 717), in Kraft getreten gem. G. v. 30.07.1973 (BGBl. I S. 909) am 01.01.1975.

372 Vgl. *BGH* v. 17.01.1979, 3 StR 402/78.

373 Vgl. *BGH*St **26**, 53 (53 f.); vgl auch *BGH* bei Detter, NStZ 1993, 473.

374 Vgl. *OGH*, 10 Os 193/83; 15 Os 97/90; 10 Os 49/82; 13 Os 65/85.

Aufgrund dieser Unterschiede bei der Strafzumessung wird schließlich verständlich, weshalb nach deutschem Recht eine unzutreffende Einordnung der Tatbeteiligungsformen einen Revisionsgrund darstellt, während nach österreichischem Recht eine falsche Qualifikation hinsichtlich § 12 östStGB nicht zur Geltendmachung dieses Rechtsfehlers im Wege der Nichtigkeitsbeschwerde gem. § 281 Abs. 1 Z. 10 östStPO berechtigt. Für einen nach der falschen Tatbegehungsform Verurteilten ist nach österreichischem Recht kein tatsächlicher Nachteil ersichtlich.

5) Die Abgrenzung von Täterschaft und Teilnahme im deutschen Recht

Während in Österreich die Qualifikation der einzelnen Tatbegehungsformen anhand formaler und einfach nachprüfbarer Kriterien erfolgt und auch zu einer prozessualen Vereinfachung der Einheitstäterlösung führt, gehört die Abgrenzung zwischen Täterschaft und Teilnahme nach deutschem Recht zu dem wohl umfangreichsten und nach wie vor umstrittensten Problemkreis innerhalb der §§ 25 ff. dtStGB[375].

a) Die Rechtsprechung des BGH seit der Neufassung der §§ 25 ff. dtStGB

Durch die Aufnahme objektiver Wendungen wie „selbst" oder „gemeinschaftlich" in den Wortlaut des § 25 dtStGB im Wege der Neufassung der Beteiligungsregelungen sind extrem-subjektive Auffassungen, wie sie im „*Badewannenfall*"[376] oder „*Staschynskij-Urteil*"[377] zum Ausdruck kamen, nicht mehr gesetzeskonform[378]. Der BGH stellt zwar inzwischen verstärkt auf objektive Kriterien ab, dennoch sind immer wieder primär subjektiv begründete Urteile auszumachen, so dass nach wie vor kein einheitliches Bild bei der Grenzziehung zwischen Täterschaft und Teilnahme zu erkennen ist. Die bewußt zahlreich gewählten Entscheidungen, die im folgenden dargestellt werden, sollen verdeutlichen, mit welch divergierenden Begründungsansätzen die deutsche Rechtsprechung zu unterschiedlichsten Ergebnissen gelangt.

aa) Die Abgrenzung von mittelbarer Täterschaft und Anstiftung

In einer Reihe von Entscheidungen hatte sich der BGH mit der Abgrenzung von mittelbarer Täterschaft und Anstiftung auseinanderzusetzen. Die hierzu ergangenen Urteile zeigen, dass sich der BGH dem Tatherrschaftsgedanken der in der Literatur herrschenden materiell-objektiven Theorie angenähert hat

---

[375] Vgl. *Geerds*, Jura 1990, 173 (175); *Jescheck/Weigend*, § 61 II 3; *Küper*, Ein „neues Bild" der Lehre von Täterschaft und Teilnahme, ZStW 105, 445.

[376] Vgl. *RG*St **74**, 84; sowie die Reminiszenz des RG-Rat i.R. *Fritz Hartung*, Der „Badewannenfall", JZ 1954, 430.

[377] Vgl. *BGH*St **18**, 87; sowie die Kritik bei *Schmidhäuser*, S. 463 f. mwN.; vgl. auch den Kommentar von *Gerhard Ziegler* in „Die Zeit" v. 26.10.1962, S. 6, „Nicht der Mörder ist schuldig ...".

[378] Vgl. *Küpper*, GA 1986, 437 (438); *Herzberg*, Täterschaft und Teilnahme, S. 5 f.; *Jescheck*, Strafrechtsreform in Deutschland Allgemeiner Teil, SchwZStR 1975, 1 (31 f.); *Roxin*, JuS 1973, 329 (335); *Cramer*, Gedanken zu Abgrenzung von Täterschaft und Teilnahme, Bockelmann-FS, S. 389 (392 ff.); siehe auch schon die Begründung zum E 1962, S. 149; vgl. hierzu auch die Ausführungen unter *B)I)1)* auf S. 47 f. dieser Arbeit.

und nur noch vereinzelt allein auf subjektive Kriterien wie Täterwillen oder Tatinteresse abstellt[379].

Im sog. „*Sirius-Fall*“[380] aus dem Jahre 1983 ging es um die Unterscheidung von mittelbarer Tötungstäterschaft und strafloser Selbsttötungsteilnahme. Der Angeklagte hatte gegenüber seiner Freundin vorgegeben, er könnte ihr zu einem neuen, höheren Leben verhelfen. Ein neuer Körper stehe für sie bereit, sie müsse sich nur von ihrem alten trennen. Für die nötige finanzielle Rücklage in ihrem neuen Leben sollte die junge Frau eine Lebensversicherung über 500.000,- DM bei Unfalltod zu Gunsten des Angeklagten abschließen. Die Versicherungssumme werde er ihr aushändigen. Auf Anweisung des Angeklagten war die junge Frau in dessen Abwesenheit mit einem Föhn in die Badewanne gestiegen, der tödliche Stromstoß war jedoch ausgeblieben. Obwohl die junge Frau keine psychischen Störungen aufwies, war sie völlig den unglaubhaften Suggestionen des Angeklagten erlegen. Der Gedanke an einen »*Selbstmord im eigentlichen Sinn*«, durch den »*ihr Leben für immer beendet würde*«, war ihr dabei nicht gekommen. Demzufolge schied nach Ansicht des BGH eine straflose Anstiftung zum Suizid aus. Dennoch bejahte er versuchten Mord in mittelbarer Täterschaft, da der Angeklagte das Opfer durch einen gezielt hervorgerufenen und ausgenutzten Irrtum kraft überlegenen Wissens gelenkt und es zum Werkzeug gegen sich selbst gemacht hatte. »*Was Frau T. nicht ahnte und wollte, erstrebte der Angeklagte*« nämlich deren Tod sowie die Erlangung der Versicherungssumme. Hinzu kam, dass er »*das eigentliche Tatgeschehen durch stundenlang erteilte Anweisungen maßgeblich steuerte*«[381]. Auch wenn der BGH sich auf die Absicht des Angeklagten beruft und den Begriff der Tatherrschaft selbst nicht ausdrücklich gebraucht, ist dennoch erkennbar, dass er dem Tatherrschaftsgedanken nahe steht, wenn er in seiner Begründung von »*lenken*« und »*steuern*« spricht[382].

Im selben Jahr musste sich der BGH im Fall „*Startbahn-West*“[383] mit Täterschaft und Teilnahme beim Tatbestand des Landfriedensbruchs gem. § 125 dtStGB auseinandersetzen. Der Angeklagte hatte öffentlich zur Blockade des

---

379 Vgl. *Otto*, Jura 1987, 246 (247); *Roxin*, Täterschaft und Tatherrschaft, S. 632 f.; *Sippel*, Anm. zu BGH, NStZ 1984, 357; *Eb. Schmidhäuser*, „Tatherrschaft“ als Deckname der ganzheitlichen Abgrenzung von Täterschaft und Teilnahme im Strafrecht, Stree/Wessels-FS, 343 (355 ff.); *Cramer*, Bockelmann-FS, 389 (400 ff.); *Bloy*, Grenzen der Täterschaft bei fremdhändiger Tatausführungen, GA 1996, 424 (437 ff..); *Hünerfeld*, Mittelbare Täterschaft und Anstiftung im Kriminalstrafrecht der Bundesrepublik Deutschland, ZStW 99, 228 (232 ff.).

380 Vgl. *BGH*St **32**, 38.

381 Vgl. *BGH*St **32**, 38 (42)

382 Vgl. hierzu auch *Roxin*, Täterschaft und Tatherrschaft, S. 585 ff.; *Roxin*, mit zust. Anm. zu BGH, NStZ 1984, 70; *Sippel*, Anm. zu BGH, NStZ 1984, 357; *Eb. Schmidhäuser*, Anm. zu BGH, JZ 1984, 195; *Hassemer*, Anm. zu BGH, JuS 1984, 148.

383 Vgl. *BGH*St **32**, 165 = JZ 1984, 423 (mit Anm. *Arzt*).

Frankfurter Flughafens aufgerufen, um gegen dessen Erweiterung zu demonstrieren. Darufhin war es – womit der Angeklagte gerechnet hatte – unter anderem zu gewalttätigen Ausschreitungen gekommen, bei denen der Angeklagte selbst nicht persönlich beteiligt war. Der BGH beurteilte sein Verhalten nicht als Anstiftung, sondern als mittelbare Täterschaft. Es bestehe kein Anlass, »*den ortsabwesenden Befehlshaber, Organisator oder geistigen Anführer von der Strafbarkeit auszunehmen, wenn und soweit die aus der Menge verübten Gewalttätigkeiten oder Bedrohungen seinem Täterwillen entsprechen und unter seiner Tatherrschaft begangen werden, ihm also nach allgemeinen Grundsätzen als eigene Tat zuzurechnen sind.*«[384]. Das Urteil spricht gleichermaßen von *Täterwillen* und *Tatherrschaft*, ohne einem der Kriterien ausschlaggebendes Gewicht beizumessen und ohne sich mit diesen Begriffen näher auseinanderzusetzen. Die Entscheidung wird im Schrifttum als zu weitgehend und als ein Rückfall in eine extrem subjektive Täterlehre kritisiert[385]. Der Begriff der Tatherrschaft müsse als Tatausführungsherrschaft begriffen werden, wenn er als ein Rechtssicherheit gewährendes Kriterium funktionieren soll. Wer hingegen einem tatortfernen geistigen Anführer zufolge seines inneren Willens die Täterschaft zuschreibe, befinde »*sich wieder bei Staschynskij*«[386].

Im Gegensatz hierzu wird der oben bereits dargestellte *Fall des vorgetäuschten Doppelselbstmordes*[387] aus dem Jahre 1985 dahingehend verstanden, dass der BGH sich wieder dem Tatherrschaftsgedanken angeschlossen habe[388]. Der BGH bestätigte die Verurteilung der Angeklagten wegen Mordes in mittelbarer Täterschaft, weil sie aufgrund ihrer psychischen Überlegenheit die dominierende Gestalt des Geschehens gewesen war. Sie hatte den Ablauf der Tat minutiös geplant und zudem zielstrebig ausgeführt. Sie benutzte ihren Mann als Werkzeug gegen sich selbst, indem sie »*die Herrschaft über den von ihr geplanten Geschehensablauf fest in der Hand behalten wollte und behalten hat*«[389].

Als bahnbrechend gilt der sog. „*Katzenkönigs-Fall*“[390] von 1988, in dem der BGH erstmals zu entscheiden hatte, ob der Hintermann eines schuldhaft handelnden Täters mittelbarer Täter sein kann. Die Angeklagten H und P hatten den leichtgläubigen R dazu gebracht, an die Existenz eines Katzenkönigs zu glauben, der die Welt bedrohe. Als H beschlossen hatte, die Frau (N) ihres früheren Freundes aus Hass und Eifersucht umzubringen, spiegelte sie, in still-

---

384 Vgl. *BGH*St **32**, 165 (178).

385 Vgl. *Lenckner* in Sch/Sch, § 125 Rn. 14.

386 Vgl. *Arzt*, Anm. zu BGH, JZ 1984, 428 (429); ebenso *Roxin*, Täterschaft und Tatherrschaft, S. 587 f.; vgl. aber auch die zustimmende Anm. zu BGH, *Willms*, JR 1984, 120.

387 Vgl. *BGH*, GA 1986, 508; vgl. hiezu die Darstellung und Erörterung des Urteils unter *B)I)3)c)* auf S. 76 f..

388 Vgl. *Charalambakis*, GA 1986, 485; *Brandts/Schlehofer*, JZ 1987, 442 f.; *Neumann*, JA 1987, 244 (245).

389 Vgl. *BGH*, GA 1986, 508.

390 Vgl. *BGH*St **35**, 347.

schweigendem Einverständnis mit P, dem R vor, der Katzenkönig verlange ein Menschenopfer in Gestalt der Frau N, ansonsten werde der Katzenkönig Millionen von Menschen vernichten. Trotz anfänglich starker Gewissensbisse hatte er sich entschlossen, »*die Menschheit zu retten*« und hinterrücks auf die ahnungs- und wehrlose Frau N eingestochen, die jedoch den Angriff überlebte. R wurde vom Landgericht Bochum des versuchten Mordes für schuldig befunden, wobei seine hoch abnorme Persönlichkeit durch die Anwendung des § 21 dtStGB berücksichtigt wurde. Hinsichtlich der Verurteilung von H und P war zu klären, ob der Hintermann eines schuldhaft handelnden Täters mittelbarer Täter sein kann. Diese Frage ist nach Ansicht des BGH »*ein offenes Wertungsproblem [...], bei dem die Übergänge fließend sind*«. Weder aus der Vermeidbarkeit des Irrtums, in dem sich der Tatmittler R befand, noch aus dem Verantwortungsprinzip ließen sich taugliche Abgrenzungskriterien herleiten. Vielmehr sei »*bei der Prüfung, ob der Hintermann mittelbarer Täter ist, auf das Kriterium der vom Täterwillen getragenen objektiven Tatherrschaft abzustellen*«, wobei diese nicht anhand starrer Regeln, sondern nur im Einzelfall wertend ermittelt werden könne. Für diese Beurteilung waren Art und Tragweite des Irrtums bei R sowie die Intensität der Einwirkung der Hintermänner maßgebend, »*so daß der Irrende bei wertender Betrachtung als ein [...] Werkzeug anzusehen ist*«. Im vorliegenden Fall »*haben die Angeklagten H. und P. ihn zur Tat bestimmt und die Tatausführung kraft ihrer Einwirkung und ihres überlegenen Wissens beherrscht. Sie hatten damit die Tatherrschaft*«[391].

Wenngleich *Schafftstein* und *Roxin* die vorliegende Entscheidung als Anerkennung der Tatherrschaftstheorie begrüßen[392], wird dem Urteil dennoch mehrheitlich entgegengehalten, dass es ausreichende Klarheit bei der Abgrenzung von Anstiftung und mittelbarer Täterschaft vermissen lasse. Gerade die Vielfalt heterogener Begründungsansätze führe zu variablen Täterschaftskriterien, aus denen sich nichts ableiten lasse. Zudem sei die vom BGH angestellte „wertende Betrachtung“ unter rechtsstaatlichen Gesichtspunkten bedenklich, weil in den Urteilsgründen keine rationalen, verallgemeinerungsfähigen und überprüfbaren Maßstäbe angegeben werden, an denen die Beurteilung des Falles auszurichten sei. Dies habe zur Folge, dass das Urteil nicht mehr leiste als eine Entscheidung des konkreten Falles, der Aufgabe der Sicherung einer einheitlichen Rechtsprechung werde der BGH damit jedoch nicht gerecht[393].

Das vorliegende Urteil zeigt auch, welch maßgebliche Bedeutung der Unterscheidung von Anstiftung und mittelbarer Täterschaft nach deutschem Recht zukommen kann. Während R aus § 211 dtStGB verurteilt wurde, weil er sein

---

[391] Vgl. *BGH*St **35**, 347 (353 f.).

[392] Vgl. *Schaffstein*, NStZ 1989, 153 (155); *Roxin*, Täterschaft und Tatherrschaft, S. 603.

[393] Vgl. *Küper*, JZ 1989, 617; *ders.*, Mittelbarer Täterschaft, Verbotsirrtum des Tatmittlers und Verantwortungsprinzip, JZ 1989, 935 (938 ff.); *Schumann*, Anm. zu BGH, NStZ 1989, 32 (33); *Herzberg*, Jura 1990, 16 (20 f.).

Opfer heimtückisch zu töten versucht hatte, konnte die Strafkammer nicht nachweisen, dass sich der Vorsatz von H und P auch auf diese Begehungsweise bezogen hatte. Bei der Annahme von Anstiftung wären sie demnach lediglich aus § 212 dtStGB zu bestrafen gewesen. H und P hatten zwar aufgrund niedriger Beweggründe gehandelt, die Mordmerkmale werden jedoch nach ständiger Rechtsprechung nicht als strafschärfend, sondern -begründend angesehen[394]. Somit wäre eine Heranziehung von § 28 Abs. 2 dtStGB und demzufolge eine Bestrafung von H und P wegen Anstiftung zum versuchten Mord ebenfalls ausgeschlossen. Die einzige Möglichkeit, H und P dennoch wegen Mordes und nicht aus dem milderen § 212 dtStGB zu bestrafen, ohne dabei das Verständnis des Verhältnisses von Mord und Totschlag zueinander aufzugeben, bestand in der Annahme mittelbarer Täterschaft[395].

Während im *„Katzenkönigs-Fall"* der Tatmittler aufgrund seiner verminderten Schuldfähigkeit nur eingeschränkt verantwortlich war, ging es im oben schon erwähnten *„Fall des Nationalen Verteidigungsrates der DDR"*[396] von 1994 erstmals um die Beurteilung der Hintermänner bei vollverantwortlich handelnden Tatmittlern. Der BGH sah die beiden Angeklagten als mittelbare Täter an, wofür deren Tatherrschaft über die „Mauerschützen" ausschlaggebend war. Diese bestand darin, dass die Angeklagten bestimmte Rahmenbedingungen ausgenutzt hatten, wie sie *»bei staatlichen, unternehmerischen oder geschäftlichen Organisationsstrukturen und bei Befehlshierarchien in Betracht«*[397] kommen und regelhafte Abläufe auslösen, die nahezu automatisch zu der von ihnen erstrebten Tatbestandsverwirklichung führen.

Nachdem im Anschluss an diese Entscheidung im Schrifttum angenommen wurde, der BGH sei nun zu einer vollständigen Akzeptanz des Tatherrschaftsgedankens gelangt[398], erging 1997 ein weiteres Urteil, das neben der Tatherrschaft gleichermaßen auf den Täterwillen abstellt. Der BGH bestätigte die Verurteilung von zwei GmbH-Geschäftsführern wegen umweltgefährdender Ab-

---

394 Vgl. *Tröndle/Fischer*, § 211 Rn. 40; LK-*Jähnke*, Vor § 211 Rn. 41; *Maurach/Schröder/Maiwald*, BT I, § 2 I B Rn. 5.

395 Vgl. zu dieser Problematik im vorliegenden Fall *Schaffstein*, NStZ 1989, 153 (155); *Küper*, JZ 1989, 935 (940); *Herzberg*, Jura 1990, 16 (20).

396 Vgl. *BGH*St **40**, 218 = NJW 1994, 2703 = NStZ 1994, 537; *Roxin*, Anm. zu BGH, JZ 1995, 49; *Sonnen*, Anm. zu BGH, JA 1995, 98; *Streng*, ZStW 109, 865 (887); *Schröder*, Der Sprung des Täters hinter dem Täter aus der Theorie in die Praxis, JR 1995, 177; *Gropp*, Die Mitglieder des nationalen Verteidigungsrates als „Mittelbare Mit-Täter hinter den Tätern?", JuS 1996, 13, vgl. hierzu die Ausführungen unter *B)I)3)c)* auf S. 78.

397 Vgl. *BGH*St **40**, 218 (236); vgl. hierzu auch *Sonnen*, JA 1995, 98 (99 ff.); *Ambos*, Tatherrschaft durch Willensherrschaft kraft organisatorischer Machtapparate, GA 1998, 226; *Bloy*, GA 1996, 424 (427 ff..); *Küpper*, Zur Abgrenzung der Täterschaftsformen, GA 1998, 519 (523 ff.); *Streng*, ZStW 109, 863 (887).

398 Vgl. *Schroeder*, JR 1995, 177; *Roxin*, Täterschaft und Tatherrschaft, S. 610; *ders.*, Anm. zu BGH, JZ 1995, 49 (50); *Gropp*, JuS 1996, 13 (15 ff.).

fallbeseitigung nach § 326 dtStGB in mittelbarer Täterschaft[399]. Die Angeklagten hatten hochgradig schadstoffbelastete Abfälle absichtlich als unbedenklich deklariert und sie zur Entsorgung an Abnehmer überlassen, welche letztendlich die Abfälle auf einer Hausmülldeponie abgeladen hatten. In der Begründung hieß es zum wiederholten Male, dass es sich bei der Abgrenzung von Anstiftung und mittelbarer Täterschaft um »*ein offenes Wertungsproblem*« handle, »*bei dem die Übergänge fließend*« seien. Entscheidend sei hierfür, »*ob der Hintermann nicht nur Tatinteresse, sondern auch vom Täterwillen getragene Tatherrschaft*« habe. »*Der Täterwille und die Tatherrschaft der Angeklagten*« waren nach Ansicht des BGH im vorliegenden Fall unzweifelhaft zu bejahen[400].

Die zuletzt dargestellten Entscheidungen zeigen, mit welch immensem Begründungsaufwand der BGH teilweise zur Annahme von mittelbarer Täterschaft gelangt und wie uneinheitlich diese Begründungen im Vergleich zueinander ausfallen. Mit Ausnahme der beiden Selbsttötungsfälle wären die geschilderten Sachverhaltskonstellationen nach österreichischem Recht problemlos der Bestimmungstäterschaft zuzuordnen. Wer einen anderen zur Ausführung einer strafbaren Handlung veranlasst, ist stets Täter im Sinne des § 12, 2. Fall östStGB. Im *Fall des vorgetäuschten Doppelselbstmordes*[401] wäre die Ehefrau wegen „Mitwirkung am Selbstmord" nach der Vorschrift des § 78 östStGB, die das Verleiten zum tatbestandslosen Suizid selbstständig pönalisiert, zu verurteilen. Lediglich im „*Sirius-Fall*"[402] käme auch die österreichische Lösung in Begründungsschwierigkeiten, wenn sie den Feststellungen folgte, dass die junge Frau gar keine Selbsttötung begehen hatte wollen, die sie ins Jenseits entführen sollte, sondern nur eine Verwandlung im Diesseits angestrebt hatte, um in eine neue, höherwertige Lebensform aufzusteigen. § 78 östStGB ist zwar insofern ein Deliktstypus eigener Art, als er die Handlung des Mitwirkenden selbstständig erfasst; andererseits aber stellt sich die Vorschrift aus materieller Sicht als Beteiligung an fremder Selbsttötung dar, kann also ohne eine solche nicht sinnvoll definiert werden[403]. Eine Selbsttötung kommt begrifflich nur dann in Betracht, wenn sich der Suizident die Todesursache selbst und mit dem Willen zufügt, zu sterben. Der Wille zu sterben aber fehlte der jungen Frau, die vorsätzliche Mitwirkung an ungewollter oder fahrlässiger Selbsttötung fällt jedoch nicht unter § 78 östStGB[404]. Zu einer Strafbarkeit wegen versuchten Mordes nach §§ 75, 15, 12, 1. Fall östStGB könnte die österreichische Rechtsprechung weder über die

---

399 Vgl. *BGH*, NStZ 1997, 544.
400 Vgl. *BGH*, NStZ 1997, 544 (545).
401 Vgl. *BGH*, GA 1986, 508.
402 Vgl. *BGH*St **32**, 38.
403 Vgl. WK-*Moos*, § 78 Rn. 7.
404 Vgl. *OGH*, EvBl 2000/162 = JBl 2001, 194; WK-*Moos*, § 78 Rn. 9 und 19.

Rechtsfigur der verdeckten unmittelbaren Täterschaft[405], noch über die Lehre der objektiven Zurechnung[406] gelangen, da beide Lösungsansätze von ihr seit jeher abgelehnt werden[407]. Es bleibt daher offen, ob die österreichische Rechtsprechung in konsequenter Fortführung ihrer bisher aufgestellten Grundsätze zu einer Straflosigkeit des Angeklagten im *„Sirius-Fall"* käme, oder ob sie sich erneut, wie bereits im Fall des Pfadfinderführers, der einem Zwölfjährigen zur Begehung eines Suizides einen Revolver übergeben hatte[408], für die Möglichkeit einer Beteiligung an tatbestandsloser Tat ausspräche.

bb) Die Abgrenzung von Mittäterschaft und Beihilfe

Weitaus schwankender als bei mittelbarer Täterschaft und Anstiftung stellt sich die deutsche Rechtsprechung bei der Abgrenzung von Mittäterschaft und Beihilfe dar. Eine einheitliche Linie mit klaren und greifbaren Kriterien wie nach österreichischem Recht, anhand derer eine Unterscheidung möglich ist, ist den zahlreichen hierzu ergangenen Urteilen nicht zu entnehmen. Der BGH hat seine an subjektiven Kriterien ausgerichtete Abgrenzung auch nach 1975 nie ganz aufgegeben und geht immer noch vom Täterwillen als maßgeblichem Täterschaftskriterium aus. Im Gegensatz zu früher bestimmt er jedoch dieses subjektive Moment – wenngleich schwankend – vorrangig im Wege einer wertenden Gesamtbetrachtung, die auch auf objektive Kriterien abstellt, wobei inzwischen eine starke Tendenz zur Tatherrschaftslehre hin erkennbar ist[409]. In einer Vielzahl von Entscheidungen spricht sich der BGH dafür aus, dass Mittäterschaft dann gegeben ist, wenn ein Tatbeteiligter mit seinem Beitrag nicht bloß fremdes Tun fördern will, sondern dieser Beitrag Teil einer gemeinschaftlichen Tätigkeit sein soll. Die Frage, ob ein Beteiligter dieses enge Verhältnis zur Tat haben will, ist aufgrund aller von der Vorstellung der Beteiligten umfassten Umstände in wertender Betrachtung zu beurteilen. Als wesentliche Anhaltspunkte

---

405 Vgl. *Burgstaller*, RZ 1975, 13 (16 f.); *Fuchs*, AT, S. 302 ff.; *ders.*, Probleme der Beteiligung mehrerer, StPdG XIV, 1 (14 ff.); *Zipf*, ÖJZ 1975, 617 (619 ff.); *Wach*, ÖJZ 1978, 479 (481).

406 Vgl. *Schmoller*, ÖJZ 1983, 379 (380 ff.); *Moos*, in Fälle und Lösungen zum Strafrecht, von Kienapfel (Hrsg.), S. 53 Fußnote 45; *Triffterer*, AT, S. 396 f. und 400; *ders.*, Beteiligungslehre, S. 64 f., 69 und 72; vgl. hierzu auch die Besprechungen bei *Friedrich*, RZ 1986, 227 (229) und *Lewisch*, JBl 1989, 294 (300 f.).

407 Vgl. die Analyse der bisherigen Rechtsprechung bei WK-*Fabrizy*, § 12 Rn. 23, ebenso bei WK-*Moos*^{2}, § 75 Rn. 33 und § 78 Rn. 19.

408 Vgl. *OGH*, EvBl 2000/162 = JBl 2001, 194 (mit Anm. *Moos*), Vgl. hierzu auch die Ausführungen zu *B)I)4)a)* dieser Arbeit, S. 83 ff..

409 Vgl. *Küpper*, GA 1986, 437 (440 f.); *Otto*, Jura 1987, 246 (249); *Geerds*, Jura 1990, 173 (175); *Jescheck/Weigend*, § 61 V 4; *Tröndle/Fischer*, Vor § 25 Rn. 2a; Sch/Sch-*Cramer/Heine*, Vorbem §§ 25 ff. Rn. 87/88.

für diese Beurteilung kommen namentlich in Betracht das *eigene Interesse am Taterfolg*, der *Umfang der Tatbeteiligung* und die *Tatherrschaft* oder wenigstens der *Wille zur Tatherrschaft*[410]. Nach dieser Konzeption, die von *Roxin* als *»normative Kombinationstheorie«* bezeichnet wird[411], sind es sowohl subjektive als auch objektive Momente, die in die wertende Gesamtbetrachtung einbezogen werden. Indem die Rechtsprechung in den Urteilsgründen einmal mehr auf das äußere Tatgeschehen, ein anderes Mal mehr auf die inneren Beweggründe der Tatbeteiligten abstellt, gelangt sie zu unterschiedlichen Ergebnissen, wie ausgewählte Entscheidungen verdeutlichen:

Auf den Täterwillen als ausschlaggebendes Kriterium stützte sich der BGH 1996 in folgendem Fall: Der Angeklagte hatte als Mitglied einer Autoschieberbande einzelne PKWs ausgesucht, die anschließend von den Mitangeklagten entwendet und zu einem dem Angeklagten bekannten Abnehmer in Polen verbracht worden waren. Der BGH befand den Angeklagten des gemeinschaftlich begangenen gewerbsmäßigen Diebstahls gem. §§ 242, 243 Abs. 1 Nr. 3 dtStGB für schuldig, weil der Angeklagte *»mit Täterwillen und um sich eine zusätzliche Einnahmequelle von einiger Dauer und einigem Umfang zu verschaffen«* gehandelt hatte[412].

Ebenfalls auf den Täterwillen, der mit dem Interesse an der Tat begründet wurde, stellte der BGH in einem weiteren Fall aus dem Jahre 1994 ab, dem folgender Sachverhalt zu Grunde lag: Die vier Angeklagten W, B, J und S hatten gemeinsam ein Bordell betrieben. Um die Konkurrenz zu vertreiben hatten sie geplant, auf irgendeine Person vor dem konkurrierenden Bordell zu schießen. Absprachegemäß hatte W aus seinem PKW heraus einen Schuss auf das Opfer abgegeben, das schwerste Verletzungen davontrug. Während B bei W im PKW gesessen und das Kommando zum Schuss gegeben hatte, hatten sich die Angeklagten J und S einige Meter entfernt in einem weiteren Fahrzeug aufgehalten. W und B wurden vom Landgericht Gera des Mordversuches in Mittäterschaft, J und S lediglich der Beihilfe hierzu verurteilt. Diese rechtliche Würdigung der beiden zuletzt genannten Angeklagten entsprach nach Ansicht des BGH nicht den Grundsätzen der Kombinationstheorie. Seiner Auffassung zufolge ging das Landgericht, indem es der räumlichen Distanz zum Tatort zu große Bedeutung beimaß, von einem zu engen Begriff der Mittäterschaft aus, denn: *»Das Vorgehen der Angeklagten [...] beruhte auf einem gemeinsamen Entschluß, wobei alle*

---

410 Vgl. *BGH*R StGB § 25 II Mittäter 2; sowie die eingängige Darstellung bei *Tröndle/Fischer*, Vor § 25 Rn. 2a mwN.; ebenso MK-*Joecks*, § 25 Rn. 21 mwN.; *Roxin*, Anm. zu BGH, StV 1986, 384 (385); *Küpper*, GA 1986, 437 (440 f.); *Geerds*, Jura 1990, 173 (175); grundlegend hierzu LK-*Roxin*, § 25 Rn. 20 und 26; *ders.*, Täterschaft und Tatherrschaft, S. 633 mwN..

411 Vgl. LK-*Roxin*, § 25 Rn. 20.

412 Vgl. *BGH*, StV 1997, 247.

ein eigenes wirtschaftliches Interesse daran hatten, nicht aus dem Geschäft verdrängt zu werden.«[413].

In einem 1998 entschiedenen Fall bestätigte der BGH die Verurteilung eines Angeklagten wegen Beihilfe zum erpresserischen Menschenraub, berief sich hierbei ebenfalls auf den Grad des eigenen Interesses am Taterfolg, den Umfang der Tatbeteiligung und die Tatherrschaft oder wenigstens den Willen zur Tatherrschaft als wesentliche Anhaltspunkte für die vorzunehmende wertende Betrachtung. Im Rahmen dieser Beurteilung stellte der BGH jedoch ausschließlich auf das äußere Tatgeschehen, mithin auf die Rollenverteilung der Tatbeteiligten ab: Die beiden Mitangeklagten D und K hatten ein äußerst vermögendes Opfer entführt, und für dessen Freilassung eine Lösegeldsumme i.H.v. anfangs 20 Mio. DM gefordert. Die Aufgabe des Angeklagten, dem 40.000,- DM Belohnung versprochen worden waren, hatte darin bestanden, sich polizeilich als Mieter des als Geiselversteck genutzten Hauses anzumelden, einen Stimmenverzerrer zu besorgen, hiermit den Angehörigen die Lösegeldforderung mitzuteilen und anschließend die Spurenbeseitigung im Geiselversteck vorzunehmen. Für die Annahme bloßer Beihilfe war nach Ansicht des BGH die Aufgabenverteilung der Beteiligten innerhalb des gemeinsamen Tatgeschehens ausschlaggebend. So sei »*die Rolle des Angekl. trotz seiner zum Teil gewichtigen Tatbeiträge von untergeordneter Bedeutung gewesen. Die Urteilsgründe ergeben, daß der Angekl. zu keinem Zeitpunkt das Ob und Wie des tatbestandsmäßigen Geschehens beherrscht oder zumindest beeinflusst hat, [...]. Im Übrigen ist in die Gesamtbetrachtung als Indiz für die Bewertung des Tatbeitrages des Angeklagten der Umstand einbezogen worden, daß die ihm zugesagte Belohnung von 40 000 DM lediglich 0,2 % der ursprünglichen Lösegeldforderung entsprach.«*[414].

Ausschließlich auf subjektive Kriterien stellte der BGH 1994 im Fall von vier Skinheads ab, die beschlossen hatten, dass »*wieder ein Zeichen zu setzen*« und daher »*etwas "Aufsehenerregendes" fällig sei*«. Während A und C, wie mit den anderen Angeklagten geplant, einen Brandanschlag auf ein noch unbewohntes Asylbewerberheim verübt hatten, war von S und W in derselben Nacht ein jüdischer Friedhof verwüstet worden. Während das Landgericht Konstanz A und C nur wegen Brandstiftung, S und W nur wegen Sachbeschädigung, Störung der Totenruhe und Verunglimpfung des Andenkens Verstorbener verurteilte, sprach sich der BGH für eine gegenseitige Zurechnung aller Taten unter den vier Angeklagten aus. In dem gemeinsam entwickelten Tatplan, der »*Übereinkunft darüber, daß sie die geplanten Taten "gegenseitig jeweils für erforderlich und richtig hielten", und der getroffenen Absprache, im Hinblick auf die Wirkung in der Medienöffentlichkeit die Taten möglichst zeitgleich zu begehen, liegt mehr als*

[413] Vgl. *BGH*, NStZ 1995, 285.
[414] Vgl. *BGH*, StV 1998, 540.

eine bloß jeweils einseitige billigende Kenntnisnahme von der Tat eines anderen«[415].

Die zuletzt dargestellten Entscheidungen des BGH verdeutlichen exemplarisch, wie uneinheitlich und nicht greifbar die deutsche Rechtsprechung bei der Abgrenzung von Mittäterschaft und Beihilfe ist. Im Gegensatz zur österreichischen Rechtsprechung, die anhand formal-objektiver und dadurch einfach nachprüfbarer Kriterien eine Unterscheidung vornimmt, stehen sich in der deutschen Rechtsprechung Urteile, die in ihrer Begründung mehr auf objektive Kriterien wie Tatherrschaft abstellen, auch solche gegenüber, die größeres Gewicht auf das Interesse und die Motivation hinsichtlich der Tat legen. Besonders anschaulich wird dies bei der rechtlichen Beurteilung von Chauffeuren, die weitere Tatbeteiligte zum Tatort bringen oder Beute abtransportieren. Während in Österreich derartige Handlungen mangels Ausführungsteilhabe stets der Beitragstäterschaft nach § 12, 3. Fall öststGB unterfallen, werden nach deutschem Recht Chauffeure bald als Mittäter, bald als Gehilfen verurteilt. So sah der BGH einen Tatbeteiligten als Mittäter eines Raubes an, dessen Tatbeitrag unter anderem darin bestanden hatte, seinen eigenen PKW als Fluchtfahrzeug zur Verfügung zu stellen und diesen zu steuern. Allein schon in dieser Tätigkeit sah der BGH einen wesentlichen Tatbeitrag, ohne den »*die Tat nicht oder nicht so hätte begangen werden können*«. Zudem wertete der BGH sein »*eigenes [...] Interesse an der Tat als Anzeichen seines Täterwillens*«[416]. In einem weiteren Fall war der Angeklagte als Fahrer des anderweitig verfolgten Täters zu umfangreichen Diebestouren, sowie als Transporteur der Diebesbeute tätig gewesen, wofür er je Fahrt 100,- DM in bar zuzüglich Spesen erhalten hatte. Der BGH hob die Verurteilung des Angeklagten wegen mittäterschaftlich begangenen Diebstahls auf und befand ihn wegen Beihilfe für schuldig. In den Urteilsgründen berief sich der BGH zum wiederholten Male auf die Grundsätze der normativen Kombinationstheorie, begründete jedoch seine Entscheidung ausschließlich mit dem geringen Interesse des Angeklagten an den Taten: »*Gerade dieses Lohn- und Speseninteresse des Angekl. ohne Rücksicht auf den Erfolg der Diebestaten lässt ein distanzierteres Verhältnis zu den Diebstählen erkennen, als es üblicherweise der Täter solcher Straftaten hat.*«[417].

Diese gängige Praxis des BGH findet im Schrifttum nur vereinzelt Zustimmung. So sieht sich *Schmidhäuser* durch die Rechtsprechung in seiner Auffassung bestätigt, die Abgrenzung von Täterschaft und Teilnahme habe im Wege einer ganzheitlichen Betrachtung zu erfolgen[418]. Während der BGH im Rah-

---

[415] Vgl. *BGH*, NStZ 1995, 122.

[416] Vgl. *BGH*, GA 1977, 306; ebenso die Erörterung dieser Entscheidung bei Sch/Sch-*Cramer/Heine*, Vorbem §§ 25 ff. Rn. 89 und *Roxin*, Täterschaft und Tatherrschaft, S. 578 f..

[417] Vgl. *BGH*, StV 1983, 501.

[418] Vgl. *Eb. Schmidhäuser*, Stree/Wessels-FS, S. 343 (362).

men seiner Kombinationstheorie nur vier Gesichtspunkte in die wertende Betrachtung einstellt, nennt Schmidhäuser in einer nicht abschließenden Aufzählung 16 verschiedene Momente, wie etwa die Gegenwart am Tatort, das Maß der Beherrschung des Geschehens, die Intensität der Tatvorbereitung, die Verabredung über die Art der Teilung der Verbrechensbeute, etc.. Hierbei solle nie ein einzelnes Moment allein, sondern jedes einzelne Moment nur innerhalb des ganzheitlichen Zusammenhangs den Ausschlag geben[419]. Seine Auffassung beruht auf der Einsicht, dass die Beurteilung der Tatbeteiligung nicht a priori anhand starrer Kriterien erfolgen könne, die für jeden Straftatbestand des Besonderen Teils in gleicher Weise gelten[420]. Auch *Cramer* sieht in der Abgrenzung von Täterschaft und Teilnahme ein normatives Problem, da die Begriffe der Täterschaft und Teilnahme nicht abstrakt festgelegt werden können, sondern für jedes Delikt unterschiedliche Kriterien gelten[421]. *Roxin*, der die Tatherrschaftslehre zu einer in sich geschlossenen Theorie weiterentwickelt hat, sieht sich durch die Rechtsprechung des BGH nur insoweit bestätigt, als zumindest in einem Teil der höchstrichterlichen Entscheidungen ein Abstellen auf den Tatherrschaftsgedanken erkennbar sei[422].

Überwiegend wird jedoch von Vertretern der Literatur eingewandt, dass die Rechtsprechung mit ihrer formelhaften Verwendung der Kombinationstheorie zu beliebigen Ergebnissen komme[423]. Da der »*Umfang der Tatbeteiligung*« und der »*Wille zur Tatherrschaft*« lediglich Voraussetzungen der Tatherrschaft selbst seien, beschränke sich die Rechtsprechung dem Grunde nach auf die Kriterien von „*Interesse*" und „*Tatherrschaft*". Der Rechtsprechung des BGH sei jedoch nicht zu entnehmen, wie diese beiden Kriterien zu gewichten und welches von ihnen den Ausschlag geben soll, wenn Tatherrschaft und Interesse in verschiedene Richtungen weisen[424]. Darüber hinaus werden auch die Begriffe „*Interesse*" und „*Tatherrschaft*" als inhaltlich zu unbestimmt bezeichnet, die Begründungen seien austauschbar: So habe nicht nur der Täter, sondern auch der Gehilfe ein Interesse am Taterfolg, weil er sich hiervon einen Vorteil verspreche und jeder Gehilfe, welcher der Tatausführung beiwohnt und sie nicht behindert, obwohl es ihm möglich wäre, habe Tatherrschaft. Andererseits habe bei der ar-

---

419 Vgl. *Eb. Schmidhäuser*, AT, S. 575 f.; instruktiv hierzu LK-*Roxin*, § 25 Rn. 11.

420 Vgl. *Eb. Schmidhäuser*, Stree/Wessels-FS, S. 343 und 351.

421 Vgl. *Cramer*, Bockelmann-FS, S. 389 (396 f.); *ders*., in Sch/Sch, Vorbem §§ 25 ff. Rn. 3; vgl. hierzu auch *Maiwald*, Historische und dogmatische Aspekte der Einheitstäterlösung, Bockelmann-FS, S. 343 (358 ff.); *Schröder*, ZStW 59, 459 (464 f.); *Schöneborn*, Kombiniertes Teilnahme- und Einheitstätersystem für das Strafrecht, ZStW 87, 902 (907); *Geerds*, Jura 1990, 173 (174).

422 Vgl. *Roxin*, Täterschaft und Tatherrschaft, S. 633 f.; LK-*Roxin*, § 25 Rn. 17.

423 Vgl. *Herzberg*, JZ 1991, 856 (861); *Cramer*, Bockelmann-FS, S. 389 (394).

424 Vgl. *Roxin*, Täterschaft und Tatherrschaft, S. 633; ebenso *Geerds*, Jura 1990, 173 (175); *Küpper*, GA 1986, 437 (440); SK-*Hoyer*, § 25 Rn. 9.

beitsteiligen Begehung eines Deliktes jeder Mittäter nur seinen eigenen Tatanteil in Händen und auf andere Mittäter möglicherweise überhaupt keinen Einfluss[425].

Viele Vertreter in der Literatur vermuten in der Abgrenzung des BGH von Mittäterschaft und Beihilfe eine hinsichtlich der einzelnen Beteiligten stark auf Strafwürdigkeitserwägungen abstellende Gesamtbetrachtung. Für *Maiwald* sind nicht nur der *Badewannenfall* oder das *Staschynskij-Urteil* Beispiele dafür, »*daß für die Strafwürdigkeit nicht die Teilnahmeform, sondern andere Strafzumessungsgründe übermächtiges Gewicht erhielten und den Richter veranlassten, einfach das Etikett zu wechseln und von Beihilfe zu sprechen, wo an sich nach den sonst üblichen Maßstäben Täterschaft vorläge.*«[426]. Während *Roxin* und *Blei* im Hinblick auf die Variationsbreite, die sich die Rechtsprechung durch ihre flexible Abgrenzung der Beteiligungsformen offen halte, von »*rechtsgefühlsgeleiteter Entscheidungsfreiheit*«[427] sprechen, sind *Jescheck/ Weigend* der Ansicht: »*Die Unterscheidung zwischen Täterschaft und Teilnahme ist damit in der praktischen Rechtsanwendung von einer Tatbestands- weitgehend zu einer Strafzumessungsfrage geworden.*«[428]. Bereits vor der Neufassung der §§ 25 ff. dtStGB wurde nicht nur Kritik an der Rechtsprechung des BGH laut, der schon damals, wenngleich auch mit einer stärker auf subjektive Kriterien abstellenden Begründung, zu divergierenden Ergebnissen gelangte, sondern auch an der deutschen Lösung als Teilnahmemodell. So sprachen sich einzelne Vertreter dafür aus, anstelle einer Unterscheidung in Täter und Teilnehmer den Einheitstäter einzuführen. *Schwalm* brachte seine Resignation, geeignete Abgrenzungskriterien zu finden mit den Worten zum Ausdruck: »*Wir stehen bei der Unterscheidung zwischen Täterschaft und Teilnahme als Ergebnis jahrzehntelanger Bemühungen vor einem Chaos.*«[429]. In den Sitzungen der Großen Strafrechtskommission machte er sich in seiner »*Betrübnis über die ganze Entwicklung*« zusammen mit *Krille*[430], *v. Stackelberg*[431] und *Eberhard Schmidt*[432] für die Einheitstäterregelung stark[433]. Aufgrund der ohnehin ganzheitlichen Betrachtungsweise der

---

425 Vgl. *Herzberg*, JZ 1991, 856 (861); *Cramer*, Bockelmann-FS, S. 389 (400 f.); *Eb. Schmidhäuser*, Stree/Wessels-FS, S. 343 (349).

426 Vgl. *Maiwald*, Bockelmann-FS, S. 343 (352).

427 Vgl. *Roxin*, JZ 1966, 293; *Blei*, NJW 1965, 1218.

428 Vgl. *Jescheck/Weigend*, § 61 IV 2.

429 Vgl. *Schwalm*, Engisch-FS, S. 548 (551).

430 Vgl. *Krille*, Niederschriften über die Sitzungen der Großen Strafrechtskommission, AT, Band 2, 14. bis 25. Sitzung, Bonn 1958, S. 98 f..

431 Vgl. *v. Stackelberg*, Niederschriften über die Sitzungen der Großen Strafrechtskommission, AT, Band 2, 14. bis 25. Sitzung, Bonn 1958, S. 100.

432 Vgl. *Eb. Schmidt*, Niederschriften über die Sitzungen der Großen Strafrechtskommission, AT, Band 2, 14. bis 25. Sitzung, Bonn 1958, S. 94 f..

433 Vgl. *Schwalm*, Niederschriften über die Sitzungen der Großen Strafrechtskommission, AT, Band 2, 14. bis 25. Sitzung, Bonn 1958, S. 88 ff.; ebenso *Schöneborn*, ZStW 87, 902 (907 ff.).

Rechtsprechung sei jene Lösung die »*ehrlichere*«. Diese Einschätzung findet ihre Parallele nicht nur im Zuspruch durch die Befürworter der österreichischen Einheitstäterregelung[434], sondern kann auch durch die bisher angestellten Untersuchungen im Rahmen dieser Arbeit bestätigt werden.

b) Revisibilität von Urteilen und Wahlfeststellung

Im Gegensatz zur mittlerweile ständigen Rechtsprechung des OGH führt nach deutschem Recht eine Revision in den Fällen, in denen das Erstgericht den Tatbeitrag eines Angeklagten der falschen Beteiligungsform unterstellt hat, zum Erfolg[435]. Es handelt sich hierbei um eine Verletzung sachlichen Rechts nach § 337 Abs. 2 dtStPO, weil das zu beurteilende Verhalten des Tatbeteiligten unter die falsche Vorschrift der §§ 25 ff. dtStGB subsumiert worden ist[436]. Höchstrichterliche Entscheidungen, in welchen Revisionen deshalb verworfen werden, weil eine Änderung des Schuldspruchs keine Besser- oder Schlechterstellung des Angeklagten nach sich ziehen würde, sind nicht ersichtlich.

Dennoch sind nach Ansicht des BGH auch der revisionsrechtlichen Überprüfung der Beteiligungsformen Grenzen gesetzt: In einer Entscheidung aus dem Jahre 1997 bestätigte der BGH die Verurteilung eines Angeklagten unter anderem wegen Beihilfe zur unerlaubten Einfuhr von Betäubungsmitteln in nicht geringer Menge durch das Landgericht Saarbrücken[437]. Der Angeklagte hatte der anderweitig verfolgten T zum Transport von mindestens einem Kilogramm Kokain aus Brasilien nach Amsterdam das Flugticket ausgehändigt, ihr eine Hoteladresse in Sao Paulo, die Telefonnummer der Kontaktperson und 400,- US-$ als Spesengeld gegeben. Als der ursprünglich geplante Rückflug von Rio de Janeiro nach Amsterdam auf Frankfurt am Main umgebucht worden war, sagte der Angeklagte der T zu, er werde sie in Frankfurt abholen und im Zug nach Oberhausen begleiten, wo das Rauschgift an den niederländischen Auftraggeber hatte übergeben werden sollen. Da der Angeklagte zunächst nicht mit Einfuhrvorsatz tätig geworden war, stufte ihn das Landgericht als Gehilfen ein. Nach Ansicht des BGH ließ diese Wertung keine durchgreifenden Rechtsfehler erkennen. Im Anschluss an die Darlegung der Grundsätze seiner normativen Kombinationstheorie heißt es, ob ein Tatbeteiligter »*die Tat (Einfuhr) als eigene will, ist in wertender Betrachtung zu beurteilen [...], wobei die tatrichterliche Wertung zur Abgrenzung von Mittäterschaft und Beihilfe der Überprüfung*

---

[434] Vgl. *Kienapfel/Höpfel*, AT, E 2 Rn.18 und E 4 Rn. 29; *Kienapfel*, JuS 1974, 1 (3); *ders.*, StPdG I, 63 (78); *ders.*, JBl 1974, 113 (119).

[435] Vgl. nur *BGH*, StV 1983, 501; 1994, 241; NStZ 1982, 243; 1995, 122 und 285.

[436] Vgl. *Roxin*, Strafverfahrensrecht, § 53 Rn. 15; LR-*Hanack*, § 337 Rn. 99 und 108 ff..

[437] Vgl. *BGH*, 4 StR 226/97.

durch das Revisionsgericht nur begrenzt zugänglich ist«[438]. Nähere Ausführungen zur Frage, welche Wertungen überprüfbar sind, an welche das Revisionsgericht gebunden ist und wo die Grenze der Revisibilität verläuft, sind dem Urteil jedoch nicht zu entnehmen.

Ebenso vage drückt sich der BGH in dem oben bereits dargestellten Urteil aus dem Jahre 1985 aus, das zur Abgrenzung von Mittäterschaft und Beihilfe bei einem Raubüberfall auf einen Geldboten ergangen ist[439]. Der BGH bestätigte zwar die Verurteilung des Angeklagten wegen Beihilfe. Im letzten Satz des Urteils heißt es aber: »*Die Feststellungen der StrK ließen die Wertung zu, der Angekl. N habe sich lediglich als Gehilfe beteiligt, mag auch eine andere tatrichterliche Beurteilung möglich gewesen sein.*«. Roxin versteht diese Bemerkung dahin, dass der BGH zumindest im vorliegenden Fall die Abgrenzung von Täterschaft und Teilnahme nicht als Rechtsfrage, sondern als richterliche Ermessensentscheidung behandelt[440]. Als solche wäre sie jedoch einer revisionsrechtlichen Beurteilung entzogen, weil nur Rechtsfragen, nicht aber Tatfragen der Revision zugänglich sind[441]. Weitere Urteile, in denen sich der BGH zur Überprüfbarkeit tatrichterlicher Wertungen geäußert hätte, sind nicht ersichtlich. Es bleibt daher offen, in welchen Fällen auch nach deutschem Recht eine Revision bei der Abgrenzung von Täterschaft und Teilnahme zu verwerfen wäre.

Eindeutig Stellung bezogen hat der BGH wieder zur Problematik der Zulässigkeit einer Wahlfeststellung bei Beteiligungsfragen; dabei hat er eine Verurteilung auf wahldeutiger Grundlage nur in wenigen Konstellationen für zulässig erklärt. Ausdrücklich abgelehnt wurde eine Wahlfeststellung zwischen Mittäterschaft und Beihilfe[442]. So hob der BGH ein landgerichtliches Urteil auf, in dem ein Angeklagter »*wegen gemeinschaftlich begangenen schweren Diebstahls oder wegen Beihilfe zum schweren Diebstahl*« verurteilt, die Strafe aber dem für die Beihilfe geltenden Strafrahmen entnommen wurde. Das Landgericht Bayreuth stellte fest, dass der Angeklagte an einem von seinem Bruder begangenen Einbruchsdiebstahl durch seine Anwesenheit – sei es durch Leistung von Aufpasserdiensten, sei es durch geistige Unterstützung – mitgewirkt hatte, konnte aber nicht weiter klären, ob der Angeklagte »*als Mittäter oder mit Gehilfenvorsatz gehandelt*« hatte. Der BGH befand den Angeklagten in analoger Anwendung des in-dubio-pro-reo-Grundsatzes nur der Beihilfe zum schweren Diebstahl für schuldig. In seiner Begründung berief er sich darauf, dass eine Wahlfeststellung nur dann in Betracht komme, wenn die zu beurteilenden Verhaltensweisen nicht in einem Stufenverhältnis im Sinne eines „Mehr oder Weniger"

---

438 Vgl. *BGH*, 4 StR 226/97, S. 6; ebenso *BGH*, 1 StR 753/96, S. 11.

439 Vgl. *BGH*, NStZ 1985, 165; *Otto*, AT, § 21 II 5 Rn. 36, sowie die Darstellung und Erörterung dieses Falles unter *B)I)4)c)* auf S. 89 f..

440 Vgl. *Roxin*, Täterschaft und Tatherrschaft, S. 594.

441 Vgl. *Meyer-Goßner*, § 337 Rn. 1 und 16.

442 Vgl. *BGH*St **23**, 203.

zueinander stehen, sodass nach dem Grundsatz „im Zweifel für den Angeklagten" aus dem leichteren Gesetz zu verurteilen ist. Ein derartiges Stufenverhältnis »*besteht zwischen Mittäterschaft und Beihilfe nicht. Die Mittäterschaft ist nicht eine bloße Steigerung der Beihilfe, sondern zwischen den beiden Beteiligungsformen besteht ein wesensmäßiger Unterschied [...]. In dem Willen des Täters, die Tat als eigene zu begehen, kann nicht zugleich der Wille liegen, Hilfe zu einer fremden Tat zu leisten*«. Die somit begründete Ablehnung eines Stufenverhältnisses legt zwar die Möglichkeit einer Wahlfeststellung nahe. Nach Ansicht des BGH komme diese aber nur »*im Falle doppeldeutiger Feststellungen zum ä u ß e r e n Tatgeschehen in Betracht.*«. Zweifel an der möglichen Beteiligungsform hingegen beträfen nur die innere Tatseite, könnten sich nur dann ergeben, wenn unklar sei, ob der Angeklagte den Willen hatte, die Tat als eigene oder als fremde zu begehen. Die »*Gerechtigkeit und Sicherheit der Urteilsfindung*« gebiete es aber, den in-dubio-pro-reo-Grundsatz entsprechend anzuwenden und »*im Rahmen einer so vorzunehmenden rechtlichen Würdigung [...] die Beihilfe gegenüber der Mittäterschaft als minderschwere Teilnahmeform anzusehen.*«[443].

Die vorliegende Entscheidung findet zwar im Ergebnis breite Zustimmung[444], dem BGH wird aber entgegengehalten, dass sich die Wahlfeststellung nicht nur auf Fälle doppeldeutiger Feststellungen zum äußeren Tatgeschehen beschränke und dass es inkonsequent sei, einerseits ein Stufenverhältnis zwischen Mittäterschaft und Beihilfe abzulehnen, weil zwischen diesen Beteiligungsformen ein wesensmäßiger Unterschied bestehe, andererseits aber unter Berufung auf den unterschiedlichen Schweregrad der Beteiligungsformen den in-dubio-pro-reo-Grundsatz analog anzuwenden[445].

Mit dieser Kritik setzte sich der BGH in weiteren Fällen nicht auseinander. Vielmehr entschied er sich in vergleichbaren Konstellationen ebenfalls für Beihilfe, jedoch unter bloßer Verweisung auf die zuvor dargestellte Entscheidung und ohne dies näher zu begründen[446].

Ebenfalls abgelehnt wurde vom BGH eine Wahlfeststellung innerhalb der Teilnahme zwischen Anstiftung und Beihilfe[447]. Das Landgericht Dortmund verurteilte die Angeklagte S »*wegen Anstiftung oder Beihilfe zum Mord an ihrem Ehemann*«, weil sie den Haupttäter entweder zur Tat angestiftet oder ihm

---

[443] Vgl. *BGH*St **23**, 203 (206 f.); so im Ergebnis auch schon *BayObLG*St **66**, 137 = NJW 1967, 740 mit Anm. Fuchs.

[444] Vgl. *Schröder*, Anm. zu BGH, JZ 1970, 422 f.; *Dreher*, Im Irrgarten der Wahlfeststellung, MDR 1970, 369 (370); *Jakobs*, Probleme der Wahlfeststellung, GA 1971, 257 (264 f.); *Jescheck/Weigend*, § 16 II 2.

[445] Vgl. *Fuchs*, Anm. zu BGH, NJW 1970, 1053; *Löhr*, „In dubio pro reo" und Wahlfeststellung, JuS 1976, 715; *Blei*, JA 1976, 799 (800); *Dreher*, MDR 1970, 369 (370).

[446] Vgl. *BGH*, NStZ-RR 1997, 297; *BGH*St **43**, 41 (52 f.).

[447] Vgl. *BGH*St **31**, 136.

dadurch (psychische) Beihilfe geleistet hatte, dass sie ihn durch ihre Zustimmung zur Ausführung der Tat in seinem Entschluss bestärkt hatte. Eine Wahlfeststellung sei nach Ansicht des BGH auch in diesem Verhältnis unzulässig und deshalb im Ergebnis nur wegen Beihilfe zu verurteilen. Unter Bezugnahme auf die zuvor dargestellte Entscheidung zur Wahlfeststellung zwischen Mittäterschaft und Beihilfe wendet der BGH auch hier den in-dubio-pro-reo-Grundsatz nur entsprechend an. Zwar scheide auch in dieser Konstellation eine Wahlfeststellung nicht schon deshalb aus, weil zwischen Anstiftung und Beihilfe kein Stufenverhältnis vorliegt, wohl aber, weil in Zweifelsfällen der Angeklagte für den geringeren der beiden in Betracht kommenden Unwertgehalte einzustehen habe. Hierzu heißt es: »*Auch der Anstiftung ist ein höherer Unwertcharakter als der Beihilfe beizumessen; das ergibt sich bereits aus der gesetzgeberischen Entscheidung, den Anstifter gleicht dem Täter zu bestrafen, dem Gehilfen aber eine obligatorische Strafmilderung zuzubilligen (§ 27 Abs. 2 Satz 2 StGB).*«[448].

Ob bei Zweifeln über das Vorliegen von Anstiftung oder Täterschaft entsprechend zu verfahren ist, hat der BGH bisher nicht entschieden. In der eingangs dargestellten Entscheidung zur Wahlfeststellung zwischen Mittäterschaft und Beihilfe hatte er diese Frage ausdrücklich offen gelassen[449]. Bei wertender Betrachtung wird wohl auch die Teilnahmeform der Anstiftung gegenüber der Täterschaft als die minder schwere Beteiligungsform anzusehen sein[450].

Für zulässig erklärt wurde vom BGH die Wahlfeststellung innerhalb der Täterformen des § 25 dtStGB. Im Fall eines „Mauerschützen" hielt er den Angeklagten wahlweise als Alleintäter, als Mittäter oder als mittelbaren Täter für den Tod eines Republikflüchtlings für verantwortlich[451]. Der Angeklagte hatte als Kommandeur den Grenztruppen der DDR angehört, denen die Aufgabe der Grenzsicherung übertragen war. Als B, das spätere Opfer, versucht hatte, die Grenzanlagen zu überwinden, hatte er sich in einer Stacheldrahtrolle verfangen, aus der er sich nicht mehr befreien konnte. Neben weiteren Grenzsoldaten hatte sich auch der Angeklagte zum Ort des Geschehens begeben, wo B regungslos auf dem Bauch gelegen ist. Als dieser sich zu bewegen versucht hatte, hat der Angeklagte aus einer Maschinenpistole mehrere gezielte Schüsse auf das Opfer abgegeben. Neben dem Angeklagten hatten auch weitere, teilweise unbekannt gebliebene Grenzsoldaten auf den Flüchtigen geschossen. Insgesamt waren ca. 70 Schüsse abgegeben worden. B war von vier Schüssen aus einer Maschinenpistole getroffen, von denen drei unmittelbar tödliche Wirkung hatten. Das

---

[448] Vgl. *BGH*St **31**, 136 (138); zustimmend *Baumann*, Anm. zu BGH, JZ 1983, 116 f.; kritisch *Hruschka*, Alternativfeststellung zwischen Anstiftung und sog. psychischer Beihilfe, JR 1983, 177.

[449] Vgl. *BGH*St **23**, 203 (208).

[450] Vgl. *Eser* in Sch/Sch, § 1 Rn. 94; *Jescheck/Weigend*, § 16 II 2; *Jakobs*, GA 1971, 257 (264 f).

[451] Vgl. *BGH*St **42**, 65.

Landgericht Berlin vermochte trotz einer hohen Wahrscheinlichkeit nicht festzustellen, dass der Angeklagte die tödlichen Schüsse abgefeuert hatte. Nicht auszuschließen war, dass das Opfer von anderen NVA-Angehörigen tödlich getroffen worden war. Während das Landgericht den Angeklagten nur wegen versuchten Totschlags schuldig sprach, sah der BGH den Angeklagten in jeder denkbaren Konstellation als Täter eines vollendeten Tötungsdeliktes an. Für den Fall, dass außer dem Angeklagten kein anderer Soldat mit Tötungsvorsatz geschossen habe, sei er Alleintäter. Hätten auch andere mit Tötungsvorsatz geschossen, so sei der Angeklagte Mittäter eines vollendeten Totschlags. Sofern das Opfer durch einen Grenzsoldaten getötet worden wäre, der ohne Tötungsvorsatz lediglich Sperrfeuer schießen hatte wollen, sei der Angeklagte mittelbarer Täter eines Totschlags, weil der Angeklagte als Regimentskommandeur durch die Abgabe gezielter Schüsse seinen Untergebenen zumindest schlüssig abverlangt hatte, den Flüchtigen ihrerseits unter Feuer zu nehmen[452]. Nähere Ausführungen zur Zulässigkeit einer Wahlfeststellung, weder im konkreten Fall noch allgemein, enthält das Urteil nicht. Lediglich in der eingangs dargestellten Entscheidung zur Wahlfeststellung zwischen Mittäterschaft und Beihilfe heißt es in einem obiter dictum: »*im Gegensatz zum Verhältnis zwischen Beihilfe und Mittäterschaft stehen die verschiedenen Formen der Täterschaft auf im wesentlichen gleicher Bewertungsebene*«[453].

Die vorliegende Darstellung zeigt, dass die deutsche Teilnahmelösung nicht zu einem so einfachen Ergebnis kommt, wie die österreichische Rechtsprechung. Während der Einheitstäterbegriff nach Ansicht des OGH eine unbegrenzte Wahlfeststellung zulässt[454], kommt diese nach deutschem Recht ausschließlich innerhalb der Täterschaft in Frage.

---

[452] Vgl. *BGH*St **42**, 65 (68); vgl. auch *BGH*St **11**, 18.

[453] Vgl. *BGH*St **23**, 203 (208).

[454] Vgl. *OGH*, 10 Os 186, 201, 202/77 in RZ 1978/73 (mit zust. Anm. *Kienapfel*); WK-*Fabrizy*, § 12 Rn. 124 mwN..

II) Selbständige Strafbarkeit der Beteiligten, § 13 östStGB

Mit § 13 östStGB hat der österreichische Gesetzgeber eine Vorschrift normiert, die sowohl im Hinblick auf ihre amtliche Überschrift als auch inhaltlich mit § 29 dtStGB nahezu identisch ist[455].

1) Fortführung des Schuldprinzips

§ 13 östStGB wird primär als konsequente Fortführung des in § 4 östStGB aufgestellten allgemeinen Schuldprinzips verstanden; die Vorschrift des § 13 östStGB erweitert dieses jedoch nicht in inhaltlicher Hinsicht, sondern hat vielmehr klarstellende Funktion dahingehend, dass der allgemeine Schuldgrundsatz auch auf die Strafbarkeit mehrerer Tatbeteiligter anzuwenden ist. Schuld- und Strafausschließungsgründe, Strafaufhebungsgründe und Verfolgungshindernisse wirken nur für den Beteiligten, bei dem sie vorliegen[456]. Insofern kommt § 13 östStGB lediglich eine deklaratorische, jedoch keine konstitutive Bedeutung zu[457]. Gleiches gilt auch für § 29 dtStGB[458], welcher besagt, dass die allgemeinen Entschuldigungs-, Schuldausschließungs- und Schuldminderungsgründe nur bei dem Beteiligten zu berücksichtigen sind, in dessen Person sie auch vorliegen[459].

Im Rahmen des deutschen Rechts bestätigt § 29 dtStGB zudem die von den §§ 26 und 27 Abs. 1 dtStGB aufgestellte Limitierung der Akzessorietät, der zufolge die Strafbarkeit des Teilnehmers nicht von der Schuld des eigentlichen Haupttäters abhängt[460]. Die österreichische Einheitstäterlösung geht hier wesentlich weiter. Denn die Tat des Bestimmungs- und Beitragstäters ist nicht nur von der Schuld, sondern auch von weiteren, das Unrecht der Tat betreffenden Merkmalen, unabhängig[461].

---

455 *§ 13 östStGB*: **Selbständige Strafbarkeit der Beteiligten** „Waren an der Tat mehrere beteiligt, so ist jeder von ihnen nach seiner Schuld zu bestrafen.".
§ 29 dtStGB: **Selbständige Strafbarkeit des Beteiligten** „Jeder Beteiligte wird ohne Rücksicht auf die Schuld des anderen nach seiner Schuld bestraft.".

456 Zur h. M. vgl. *Leukauf/Steininger*[3], § 13 Rn. 1, WK-*Fabrizy*, § 13 Rn. 1 ff..

457 Vgl. *Kienapfel/Höpfel*, AT, E 7 Rn. 44.

458 Vgl. *Herzberg*, Die Problematik der „besonderen persönlichen Merkmale" im Strafrecht, ZStW 88, 68 (73).

459 Vgl. Sch/Sch-*Cramer/Heine*, § 28 Rn. 3 sowie § 29 Rn. 2 und 4; ebenso WK-*Fabrizy*, § 13 Rn. 3 mwN..

460 Vgl. *Niedermair*, Tateinstellungsmerkmale als Strafbedürftigkeitskorrektive, ZStW 106, 388.

461 Vgl. *OGH*, RZ 1978/72 (mit zust. Anm. *Kienapfel*); 1978/13 (mit zust. Anm. *Kienapfel*); SSt 54/56, 56/19 = RZ 1986/31 (mit zust. Anm. *Kienapfel*); JBl 1990, 331 mit Leitsatzberichtigung in JBl 1990, 468.

2) Unterschiedliche rechtliche Beurteilung der Tatbeiträge mehrerer Beteiligter – Vergleich mit dem deutschen Recht

Die Vorschrift des § 13 östStGB hat weiterhin zur Folge, dass die Tatbeiträge mehrerer an ein und derselben Tat Beteiligter – gleich in welcher Täterschaftsform des § 12 östStGB sie erbracht werden – rechtlich unterschiedlich bewertet, d. h. unter verschiedene Straftatbestände subsumiert werden können[462].

So wurden vom Landesgericht Linz der Angeklagte B als unmittelbarer Täter des Mordes nach § 75 östStGB, der Mitangeklagte E als Beitragstäter der Körperverletzung mit tödlichem Ausgang nach §§ 83 Abs. 1, 86, 12, 3. Fall östStGB verurteilt. Die Angeklagten hatten gemeinsam mit drei weiteren Tätern beschlossen, den F zusammenzuschlagen und mit ihm – notfalls unter Einsatz von Waffengewalt – „abzurechnen". Während B das Opfer durch einen aus einer Schrotflinte abgegebenen Bauchschuss vorsätzlich tötete, unterstützte E den B dadurch, dass er diesen beim Einkauf der Schrotflinte und der Munition begleitet, sich an den Beratungen, wie gegen F vorzugehen sei, beteiligt und B zum Tatort chauffiert hatte. Im Vergleich zu B war der Vorsatz des Angeklagten E nicht auf Tötung, sondern lediglich auf eine erhebliche Verletzung des Opfers gerichtet gewesen, wobei ihn nach den Feststellungen des Landesgerichts eine zusätzliche Fahrlässigkeitsschuld bezüglich der Todesfolge traf. Diese rechtlich unterschiedliche Beurteilung der einzelnen Tatbeiträge beruht nach Ansicht des OGH auf der autonomen Verantwortlichkeit aller Mitwirkenden: »*Aus der Regelung des § 13 StGB, derzufolge jeder von mehreren Beteiligten nach seiner Schuld zu haften hat, ergibt sich vielmehr unmißverständlich, daß bei einer Verantwortlichkeit des unmittelbaren Täters wegen Mordes (§ 75 StGB) ein Beitragstäter (§ 12 dritter Fall StGB), dessen Vorsatz nur auf eine Verletzung des Opfers gerichtet war, zwar an sich bloß wegen (je nach der Reichweite seines Vorsatzes allenfalls qualifizierter) Körperverletzung (§ 83 Abs. 1 StGB), bei einer zusätzlichen Fahrlässigkeitsschuld bezüglich der Todesfolge aber wegen des Verbrechens der Körperverletzung nach §§ 83 Abs. 1, 86 StGB zu beurteilen ist.*«[463].

Vom OGH bestätigt wurde auch die Verurteilung zweier Täter, von denen der eine wegen Vergewaltigung nach § 201 Abs. 2 östStGB in unmittelbarer Täterschaft, der andere wegen geschlechtlicher Nötigung in Beitragstäterschaft gem. §§ 202 Abs. 1, 12, 3. Fall östStGB schuldig gesprochen worden ist. Der Angeklagte Robert H hatte die siebzehnjährige Natascha P mit Gewalt und gefährlicher Drohung in seine Wohnung gezerrt und dort zur Duldung des Beischlafs genötigt. Als das Opfer nach vollzogenem Verkehr entkommen wollte,

---

[462] Vgl. *Friedrich*, RZ 1986, 227 (231); EBRV 1971, 81 l. Sp. = Dok. StGB 67 r. Sp.; hierzu ausführlich WK-*Fabrizy*, § 13 Rn. 4.

[463] Vgl. *OGH*, 10 Os 168/83, nur teilweise veröffentlicht in JBl 1984, 389.

wurde es von dem Mitangeklagten Norbert M, der während der bisherigen Tat anwesend war, auf das Bett zurückgestoßen, damit H weitere Unzuchtsakte an dem Opfer vornehmen konnte. Während bei Robert H die nachfolgenden Handlungen an dem Opfer als mitbestrafte Nachtat gewertet wurden, sah der OGH den Mitangeklagten Norbert M deshalb als Beitragstäter zu § 202 Abs. 1 östStGB an, weil sein Vorsatz darauf gerichtet war, dem H die Vornahme weitere Unzuchtshandlungen zu ermöglichen: »*Nach § 13 StGB bestimmt sich die Strafbarkeit jedes Tatbeteiligten nach seiner jeweiligen Schuld. Die strafrechtliche Haftung eines Beitragstäters ist folglich nicht davon abhängig, ob der unmittelbare Täter für die Tat, an deren Ausführung der andere mitwirkt, selbständig strafbar ist.*«. Norbert M hatte demnach »*seinem Vorsatz entsprechend, zumindest Beteiligung gemäß dem dritten Anwendungsfall des § 12 StGB zur geschlechtlichen Nötigung im Sinne des § 202 Abs. 1 StGB [...] zu verantworten.*«[464].

Ebenfalls auf § 13 östStGB stützte der OGH seine Begründung im Fall des Pfadfinderführers, der einem Zwölfjährigen einen geladenen Revolver überlassen und damit zu dessen Suizid beigetragen hatte. Der Angeklagte wurde des Mordes in Beitragstäterschaft verurteilt, obwohl es keinen unmittelbaren Täter gab, das Opfer hatte als Werkzeug gegen sich selbst tatbestandslos gehandelt. Hierzu heißt es: »*Mit der "strafbaren Handlung", zu der vom Bestimmungstäter bestimmt und vom Beitragstäter beigetragen wird, ist jeweils deren eigene strafbare Handlung gemeint, also jener abstrakte Deliktstypus, der nach § 13 StGB allein durch ihre eigene subjektive Tatseite determiniert ist.*«[465].

In einem weiteren Fall wurde von den beiden Angeklagten L und B, die in mittäterschaftlicher Begehungsweise zwei hochwertige Neuwagen entwendet hatten, L wegen schweren Diebstahls durch Einbruch nach §§ 127, 128 Abs. 2, 129 Z. 1 östStGB und B des unbefugten Gebrauches von Fahrzeugen nach § 136 Abs. 1, 2 und 3, 1. Fall östStGB für schuldig erkannt. Das Landesgericht Innsbruck stellte zwar fest, dass die beiden die Taten jeweils im bewussten und gewollten Zusammenwirken ausgeführt hatten, im Gegensatz zu L war dem Angeklagten B jedoch nicht nachzuweisen, dass er die Fahrzeuge mit Bereicherungsvorsatz dauernd behalten hatte wollen. Der OGH bestätigte diese Entscheidung: »*Eine verschiedene Beurteilung der Täter zweier das äußere Tatbild durch Sachentziehung und anschließenden Gebrauch in gleicher Weise verwirklichenden Taten wegen unterschiedlichen Vorsatzes ist aber denkmöglich und kann durchaus sachgerecht sein. Daß sich dabei das Zusammenwirken der Täter nicht auf die subjektive Tatseite, sondern nur auf die objektiven Tatbestandsmerkmale bezieht, liegt auf der Hand*«[466].

---

464 Vgl. *OGH*, 12 Os 159/89.
465 Vgl. *OGH*, JBl 2001, 194 (196) = EvBl 2000/162.
466 Vgl. *OGH*, 11 Os 50/91.

Wie die vorliegenden Entscheidungen zeigen, folgt aus dem Grundsatz der autonomen und individuellen Verantwortlichkeit aller Beteiligten, den § 13 östStGB bestätigt, nicht nur, dass Bestimmungs- und Beitragstäterschaft selbst dann möglich ist, wenn der Haupttäter unvorsätzlich handelt, sondern auch, dass eine unterschiedliche Strafbarkeit aller Beteiligter ihrem jeweiligen Vorsatz entsprechend möglich ist[467]. Nach deutschem Recht hingegen sind Anstiftung und Beihilfe von einer vorsätzlichen und rechtswidrigen Haupttat abhängig. Erst wenn der Täter diese entsprechend den Vorstellungen von Anstifter oder Gehilfen verwirklicht hat, kommt eine Bestrafung wegen Teilnahme an der Haupttat in Betracht[468]. Doch auch nach deutschem Recht ist eine Verurteilung von Täter und Teilnehmer aus unterschiedlichen Delikten möglich, wie folgende Fälle verdeutlichen:

Der Angeklagte hatte den Mitangeklagten dazu überredet, aus dem Haus eines Bekannten eine wertvolle Münzsammlung zu stehlen und bei Widerstand durch anwesende Personen notfalls erhebliche Gewalt anzuwenden. Nachdem der Mitangeklagte von der Ehefrau des Münzsammlers überrascht worden war, hatte er deren Hilferufe und Fluchtversuche gewaltsam unterbunden und sie mit einem Stromkabel bis zur Bewusstlosigkeit gedrosselt. Als der Mitangeklagte das Haus verlassen hatte, starb das Opfer, weil das Kabel nach dem Würgevorgang nicht wieder gelockert worden war. Der Mitangeklagte wurde wegen Raubes mit Todesfolge gem. § 251 dtStGB verurteilt, der Angeklagte hingegen nur wegen Anstiftung zum Raub sowie zur Körperverletzung. Der Angeklagte hatte zwar Gewaltanwendung gebilligt; das Landgericht Heidelberg aber konnte nicht feststellen, ob der Angeklagte in seinen Vorsatz auch körperverletzende Handlungen aufgenommen hatte, durch die das Tatopfer in die Gefahr des Todes gebracht hatte werden sollen. Hinsichtlich der Todesfolge traf den Angeklagten kein Vorwurf der Leichtfertigkeit[469]. Die vorliegende Konstellation erfasst den Fall eines Exzesses[470]: der Täter tat mehr, als ihm angesonnen worden war. Daher haftet der Anstifter nur für den Teil der Straftat, der seinem Willen entsprach, nicht jedoch für den überschießenden Teil. Die vom Angeklagten beabsichtigte Tat war durch die des Mitangeklagten vollständig verwirklicht worden, nämlich ein Raub gem. § 249 dtStGB sowie eine Körperverletzung nach § 223 dtStGB.

---

[467] Vgl. WK-*Fabrizy*, § 13 Rn. 1 und 4; *Triffterer*, Beteiligungslehre, S. 43 ff.; *Kienapfel/Höpfel*, AT, E 2 Rn. 29; *Kienapfel*, JBl 1974, 113 (118); *Leukauf/Steininger*³, § 12 Rn. 8.

[468] Vgl. *Jescheck/Weigend*, § 61 VII 1; *Jakobs*, AT, S. 661 ff.; *Stratenwerth*, AT I, § 12 Rn. 123 ff.; *Wessels/Beulke*, AT, Rn. 553.

[469] Vgl. *BGH*, GA 1986, 450 = NJW 1987, 77.

[470] Vgl. Sch/Sch-*Cramer/Heine*, § 26 Rn. 22 und Vorbem §§ 25 ff. Rn. 43; LK-*Roxin*, § 26 Rn. 89; *Jakobs*, AT, S. 669 f.; *Gropp*, AT, § 13 Rn. 133; *Maurach/Gössel/Zipf*, AT II, § 51 III B.

Keinen Exzess der ausführenden Täter, sondern die Verwirklichung eines Deliktes, das sich in tatbestandlicher Hinsicht von dem unterscheidet, welches sich der Teilnehmer vorgestellt hatte, behandelt folgender Fall: Die Angeklagten W und B hatten dem Landwirt M gedroht, sie könnten ihn wegen eines Devisenvergehens verhaften und gerichtlich bestrafen lassen, wenn er ihnen kein Geld aushändige. Der Mitangeklagte D hatte hierzu dem M vorgespiegelt, es schwebten schon behördliche Ermittlungen gegen ihn. D hatte zwar die Angeklagten W und B unterstützen wollen, ihm war jedoch nicht bekannt gewesen, dass diese das Opfer nicht getäuscht, sondern bedroht hatten. Während W und B wegen Erpressung gem. § 253 dtStGB verurteilt wurden, befand das Landgericht Braunschweig den Angeklagten D nur der Beihilfe zum Betrug nach §§ 263, 27 dtStGB für schuldig. Der BGH bestätigte die Verurteilung aus unterschiedlichen Straftatbeständen, weil die Täuschung des D in der Drohung der Angeklagten W und B aufgehe, bei diesen daher nur Erpressung und nicht auch Betrug anzunehmen sei. Bei D hingegen fehlte die Kenntnis, dass über die Täuschung hinaus eine Drohung erfolgen sollte, weshalb sein Vorsatz nur auf einen Betrug gerichtet war. Nach Ansicht des BGH muss der Gehilfe »*zwar einen bestimmten Tatbestand, der durch einen anderen verwirklicht werden soll [...] im Auge haben. Es kommt aber nicht darauf an, ob die Haupttat ihrer rechtlichen Beurteilung nach dieselbe ist, die sich der Hilfeleistende vorstellt; sie muß sich nur im wesentlichen mit der decken, die er fördern will.*«[471]. Die Begründung zeigt, dass der BGH die Haupttat als Bezugspunkt der Teilnahme nicht in einem derart engen Sinn versteht, dass sie nach rechtlicher Würdigung den*selben* Straftatbestand erfassen muss, wie ihn sich der Teilnehmer vorstellt. Vielmehr muss dieser nur die *gleiche* Straftat im weiteren, untechnischen Sinn in seinen Vorsatz aufnehmen. *Montenbruck* vermutet in Entscheidungen wie der vorliegenden die Annahme eines »*gemeinsamen außergesetzlichen Grundtatbestandes*« von Haupttat und Teilnahme. Dieser weise einen gemeinsamen Unrechtskern auf[472]. Im dargestellten Fall wollten alle Beteiligten zur Erlangung eines rechtswidrigen Vermögensvorteils das Opfer durch Einwirkung auf dessen freie Willensbildung zu einer selbstschädigenden Handlung bzw. Vermögensverfügung veranlassen; W und B im Wege der Drohung, D lediglich durch Täuschung[473].

Vom BGH bejaht wurde auch die Möglichkeit mittäterschaftlicher Begehung von Nötigung und Raub: Die Angeklagten A und B hatten dem Opfer X gewaltsam Geld abgenommen. Während bei B die Absicht rechtswidriger Zu-

---

[471] Vgl. *BGH*St **11**, 66.

[472] Vgl. *Montenbruck*, Abweichung der Teilnehmervorstellung von der verwirklichten Tat, ZStW 84, 323 (342 f.); vgl. auch *Lang-Hinrichsen*, Bemerkungen zum Begriff der „Tat“ im Strafrecht, Engisch-FS, 353 (378 f.).

[473] Vgl. im Einzelnen zu den Voraussetzungen von Betrug und Erpressung *Wessels/Hillenkamp*, BT II, Rn. 489 und 704; *BGH* bei Dallinger, MDR 1972, 197; kritisch *Schünemann*, Raub und Erpressung, JA 1980, 486.

eignung unzweifelhaft zu bejahen und damit Raub gem. § 249 dtStGB anzunehmen war, entfiel diese Absicht bei A. Gegenüber dem Opfer hatte A einen schuldrechtlichen Anspruch auf Erstattung von 16,20 DM, weil er dem X diesen Betrag mehrere Tage zuvor zur Begleichung seiner Schulden ausgelegt hatte. Daher sei nach Ansicht des BGH eine unterschiedliche rechtliche Würdigung des Verhaltens der Angeklagten geboten und entgegen der Auffassung des Landgerichts A nur wegen Nötigung nach § 240 dtStGB zu verurteilen[474].

Während in diesem Fall eine tatbestandliche Verwandtschaft zwischen den unterschiedlichen Delikten gegeben ist, weil die (qualifizierte) Nötigung im Tatbestand des spezielleren Raubes enthalten ist[475], musste sich der BGH in einer anderen Entscheidung damit auseinandersetzen, ob Mittäterschaft auch zwischen zwei Delikten möglich ist, die völlig unabhängig voneinander eigenständige Tatbestände darstellen. Die Angeklagte P hatte ihren Sohn M dazu überredet, gemeinsam eine Tante der P zu töten, um Wertgegenstände und Geld der älteren Dame zu erlangen sowie in den baldigen Genuss der erhofften Erbschaft zu kommen. Nachdem das Opfer infolge der Verabreichung von Tabletten durch die Angeklagte nicht vergiftet worden, sondern lediglich in tiefen Schlaf gefallen war, hatte M das Opfer auf Anweisung der P mit einer Bleikristallvase erschlagen. M wurde lediglich aus § 212 dtStGB bestraft, denn er hatte es weder auf das Vermögen der älteren Dame abgesehen, noch deren Schlaf bewusst ausnutzen wollen. Der Annahme von Heimtücke stand seine erheblich verminderte Steuerungsfähigkeit aufgrund hirnorganischer Schädigung und zugleich stark affektierter Erregung während der Tatausführung entgegen. Die Angeklagte P wurde wegen Mordes verurteilt, weil sie nicht nur habgierig gehandelt, sondern auch den Schlaf des Opfers bewusst ausgenutzt hatte. Im vorliegenden Fall sprach sich der BGH für die Möglichkeit mittäterschaftlicher Begehungsweise von Mord und Totschlag aus, obwohl diese Delikte nach ständiger Rechtsprechung als selbstständige, voneinander unabhängige Tatbestände mit verschiedenem Unrechtsgehalt begriffen werden. Nach Ansicht des BGH sei Mittäterschaft nicht nur bei Erfüllung desselben Grundtatbestandes möglich; § 25 Abs. 2 dtStGB erfordere lediglich, dass Mittäter *„die Straftat“* gemeinschaftlich begehen, nicht jedoch, dass sie denselben Straftatbestand erfüllen. Die gleiche Straftat sei hier darin zu sehen, dass P und M gemeinsam einen Menschen vorsätzlich getötet haben. Zudem sei Mittäterschaft nicht akzessorisch, daher könne die rechtliche Beurteilung der einzelnen Tatbeiträge auseinanderfallen[476].

Würde man die vorliegenden Fälle nach österreichischem Recht lösen, so ergäben sich – mit Ausnahme der zuletzt dargestellten Entscheidung – im Er-

---

474 Vgl. *BGH*, GA 1968, 121.

475 Vgl. *Tröndle/Fischer*, § 240 Rn. 63; *Krey*, BT II, Rn. 185.

476 Vgl. *BGH*St **36**, 231 (233 ff.) = NJW 1989, 2826 = NStZ 1990, 277 (mit Anm. *Beulke*) = JZ 1990, 96 (mit Anm. *Timpe*); vgl. hierzu auch *Küpper*, Mord und Totschlag in Mittäterschaft, JuS 1991, 639.

gebnis keine Unterschiede. Jeder Beteiligte wäre aus dem Delikt zu bestrafen, auf das sich seine Vorstellung von der Tat bezieht. Im letztgenannten Fall würde die österreichische Lösung zu einem mittäterschaftlichen Mord nach § 75 östStGB gelangen, der jede nicht priviligierte oder qualifizierte vorsätzliche Tötung erfasst[477]. Die Merkmale der Habgier und Heimtücke der P wären als besondere Erschwerungsgründe gem. § 33 Z. 5, 6 und 7 östStGB zu berücksichtigen[478].

Die Gegenüberstellung österreichischer und deutscher Urteile verdeutlicht, dass Einheitstäter- und Teilnahmelösung zu gleichen Ergebnissen führen, wenn mehrere Beteiligte mit unterschiedlichem Vorsatz an ein und derselben Tat mitwirken. Wie die dargestellten Entscheidungen zeigen, ist auch nach deutschem Recht nicht zwingend erforderlich, dass der Vorsatz von Täter und Teilnehmer sowie der gemeinsame Tatentschluss von Mittätern auf das – nach rechtlicher Wertung – selbe Delikt gerichtet sein muss; ausreichend ist vielmehr, dass sie sich auf eine – nach laienhaftem Verständnis – gleiche Straftat beziehen.

---

477 Vgl. nur WK-*Moos*, § 75 Rn. 34.

478 Vgl. *Pallin*, Die Strafzumessung in rechtlicher Sicht, Rn. 48; Leukauf/Steininger[3], § 33 Rn. 11 ff..

III) Beteiligung an Sonderdelikten, § 14 östStGB

Sonderdelikte zeichnen sich dadurch aus, dass sie spezielle Qualitäten des Tatsubjekts erfordern, nämlich das Vorliegen besonderer persönlicher Merkmale. Beteiligen sich mehrere an einem solchen Delikt und liegt die geforderte Subjektqualität bei jedem von ihnen vor, so ergeben sich keine beteiligungsspezifischen Probleme. Ist dies jedoch nicht bei allen Mitwirkenden der Fall, stellt sich die Frage nach der rechtlichen Beurteilung der einzelnen Tatbeteiligten.

§ 14 östStGB regelt das Zusammenwirken mehrerer Täter an einem Sonderdelikt und erfasst dem Grunde nach die gleiche Problematik wie § 28 dtStGB. Die österreichische Vorschrift spricht von „besonderen persönlichen Eigenschaften und Verhältnissen des Täters", die deutsche Vorschrift von besonderen persönlichen Merkmalen, unter denen nach § 14 Abs. 1 Nr. 3 dtStGB „besondere persönliche Eigenschaften, Verhältnisse und Umstände" verstanden werden. Beide Vorschriften behandeln zwar die Beteiligung an Sonderdelikten, enthalten aber unterschiedliche Regelungen: Während § 28 dtStGB zwischen strafbegründenden und -modifizierenden Merkmalen unterscheidet[479], differenziert § 14 östStGB zwischen schuld- und unrechtsbezogenen Täterqualitäten[480]. Betreffen die besonderen persönlichen Merkmale eines Deliktes ausschließlich die Schuld, so ist nach § 14 Abs. 2 östStGB die jeweilige Strafvorschrift nur auf den Beteiligten anzuwenden, bei dem diese Qualitäten vorliegen. Beziehen sich jene Merkmale jedoch auf das Unrecht der Tat, so ist gem. § 14 Abs. 1 Satz 1 östStGB die Strafvorschrift auf alle Beteiligten anzuwenden, wenn die von ihr geforderten besonderen persönlichen Eigenschaften oder Verhältnisse auch nur bei einem der Mitwirkenden gegeben sind. Im Ergebnis nähern sich österreichische und deutsche Lösung jedoch zumindest teilweise einander an, wie die folgenden Untersuchungen zeigen werden.

1) Schuldbezogene Sonderdelikte, § 14 Abs. 2 östStGB

Die Vorschrift des § 14 Abs. 2 östStGB führt das Schuldprinzip des § 4 östStGB im Anschluss an § 13 östStGB konsequent fort und stellt klar, dass auch im Rahmen der Sonderdelikte jeder Beteiligte nur für seine eigene Schuld einzustehen hat[481]. Wann ein Sonderdelikt ausschließlich schuldgeprägte oder

---

[479] Vgl. Sch/Sch-*Cramer/Heine*, § 28 Rn. 21; *Tröndle/Fischer*, § 28 Rn. 8 ff.; *Jescheck/ Weigend*, § 61 VII 4; *Wessels/Beulke*, AT, Rn. 555 ff..

[480] Vgl. hierzu die instruktive Einführung bei WK-*Fabrizy*, § 14 Rn. 2; *Triffterer*, Beteiligungslehre, S. 83 f.; *Fuchs*, AT, S. 298; *Kienapfel/Höpfel*, AT, E 7 Rn. 3 ff.; *Nowakowski*, ZnStR II 1974, 147 (150 ff.).

[481] Vgl. *Triffterer*, Beteiligungslehre, S. 84; *ders.*, AT, S. 419; WK-*Fabrizy*, § 14 Rn. 20; *Leukauf/Steininger*[3], § 14 Rn. 16; *Kienapfel/Höpfel*, AT, E 7 Rn. 44.

das Unrecht betreffende besondere persönliche Merkmale aufweist, ist im Schrifttum umstritten[482]. Die Rechtsprechung hat inzwischen nur wenige Straftatbestände anerkannt, auf die § 14 Abs. 2 östStGB Anwendung findet, so dass der Anwendungsbereich dieser Norm sehr begrenzt ist[483].

In den Gesetzesmaterialien zum neuen österreichischen StGB (Strafgesetzbuch 1975) wurde als Beispiel für § 14 Abs. 2 östStGB der Fall angeführt, dass eine Mutter ihr Kind während der Geburt tötet. Lediglich die Gebärende soll wegen ihres seelischen Ausnahmezustandes über § 79 östStGB privilegiert werden, während andere Beteiligte wegen Mordes gem. § 75 östStGB haften sollen[484]. Bereits 1978 musste sich der OGH mit dieser Konstellation auseinandersetzen: Der Angeklagte Franz R hatte seine mitangeklagte Ehefrau Anna R mehrmals eindringlich dazu aufgefordert, das gemeinsame Kind bei der Geburt zu töten. Seinem Ansinnen folgend hatte Anna R das Neugeborene unmittelbar nach der Entbindung in einen mit Wasser gefüllten Eimer gegeben und diesen mit einem Deckel verschlossen. Der OGH bestätigte die Verurteilung der Anna R nach § 79 östStGB sowie des Franz R wegen Mordes in Bestimmungstäterschaft gem. §§ 75, 12, 2. Fall östStGB. Das privilegierende Merkmal *„unter Einwirkung des Geburtsvorgangs“*, das nur bei einer Gebärenden vorliegen kann, betrifft nach Ansicht des OGH ausschließlich die Schuld und nicht auch das Unrecht der Tat, weil § 79 östStGB den psychischen Ausnahmezustand der entbindenden Kindesmutter erfasst. Daher war § 14 Abs. 2 östStGB zufolge nur Anna R aus § 79 zu bestrafen[485].

In einem weiteren Fall aus dem gleichen Jahr musste sich der OGH mit dem Verhältnis von Mord und Totschlag befassen. Gerhard B hatte seine Freundin Erika S durch fortgesetztes Anraten und Auffordern sowie die Drohung, die Lebensgemeinschaft mit ihr zu lösen, dazu bestimmt, sich in einer allgemein begreiflichen Gemütsbewegung dazu hinreißen zu lassen, ihr nur wenige Monate altes Kind durch Ersticken vorsätzlich zu töten. Während Erika S als unmittelbare Täterin des Totschlags nach § 76 östStGB schuldig gesprochen wurde, sah der OGH Gerhard B als Bestimmungstäter zum Mord gem. §§ 75, 12, 2. Fall östStGB an, weil das in § 76 östStGB genannte privilegierende, allein die Schuld betreffende Merkmal der *„allgemein begreiflichen heftigen Gemütsbewegung“* lediglich bei Erika S, nicht aber bei Gerhard B vorlag[486].

Nach deutschem Recht wäre in beiden Fällen von einem Totschlag gem. § 212 Abs. 1 dtStGB, sowie einer Teilnahme hieran auszugehen, wobei den Kindesmüttern die Srafzumessungsregel des § 213 Alt. 2 dtStGB zugute käme.

---

482 Vgl. nur *Nowakowski*, ZnStR II 1974, 147; *Triffterer*, Beteiligungslehre, S. 84.
483 Vgl. WK-*Fabrizy*, § 14 Rn. 21; *Leukauf/Steininger*³, § 14 Rn. 17; *Kienapfel/Höpfel*, AT, E 7 Rn. 45.
484 Vgl. EBRV 1971, 80 f. = Dok. StGB 67 r. Sp..
485 Vgl. *OGH*, SSt 49/3 = EvBl 1978/125.
486 Vgl. *OGH*, SSt 49/53; WK-*Moos*, § 76 Rn. 57.

Sowohl das Handeln der Anna R in der psychischen Ausnahmesituation unmittelbar nach der Geburt, als auch das der Erika S in Bedrängnis, Furcht und Verzweiflung ist als sonstiger minder schwerer Fall im Sinne des § 213 dtStGB anerkannt[487] und führt zu einer Strafmilderung.

Auch die „*gewerbsmäßige Begehung*" einer Tat ist nach Ansicht des OGH der Schuld zuzuordnen. Zwar wird im Schrifttum mehrheitlich die Meinung vertreten, die Gewerbsmäßigkeit sei weder ein besonderes persönliches noch ein schuldbezogenes Merkmal. Vielmehr gehöre die Gewerbsmäßigkeit zum subjektiven Tatbestand, weil für sie nach der Begriffsbestimmung des § 70 östStGB die Absicht gefordert wird, sich durch die wiederkehrende Begehung eine fortlaufende Einnahme zu verschaffen[488]. Der OGH aber sieht in ständiger Rechtsprechung – jedoch ohne hierfür eine Begründung zu geben – Delikte, die eine gewerbsmäßige Tatbegehung enthalten, als weitere Anwendungsfälle von § 14 Abs. 2 östStGB an[489]. So hob dieser die Verurteilung von drei Angeklagten wegen gewerbsmäßiger Hinterziehung von Eingangsabgaben gem. §§ 35 Abs. 2, 38 Abs. 1 lit. a östFinStrG in Beitragstäterschaft auf. Die Angeklagten hatten den Haupttäter, der gegenüber dem Zollamt für 58 importierte Gebrauchtwagen wesentlich niedrigere Wertangaben gemacht hatte, bei der Ausstellung der falschen Rechnungen unterstützt. Die bloße Kenntnis der Absichten des Haupttäters reichte jedoch nach Ansicht des OGH für die Annahme von Gewerbsmäßigkeit bei den weiteren Beteiligten nicht aus: »*Die Gewerbsmäßigkeit betrifft aber nicht das Unrecht der Tat, sondern ausschließlich die Schuld des Täters [...]; von mehreren Tatbeteiligten haften daher nach der [...] Regelung des § 14 (Abs 2) StGB für eine gewerbsmäßige Begehung nur jene, denen es bei der Tat darauf ankommt, durch deren wiederkehrende Verübung sich selbst – und nicht etwa dem unmittelbaren Täter (oder sonst einem Dritten) – eine (ihnen als unmittelbare wirtschaftliche Folge der Tat zukommende) fortlaufende Einnahme zu verschaffen*«[490]. Da nach österreichischem Recht gewerbsmäßig begehbare Delikte ausnahmslos als qualifizierende Abwandlungen eines Grundtatbestandes auftreten, wie zum Beispiel der gewerbsmäßige Diebstahl (§ 130 östStGB), Betrug (§ 148 östStGB), Schmuggel (§ 38 Abs. 1 lit. a östFinStrG) oder Suchtgiftimport (§ 12 Abs. 2 östSGG), ist diesbezüglich eine Strafbarkeit aus unterschiedlichen Straftatbeständen möglich.

Entsprechendes soll im Hinblick auf die Soldateneigenschaft bei den unechten Militärdelikten gelten. Begehen ein Soldat und eine Zivilperson gemein-

---

487 Vgl. *Tröndle/Fischer*, § 213 Rn. 16 und 13.

488 Vgl. *Kienapfel/Höpfel*, AT, E 7 Rn. 46; *Kienapfel*, BT II², § 130 Rn. 14; WK-*Fabrizy*, § 14 Rn. 22; *Fuchs*, AT, S. 299; *Wegscheider*, Die Gewerbsmäßigkeit im Strafrecht, ÖJZ 1979, 65 (66).

489 Vgl. nur *OGH*, ÖJZ-LSK 1977/359; EvBl 1978/201 = SSt 48/96; EvBl 1983/97.

490 Vgl. *OGH*, 10 Os 112/80.

sam einen militärischen Diebstahl im Sinne des § 31 östMilStG[491], so haftet der Soldat aus dieser speziellen Vorschrift, die Zivilperson lediglich wegen einfachen Diebstahls gem. § 127 östStGB, weil ihr die in der Praxis als schulderheblich eingestufte Soldateneigenschaft fehlt[492].

Die dargestellten Konstellationen zeigen, dass es sich bei den schuldgeprägten Sonderdelikten ausnahmslos um privilegierte und qualifizierte Tatbestände handelt. Weitere Abwandlungen dieser Art, die besondere persönliche Merkmale betreffen, kennen nach österreichischem Recht weder das StGB noch die strafrechtlichen Nebengesetze, so dass in der Praxis der Anwendungsbereich von § 14 Abs. 2 östStGB letztlich auf die unechten Sonderdelikte beschränkt wird[493].

Diese Tatsache wird von Seiten der Literatur als bedenklich kritisiert. Auch wenn bisher keine klaren und eindeutigen Kriterien zur Abgrenzung von unrechts- und schuldgeprägten Sonderdelikten gefunden wurden, könne diese Unterscheidung nicht mit der von echten und unechten Sonderdelikten gleichgesetzt werden. So sei es nicht nachvollziehbar, dass nach Ansicht der Rechtsprechung zwar die Soldateneigenschaft bei einem militärischen Diebstahl gem. § 31 östMilStG die Schuld, die Beamteneigenschaft aber bei den Amtsdelikten der §§ 302 ff. östStGB hingegen das Unrecht der Tat[494] betreffen soll. *Fuchs* vermutet hinter dieser Praxis des OGH das Bestreben, unerwünschte Strafbarkeitslücken zu schließen, welche sich ergäben, wenn § 14 Abs. 2 östStGB auch auf echte Sonderdelikte anzuwenden wäre. In diesem Fall gelange man nämlich zur Straflosigkeit eines nichtqualifizierten Tatbeteiligten[495]. Darüber hinaus wird auch in den Gesetzesmaterialien eine Unterscheidung in strafbegründende und strafmodifizierende Tätermerkmale ausdrücklich als verfehlt abgelehnt, weil eine solche Einteilung sich »*weder dogmatisch noch rechtspolitisch rechtfertigen*« lasse[496].

2) Unrechtsbezogene Sonderdelikte, § 14 Abs. 1 östStGB

Wesentlich problematischer stellt sich die Vorschrift des § 14 Abs. 1 östStGB dar, weil sie nicht nur in der gerichtlichen Praxis eine Vielzahl von Fragen aufwirft, sondern weil auch im Schrifttum ihre Vereinbarkeit mit den Grundgedanken einer Einheitstäterlösung umstritten ist. Darüber hinaus stößt die öster-

---

491 Österreichisches Militärstrafgesetz, abgedruckt im Anhang dieser Arbeit.

492 Vgl. *Mayerhofer/Rieder*, Nebengesetze, MilStG § 31 Rn. 2; WK-*Fabrizy*, § 14 Rn. 21; *Leukauf/Steininger*³, § 14 Rn. 17; *Fuchs*, AT, S. 299.

493 Vgl. WK-*Hager/Massauer*, §§ 15, 16 Rn. 23; *Leukauf/Steininger*³, § 14 Rn. 5.

494 Vgl. nur *OGH*, 13 Os 51/81, dargestellt und erläutert unter *B)III)2)* dieser Arbeit, S. 122.

495 Vgl. *Fuchs*, AT, S. 299.

496 Vgl. EBRV 1971, 82 l. Sp..

reichische Einheitstäterlösung in ihrer Ausprägung durch § 14 Abs. 1 östStGB auf Kritik.

Nach § 14 Abs. 1 Satz 1 östStGB »*ist das Gesetz auf alle Beteiligten anzuwenden*«, wenn die besonderen persönlichen Eigenschaften »*auch nur bei einem von ihnen vorliegen*«. Damit begeht nicht nur der *Intranëus* (d. h. das qualifizierte Tatsubjekt) alleine das Sonderdelikt, sondern auch der *Extranëus* (d. h. das nichtqualifizierte Tatsubjekt)[497]. Der extrane Beteiligte verwirklicht damit nicht nur denselben Straftatbestand, er unterliegt auch demselben Strafrahmen wie der Intranëus. Da die Rechtsprechung die Vorschrift des § 14 Abs. 2 östStGB auf die unechten Sonderdelikte beschränkt, verbleiben § 14 Abs. 1 östStGB die echten Sonderdelikte[498]. Für diese führt § 14 Abs. 1 Satz 1 zu einer Vereinheitlichung, wie folgendes Beispiel zeigt: Der Angeklagte Peter B hatte als Kontrolleur des Finanzamtes Wien im Rahmen einer steuerlichen Betriebsprüfung im Kaffeehaus der Helene A festgestellt, dass eine Nachzahlung i. H. v. etwa 600.000 Schilling zu erheben ist. Der Mitangeklagte Roland C hatte daraufhin den Kontrolleur dazu veranlasst, als steuerlichen Nachforderungsbetrag lediglich 100.000 Schilling festzusetzen und dafür von Helene A als Gegenleistung 60.000 Schilling zu fordern. Der OGH bestätigte nicht nur die Verurteilung des Kontrolleurs Peter B wegen Geschenkannahme durch Beamte gem. § 304 Abs. 1 östStGB, sondern auch die rechtliche Beurteilung, Roland C habe sich als Bestimmungstäter zu diesem Delikt gem. §§ 304 Abs. 1, 12, 2. Fall östStGB strafbar gemacht, obwohl das besondere persönliche Merkmal der Beamteneigenschaft bei diesem nicht vorgelegen hatte. In der Begründung hierzu heißt es: »*Der Angeklagte C verwirklichte [...] den Tatbestand der (von B als Haupttäter begangenen) Geschenkannahme durch Beamte nach dem § 304 Abs. 1 StGB. in der Erscheinungsform der Anstiftung, zumal die Beamteneigenschaft des Haupttäters beim letztgenannten Delikt das Unrecht der Tat betrifft (§ 14 Abs. 1 StGB.).*«[499].

Strittig ist im Hinblick auf § 14 Abs. 1 östStGB, ob nur der Intranëus unmittelbarer Täter eines unrechtsbezogenen Sonderdelikts sein kann oder ob dies auch für einen Extranëus möglich sein soll. Auf den zuletzt dargestellten Fall übertragen würde dies bedeuten: Käme eine Strafbarkeit wegen § 304 Abs. 1 östStGB für einen Nichtbeamten auch dann in Betracht, wenn ein Beamter ihn zur pflichtwidrigen Vornahme eines Amtsgeschäftes gegen Annahme eines Vorteils veranlasst?

Eine Ansicht verneint diese Möglichkeit, indem sie die Anwendungsbereiche von § 12 östStGB und § 14 östStGB strikt voneinander trennt. So erweitere § 12 östStGB die Tatbestandsmäßigkeit auf im Gesetz nicht ausdrücklich be-

---

[497] Zu diesen Begriffen vgl. WK-*Fabrizy*, § 14 Rn. 1; *Kienapfel/Höpfel*, AT, E 7 Rn. 4.

[498] Vgl. *Leukauf/Steininger*[3], § 14 Rn. 5; WK-*Hager/Massauer*, §§ 15, 16 Rn. 23; *Fuchs*, AT, S. 299.

[499] Vgl. *OGH*, 13 Os 51/81.

schriebene Verhaltensweisen, während § 14 Abs. 1 östStGB sich darin erschöpfe, die Strafbarkeit über die Intranëi hinaus auf Personen zu erweitern, denen die Subjektqualität fehle. Die Anerkennung eines extranen unmittelbaren Täters komme schon begrifflich nicht in Betracht und übergehe die Eigenart der Sonderdelikte, die gerade darin bestehe, besondere Merkmale beim Ausführungstäter zu fordern[500].

Der herrschenden Meinung zufolge ist es jedoch unerheblich, in welcher Beteiligungsform der Intranëus mitwirkt und welche Subjektqualitäten der unmittelbare Täter aufweist. § 14 östStGB enthalte keine abweichende Beteiligungsregelung für Sonderdelikte, sondern baue auf der Vorschrift des § 12 östStGB auf, wie aus der Formulierung »*so ist das Gesetz auf alle Beteiligten anzuwenden*« des § 14 Abs. 1 Satz 1 östStGB hervorgehe. Ein weiteres Argument lasse sich aus der Ausnahmevorschrift des § 14 Abs. 2 Satz 1 Alt. 1 östStGB gewinnen, derzufolge bei eigenhändigen Delikten nur der Intranëus unmittelbarer Täter sein kann. Im Umkehrschluss dazu dürfe bei allen anderen Sonderdelikten diese Einschränkung nicht gelten[501].

In einer Entscheidung aus dem Jahre 1980 sprach sich der OGH gegen die Möglichkeit aus, dass auch ein Extranëus ein Sonderdelikt als unmittelbarer Täter verwirklichen kann. Der Baustoffhändler Helmuth H wurde wegen fahrlässiger Insolvenz[502] gem. § 159 Abs. 1 Z. 1 östStGB schuldig erkannt, weil er fahrlässig die Zahlungsunfähigkeit seines Unternehmens herbeigeführt hatte. Walter H, Bruder des Angeklagten und leitender Angestellter im selben Unternehmen, wurde vom Vorwurf der fahrlässigen Krida in unmittelbarer Täterschaft freigesprochen, weil ihm »*die zum Subjekt des Sonderdeliktes nach § 159 StGB erforderliche Qualifikation als "Schuldner mehrerer Gläubiger"*« gefehlt hatte. Der OGH bestätigte diese Rechtsauffassung, weil Walter H im Hinblick auf § 159 östStGB »*mangels der dort geforderten persönlichen Qualifikation als unmittelbarer Täter nicht in Betracht*« kam[503]. In einer weiteren Entscheidung aus dem Jahre 1986 sprach sich der OGH jedoch in einem eher beiläufigen Nebensatz für die Möglichkeit unmittelbarer Täterschaft nichtqualifizierter Tatbeteiligter aus, obwohl dieses Problem für den zu beurteilenden Fall nicht von Bedeutung war. Der Angeklagte B hatte als Vorsitzender des Verwaltungsrates der Firma B-AG unberechtigte Nachtragsabrechnungen, die vom Mitangeklagten N erstellt worden waren, als richtig anerkannt und der B-AG damit einen hohen finanziellen

500 Vgl. *Kienapfel/Höpfel*, AT, E 7 Rn. 4, 8 und 10; *Burgstaller*, RZ 1975, 13 (15 und 17); *Fuchs*, AT, S. 297 f.; *Schild*, ZfRV 1976, 182 (204); *Mayerhofer*, ÖJZ 1989, 238.

501 Vgl. *Schmoller*, ÖJZ 1983, 379 (389); *Friedrich*, RZ 1986, 258 f.; *ders.*, Triffterer-FS, S. 43 (60); *Nowakowski*, ZnStR II 1974, 147 (149); *Triffterer*, Beteiligungslehre, S. 86 und 88 f.; WK-*Fabrizy*, § 14 Rn. 8f.; *Leukauf/Steininger*[3], § 14 Rn. 7.

502 In Österreich als »*fahrlässige Krida*« bezeichnet, hierzu näher WK-*Liebscher*, § 159 Rn. 1 ff..

503 Vgl. *OGH*, RZ 1980/21 (mit Anm. *Burgstaller*) = JBl 1980, 496 (mit Anm. *Liebscher*).

Schaden zugefügt. Im Rahmen der Ausführung zu den Anforderungen an die subjektive Tatseite eines Beitragstäters zur Untreue nach §§ 153, 12, 3. Fall östStGB heißt es: »*Bei der Untreue hängt aber außerdem das deliktstypische Unrecht der Tat davon ab, daß der zur Verfügung über fremdes Vermögen befugte Träger der daraus resultierenden besonderen Pflichtenstellung an der Tat – ohne sie unmittelbar ausführen zu müssen – in bestimmter Weise, und zwar vorsätzlich [...], mitwirkt (§ 14 Abs 1 Satz 2 zweiter Fall StGB);*«[504].

Ein weiteres, für die Praxis wesentlich bedeutenderes Problem wird darin gesehen, dass § 14 Abs. 1 östStGB einen nichtqualifizierten Tatbeteiligten dem gleichen Strafrahmen unterstellt wie den Intranëus selbst. Dies führe letztlich zu unbilligen Ergebnissen, weil ein Extranëus gerade nicht in dem besonderen Pflichtenverhältnis steht, wie z. B. ein Beamter gegenüber seinem Dienstherren. Vor allem im Hinblick auf die verfassungsrechtliche Vorgabe, nicht nur Gleiches gleich, sondern auch Ungleiches ungleich zu behandeln, sei die unterschiedslose Gleichstellung von Intranëus und Extranëus hinsichtlich des Strafrahmens verfehlt[505]. Um diese Strafbarkeitsausdehnung des § 14 Abs. 1 östStGB zu relativieren, wurde von *Platzgummer* noch vor Inkrafttreten des neuen östStGB im Jahr 1975 der Vorschlag unterbreitet, die Tatsache der fehlenden Subjektqualität bei einem extranen Beteiligten in den Katalog der besonderen Milderungsgründe nach § 34 Abs. 1 östStGB aufzunehmen[506]. Obwohl dieser Gedanke in der Literatur auf Zustimmung stieß[507], entschied sich der Gesetzgeber gegen diesen Vorschlag, ebenso wie gegen eine Strafrahmenverschiebung zugunsten von Extranëi. In den erläuternden Bemerkungen zur Regierungsvorlage heißt es hierzu[508]: »*In den Fällen des § 14 Abs. 1 ist die Strafdrohung des Sonderdelikts nach dem Entwurf auf alle Beteiligten anzuwenden. Zwar mag der Qualifizierte – z.B. bei einem Amtsverbrechen der Beamte oder bei einem Geheimnisverrat der zur Wahrung des Berufsgeheimnisses Verpflichtete – oft strafwürdiger sein als die Außenstehenden, die sich an seiner Tat beteiligen. Dennoch empfiehlt es sich nicht, gesonderte Strafdrohungen vorzusehen. Die gesetzlichen Strafrahmen bieten hinlänglich Spielraum. Der Sache nach handelt es sich lediglich um einen Strafzumessungsgrund. Er kann durch andere aufgewogen werden.*«. Auch wenn der Gesetzgeber an dieser Stelle selbst ausdrücklich von einem zu berücksichtigenden bzw. berücksichtigungsfähigen Strafzumessungsgrund spricht, wurde jener nicht in die Gesetzesnovelle aufgenommen.

---

504 Vgl. *OGH* in SSt 57/45 = EvBl 1987/37 = RZ 1987/4 (mit Anm. *Kienapfel*); ebenso SSt 58/74 = JBl 1988, 392 (mit Anm. *Liebscher*).

505 Vgl. *Roeder*, Der Unbegriff des „extranen" Täters und der „eigenhändigen" Delikte (zu § 14 Abs 1 StGB), JBl 1975, 561 (564 ff.).

506 Vgl. *Platzgummer*, Die „Allgemeinen Bestimmungen" des Strafgesetzentwurfes im Licht der neueren Strafrechtsdogmatik, JBl 1971, 236 (245).

507 Vgl. *Kienapfel*, StPdG I, 63 (95).

508 Vgl. EBRV 1971, 82 r. Sp. = Dok. StGB 68 l. Sp..

Zwar sind die in § 34 Abs. 1 östStGB genannten besonderen Milderungsgründe, wie sich aus dem Wort »*insbesondere*« ergibt, nur beispielhaft aufgezählt, d. h., dass auch weitere Tatsachen strafmildernd berücksichtigt werden können, wie z. B. die fehlende Subjektqualität eines extranen Beteiligten. Bei Durchsicht der zahlreichen zu § 14 Abs. 1 östStGB ergangenen Entscheidungen fällt jedoch auf, dass ein solcher spezieller Milderungsgrund in die Praxis österreichischer Strafgerichte keinen Eingang gefunden hat[509]. Die fehlende Subjektqualität wird weder ausdrücklich als Milderungsgrund angeführt und diskutiert oder seitens der Verteidigung als nicht berücksichtigt gerügt, noch ist den Entscheidungen zu entnehmen, dass der Extranëus eine gegenüber dem Intranëus mildere Strafe erfahren hätte.

Im Zusammenhang mit § 14 Abs. 1 östStGB stellt sich außerdem die Frage, ob diese Vorschrift überhaupt mit einer Einheitstäterregelung vereinbar ist. So wird die Ansicht vertreten, § 14 Abs. 1 östStGB weise akzessorische Züge auf, weil die Strafbarkeit eines Extranëus davon abhängt, ob sich gerade der Intranëus an der Tat beteiligt und durch diesen überhaupt erst das spezifische Unrecht des Sonderdeliktes verwirklicht wird[510]. Auch die Gesetzesmaterialien können in dieser Weise verstanden werden, weil es dort zum Erfordernis der besonderen persönlichen Merkmale des Intranëus heißt: »*Sie müssen vielmehr so vorliegen, daß dadurch das dem gesetzlichen Tatbild entsprechende Unrecht hergestellt wird. Trifft das zu, dann haben dieses Unrecht allerdings alle zu verantworten, die an der Tat beteiligt sind.*«[511]. Diese Bezugnahme auf das Unrecht der Haupttat erinnert an die akzessorietätsorientierte Verursachungstheorie der herrschenden Meinung im deutschen Recht, die den Strafgrund der Teilnahme neben der Verwirklichung selbstständiger Unrechtsmerkmale durch den Teilnehmer vornehmlich darin sieht, dass sich das Teilnehmerunrecht aus dem Unrecht der Haupttat ableitet[512].

Vertreter der Gegenansicht sind jedoch der Auffassung, § 14 Abs. 1 östStGB stelle keine Durchbrechung des Systems der funktionalen Einheitstäterschaft und damit des Grundsatzes der autonomen und individuellen Verantwortlichkeit aller Beteiligten dar, sondern führe den Gedanken der Einheitstäterlösung konsequent fort. Der Extranëus werde über § 14 Abs. 1 östStGB nicht mit

---

509 Vgl. hierzu z. B. *OGH*, 14 Os 117/01; 14 Os 148/00; 14 Os 128/00; 12 Os 159/96; 15 Os 124/96; 11 Os 75/96; 15 Os 34/89; 11 Os 151/87; 15 Os 131/87.

510 Vgl. *Kienapfel*, Zur Täterschaftsregelung im StGB, RZ 1975, 165 (166 Fn. 14); *Roeder*, JBl 1975, 561 (568).

511 Vgl. EBRV 1971, 82 l. Sp. = Dok. StGB 68 l. Sp..

512 Vgl. *Esser*, GA 1958, 321 (333); *Heinitz*, JR 1954, 403 (404); *Rudolphi*, ZStW 78, 67 (92); *ders.*, GA 1970, 353 (365); *Schumann*, Stree/Wessels-FS, S. 383; *Niedermair*, ZStW 107, 507 (512); *Jescheck/Weigend*, § 64 I 2; *Maurach/Gössel/Zipf*, AT II, § 50 Rn. 57.

fremdem, sondern mit seinem eigenen, originären Unrecht belastet, welches darin zu erblicken sei, an einem Sonderdelikt mitgewirkt zu haben[513].

a) Eigenhändige Delikte

Hängt bei Sonderdelikten das Unrecht der Tat davon ab, dass der Intranëus »*die Tat unmittelbar ausführt [...], so muß auch diese Voraussetzung erfüllt sein*«. Nach § 14 Abs. 1 Satz 2 Alt. 1 östStGB gilt somit für eigenhändige Delikte die zusätzliche Anforderung, dass gerade der Intranëus als unmittelbarer Täter im Sinne des § 12, 1. Fall östStGB den Tatbestand erfüllen muss[514]. Allerdings kommt dieser Vorschrift in der Praxis geringe Bedeutung zu, weil ihr zum einen nur wenige Delikte unterfallen, wie z. B. die „*Blutschande*" nach § 211 östStGB, die den Beischlaf von in gerader Linie Verwandten pönalisiert oder der „*Mißbrauch eines Autoritätsverhältnisses*" nach § 212 östStGB, der den Missbrauch Minderjähriger zur Unzucht durch deren gesetzlichen Vertreter erfasst[515]. Zum anderen sind derartige Straftatbestände kaum Gegenstand gerichtlicher Entscheidungen, vor allem in Kombination mit Beteiligungsfragen. Darüber hinaus lassen sich die eigenhändigen Sonderdelikte ohne einen Rückgriff auf § 14 Abs. 1 Satz 2 Alt. 1 östStGB lösen[516], wie folgender, vom OGH entschiedener Fall verdeutlicht: Der Angeklagte H wurde vom Landesgericht Wien unter anderem aus § 212 Abs. 1 östStGB bestraft, weil er seinen minderjährigen Sohn mit Gewalt dazu gezwungen hatte, mit der Mitangeklagten G geschlechtlich zu verkehren. Diese rechtliche Beurteilung hielt der Überprüfung durch den OGH nicht stand, weil seiner Ansicht zufolge Missbrauch im Sinne des § 212 östStGB »*Mißbrauch zu eigener Unzucht bedeutet, wie sich aus dem Vergleich mit § 213 StGB (arg. "Unzucht mit einer anderen Person") ergibt. Mißbrauch eines Autoritätsverhältnisses zur Unzucht ist ein eigenhändiges Delikt, das nur vorliegt, wenn der Täter selbst mit dem Opfer in sexuellen Kontakt tritt*«[517]. § 14 östStGB wird in der vorliegenden Entscheidung nicht erwähnt, die Lösung vielmehr aus dem Wortlaut des Deliktes selbst gefunden.

---

513 Vgl. *Triffterer*, Beteiligungslehre, S. 60; *ders.*, AT, S. 416; *Friedrich*, RZ 1986, 258 (260); WK-*Fabrizy*, § 14 Rn. 4.

514 Vgl. WK-*Fabrizy*, § 14 Rn. 14; *Leukauf/ Steininger*³, § 14 Rn. 10.

515 Vgl. *Mayerhofer*, § 14 Rn. 7; *Nowakowski*, ZnStR II 1974, 147 (157).

516 Vgl. *Fuchs*, AT, S. 304.

517 Vgl. *OGH*, 11 Os 5/91.

b) Sonderpflichtdelikte

Größere Probleme hingegen wirft die Vorschrift des § 14 Abs. 1 Satz 2 Alt. 2 östStGB auf. Sie bestimmt, dass bei Sonderdelikten, bei welchen das Unrecht der Tat davon abhängt, dass der Intranëus »*sonst in bestimmter Weise an ihr mitwirkt*«, auch diese Voraussetzung erfüllt sein muss. Mit der Formulierung »*in bestimmter Weise*« werden vor allem die sog. Sonderpflichtdelikte erfasst, die eine besondere vorsatzgeprägte Ausführungsart erfordern[518]. Zu den wichtigsten Fällen, mit denen sich die Rechtsprechung häufig zu befassen hat, zählen die Untreue gem. § 153 östStGB und der Amtsmissbrauch nach § 302 östStGB. Beide Straftatbestände setzen in subjektiver Hinsicht neben einem (bedingten) Schädigungsvorsatz zusätzlich einen wissentlichen (§ 5 Abs. 3 östStGB) Befugnismissbrauch durch den Machthaber voraus. Wer z. B. als Prokurist Ware wesentlich billiger verkauft als ihm von seinem Geschäftsherrn vorgegeben war, und damit dem Käufer eine versteckte Provisionszahlung zukommen lässt, macht sich der Untreue gem. § 153 östStGB strafbar, wenn er nicht nur eine Schädigung seines Machtgebers für möglich, sondern auch einen Missbrauch seiner ihm im Innenverhältnis eingeräumten Befugnis für gewiss hält[519]. Bei der Mitwirkung mehrerer Täter an solchen Sonderpflichtdelikten wird jedoch die Frage aufgeworfen, welche Anforderungen an den subjektiven Tatbestand sowohl des Qualifizierten als auch an den weiterer Beteiligter zu stellen sind.

Einer Ansicht zufolge sei eine doppelte Wissentlichkeit vorauszusetzen. Danach sollen nichtqualifizierte Bestimmungs- und Beitragstäter nur dann strafbar sein, wenn der Qualifizierte seine Befugnis wissentlich missbraucht und die Extranëi diesen wissentlichen Missbrauch für gewiss halten. Dies wird damit begründet, dass der Vertrauensbruch durch den Pflichtigen nicht schon dann erfolgt, wenn dieser einen Missbrauch für möglich hält, d. h. wenn er daran zweifelt, ob seine Vertretungshandlung richtig oder falsch ist. Er muss sich vielmehr des Umfangs und der Grenzen seiner Befugnis bewusst sein[520]. In mehreren Entscheidungen Anfang der 80er Jahre sah der OGH diese doppelte Wissentlichkeit als hinreichend an, äußerte sich aber nicht dazu, ob dieses Erfordernis auch notwendig sei[521]. Einem Urteil aus dem Jahre 1982 lag folgender Sachverhalt zugrunde: Der Angeklagte P war als Leiter der Teppichabteilung eines Großmarktes beschäftigt gewesen. Im Rahmen dieser Tätigkeit hatte er die Lieferung von Waren fremder Firmen vorgetäuscht, um sich den Gegenwert selbst auszuzahlen. Beim Fingieren des Wareneingangs war er vom Mitangeklagten R, der

---

518 Vgl. *Leukauf/Steininger*³, § 14 Rn. 11; WK-*Fabrizy*, § 14 Rn. 13 und 15 ff..

519 Vgl. *OGH*, JBl 1983, 545 (mit Anm. *Liebscher*).

520 Vgl. *Fuchs*, AT, S. 302; *Pallin*, Die neuen Bestimmungen gegen Korruption und Vergabemißbrauch, ÖJZ 1982, 337 (344); *Kienapfel*, BT II¹, § 153 Rn. 76.

521 Vgl. *OGH*, JBl 1983, 545 (mit Anm. *Liebscher*); *OGH*, EvBl 1983/73; EvBl 1983/112 = ÖJZ-LSK 1983/57.

als bloßer Angestellter tätig gewesen war, unterstützt worden. Neben P wurde auch R aus § 153 östStGB verurteilt: »*R hingegen haftet [...] gemäß § 14 Abs. 1 Satz 1 und 2 StGB als Beteiligter an dem vorerwähnten Delikt des P durch einen (in Ansehung von dessen wissentlich begangenem Befugnismißbrauch gleichfalls wissentlich geleisteten) sonstigen Tatbeitrag iS des § 12, dritter Fall, StGB*«[522].

Die Gegenauffassung im Schrifttum hält es für ausreichend, dass der Qualifizierte lediglich objektiv pflichtwidrig handelt und der nichtqualifizierte Bestimmungs- oder Beitragstäter diesen objektiven Befugnismissbrauch für gewiss hält. Eine andere Ansicht sei nicht mit dem Grundgedanken der Einheitstäterlösung vereinbar, demzufolge jeder Beteiligte eigenes und originäres Unrecht verwirkliche. Wie vom OGH bereits mehrfach anerkannt, komme Bestimmungs- und Beitragstäterschaft auch dann in Betracht, wenn der unmittelbare Täter vorsatzlos handle[523]. Die Strafbarkeit weiterer Beteiligter jedoch davon abhängig zu machen, ob der Qualifizierte nicht nur bedingt vorsätzlich, sondern sogar wissentlich handeln müsse, stelle einen klaren Systembruch dar, der zu einer – zumindest auf diese Fälle beschränkte – Anerkennung der limitierten qualitativen Akzessorietät hinauslaufe[524].

Eine vermittelnde Lösung sieht es für die Strafbarkeit eines extranen Beteiligten als ausreichend an, dass der Qualifizierte seine Befugnis zumindest bedingt vorsätzlich missbrauche und der Extranëus dies für gewiss halte. Das minimale Erfordernis des bedingten Vorsatzes beim Qualifizierten wird darauf gestützt, dass Missbrauch nicht nur sprachlich, sondern auch von seinem materiellen Gehalt her stets vorsätzlicher Fehlgebrauch ist[525].

Dem hat sich nun auch der OGH angeschlossen, wie folgendes Beispiel verdeutlicht: Der Angeklagte B hatte als Vorsitzender des Verwaltungsrates der Firma B-AG unberechtigte Nachtragsabrechnungen, die vom Mitangeklagten N, einem Subunternehmer, erstellt worden waren, als richtig anerkannt und damit der B-AG einen Schaden von mehr als 28 Mio. Schilling zugefügt. Der Mitangeklagte N, der vom Landesgericht Graz des Beitrags zur Untreue des B verurteilt wurde, rügte erfolgreich die unzureichenden Feststellungen des Erstgerichts in Ansehung der subjektiven Tatseite der bei ihm angenommenen Beitragstäterschaft. Zu den Anforderungen, welche an einen nichtqualifizierten Beitragstäter bei Untreue zu stellen sind, heißt es: »*Beitragstäterschaft (§ 12 dritter Fall*

[522] Vgl. *OGH*, EvBl 1983/73.

[523] Vgl. nur *OGH*, 10 Os 201/84 und *OGH*, EvBl 1995/6 = JBl 1994, 627 (mit Anm. *Burgstaller*).

[524] Vgl. *Triffterer*, Beteiligungslehre, S. 88 f.; *Schmoller*, ÖJZ 1983, 379 (389).

[525] Vgl. *Nowakowski*, ZnStR II 1974, 147 (158); *Fabrizy* in WK, § 12 Rn. 69 und § 14 Rn. 15; *Friedrich*, RZ 1986, 258 (260 f.); *Leukauf/Steininger*³, § 14 Rn. 11 und § 153 Rn. 46; *Steininger*, Typische Erscheinungsformen der Wirtschaftskriminalität und ihre Bekämpfung, ÖJZ 1982, 589 (595).

StGB) zur Untreue nach § 153 Abs 1 StGB setzt demnach auf der subjektiven Tatseite voraus, daß der betreffende Täter einen vorsätzlichen Befugnismißbrauch durch die im besonderen Verpflichtungsverhältnis stehenden Mitwirkenden für gewiß hält; das spezifische Tatunrecht wird schon durch einen auch nur bedingt vorsätzlichen Bruch des besonderen Vertrauensverhältnisses durch den Qualifizierten verwirklicht, der tatbestandsmäßige besondere Vorsatz des nichtqualifizierten Beteiligten jedoch setzt sein Wissen davon voraus«[526].

Dieser Rechtsprechung[527] wird entgegengehalten, dass das Postulat eines Doppelvorsatzes für Beitragende und Bestimmende nur in einem akzessorischen Teilnahmesystem aufgestellt werde und dass eine solche Auslegung zu einer Privilegierung selbst nicht treupflichtiger Beteiligter führe. Diesen könne nämlich kaum nachgewiesen werden, ob sie die Wissentlichkeit oder auch nur bedingte Vorsätzlichkeit des Pflichtigen für gewiss gehalten haben. Eine mit dem System der funktionalen Einheitstäterschaft vereinbare Lösung sei lediglich darin zu erblicken, das objektive Unrecht als Bezugspunkt für die Wissentlichkeit des Extranëus zu wählen[528]. Entscheidungen des OGH aus jüngerer Zeit zeigen jedoch, dass die Rechtsprechung – von dieser Kritik unbeeindruckt – weiterhin auf das Erfordernis eines Doppelvorsatzes abstellt[529].

3) Vergleich mit § 28 Abs. 1 und 2 dtStGB

Die Untersuchungen zu § 14 östStGB zeigen, dass sich die österreichische Lösung im Bereich der Sonderdelikte dem deutschen Recht teilweise annähert. § 14 östStGB differenziert zwar zwischen unrechts- und schuldbezogenen Sonderdelikten, die Rechtsprechung aber gelangt zu einer Unterscheidung in echte und unechte Sonderdelikte. Dies entspricht im Wesentlichen der Zweiteilung des § 28 dtStGB, der in Abs. 1 strafbegründende, in Abs. 2 strafmodifizierende Sonderdelikte erfasst[530].

Zu den Ergebnissen, welche im Wege des § 14 Abs. 2 östStGB erreicht werden, kommt das deutsche Recht ebenfalls über § 28 Abs. 2 dtStGB. Enthalten qualifizierende oder privilegierende Abwandlungen besondere persönliche Merkmale, so gelten diese gem. § 28 Abs. 2 dtStGB nur für den Beteiligten, bei dem sie tatsächlich vorliegen, wie folgender Fall verdeutlicht: Das Landgericht

---

[526] Vgl. *OGH*, EvBl 1987/37 = RZ 1987/4 (mit krit. Anm. *Kienapfel*).

[527] Vgl. auch *OGH*, JBl 1988, 392 (mit Anm. *Liebscher*) = SSt 58/74.

[528] Vgl. *Kienapfel*, Anm. zu OGH, RZ 1987, 19 f.; *ders.*, BT II², § 153 Rn. 98 unter ausdrücklicher Aufgabe seiner bisher vertretenen Auffassung in *Kienapfel*, BT II¹, § 153 Rn. 76; *Kienapfel/Höpfel*, AT, E 7 Rn. 36.

[529] Vgl. hierzu nur *OGH*, JBl 1990, 331 mit Leitsatzberichtigung in JBl 1990, 468; JBl 1991, 532; EvBl 1998/80.

[530] Vgl. *Wessels/Beulke*, AT, Rn. 555 ff.; LK-*Roxin*, § 28 Rn. 60 ff. und 72 ff..

Aachen hatte die Angeklagte wegen Beihilfe zur gewerbsmäßigen Hehlerei nach §§ 260, 27 dtStGB verurteilt, der BGH hob diese Verurteilung auf und sprach die Angeklagte nur der Beihilfe zur einfachen Hehlerei gem. §§ 259, 27 dtStGB schuldig. Den Feststellungen des Landgerichts war nicht zu entnehmen, dass die Angeklagte selbst die Voraussetzungen gewerbsmäßigen Handelns erfüllt hatte. Da es sich bei der Gewerbsmäßigkeit um ein strafschärfendes persönliches Merkmal im Sinne des § 28 Abs. 2 dtStGB handelt, war die Angeklagte nicht wie der Täter aus dem qualifizierten Tatbestand, sondern aus dem Grundtatbestand schuldig zu sprechen[531]. Über § 28 Abs. 2 dtStGB gelangt die deutsche Lösung somit zu einer echten Akzessorietätsdurchbrechung[532].

Die mit § 14 Abs. 1 östStGB vergleichbare Vorschrift des § 28 Abs. 1 dtStGB bestimmt für echte Sonderdelikte, dass die Strafe des Teilnehmers, bei dem die besonderen persönlichen Merkmale nicht vorliegen, nach § 49 Abs. 1 dtStGB zu mildern ist. So hob der BGH ein Urteil des Landgerichts München II auf, demzufolge ein Angeklagter wegen Beihilfe zur Untreue gem. §§ 266 Abs. 1, 27 dtStGB verurteilt wurde. In der Begründung des BGH heißt es, dass *»das Landgericht die Möglichkeit einer Strafmilderung nach § 28 Abs. 1 StGB nicht geprüft hat«* obwohl *»eine Strafmilderung nach dieser Vorschrift neben der Milderung nach § 27 Satz 2 StGB* (sic!) *zwingend vorgeschrieben«* ist[533]. Im Gegensatz hierzu kommt es nach österreichischem Recht bei den echten Sonderdelikten zu keiner Strafmilderung zugunsten desjenigen, bei dem die speziellen Merkmale des Sonderdeliktes nicht vorliegen. Das österreichische StGB kennt weder eine Strafrahmenverschiebung noch einen besonderen Milderungsgrund für extrane Beteiligte. Ein wesentlicher Unterschied zum österreichischen Recht besteht darin, dass es nach § 28 Abs. 1 dtStGB nicht ausreicht, dass die qualifizierenden Merkmale bei irgendeinem Beteiligten vorliegen. Erforderlich ist, dass sie gerade der Täter aufweist. Relevant ist dies vor allem bei den vorsätzlichen Tötungsdelikten, da in ständiger Rechtsprechung Mord gegenüber Totschlag nicht als qualifizierter sondern selbstständiger Tatbestand angesehen wird[534]. So hob der BGH die Verurteilung eines Angeklagten wegen Anstiftung zum Mord auf, der aus Rachsucht gegenüber amerikanischen Soldaten wahrheitswidrig angegebenen hatte, das Opfer habe mehrere Menschen erschossen. Dem Angeklagten war unter Ausnutzung der damaligen Verhältnisse die sofortige Erschießung des Opfers ohne vorherige Durchführung eines Verfahrens und ohne Nachprüfung der Richtigkeit der aufgestellten Behauptungen durch die Soldaten gelungen. Diese hatten lediglich einen Totschlag gem. § 212 dtStGB

---

531 Vgl. *BGH*, StV 1994, 17.

532 Vgl. Sch/Sch-*Cramer/Heine*, § 28 Rn. 8; *Gropp*, AT, § 10 C Rn. 115; *Maurach/Gössel/Zipf*, AT II, § 52 III D Rn. 118; *Jakobs*, AT, S. 678 ff..

533 Vgl. *BGH*, wistra 1994, 139.

534 Vgl. nur *BGH*St **22**, 375 (377); **24**, 106 (110 f.); sowie LK-*Jähnke*, Vor § 211 Rn. 41 mwN..

begangen. Der Angeklagte war daher nur der Anstiftung zum Totschlag schuldig zu sprechen[535]. Nach Ansicht des OGH hingegen ist dieses Erfordernis, wie es von § 28 Abs. 1 dtStGB aufgestellt wird, für § 14 Abs. 1 östStGB nicht zwingend; der Träger der besonderen persönlichen Merkmale kann in jeder beliebigen Beteiligungsform mitwirken, ohne die Tat unmittelbar ausführen zu müssen[536]. Eine Annäherung der österreichischen an die deutsche Lösung ist jedoch wiederum insoweit auszumachen, als im Bereich der Sonderpflichtdelikte nach § 14 Abs. 1 Satz 2 Alt. 2 östStGB eine Abhängigkeit der Bestimmungs- und Beitragstäterschaft hinsichtlich der Haupttat gegeben ist. Entgegen dem sonst geltenden Grundsatz, dass Bestimmungs- und Beitragstäter keine vorsätzliche Haupttat voraussetzen, fordert der OGH eine zumindest bedingt vorsätzliche Pflichtwidrigkeit des handelnden Intranëus, auf welche sich der Vorsatz eines extranen Beteiligten beziehen muss[537]. Diese erhöhten Anforderungen bei Sonderpflichtdelikten führen in der Praxis dazu, dass die Tatsacheninstanzen im Hinblick auf die subjektive Tatseite der Beteiligten mehr Feststellungen zu treffen haben als bei sonstigen Delikten[538]. Neben diesem unstreitig akzessorischen Verständnis sieht sich die Vorschrift des § 14 Abs. 1 östStGB der Frage ausgesetzt, ob nicht auch sie eine akzessorische Regelung enthalte, wenn ihr zufolge die Strafbarkeit extraner Beteiligter davon abhängt, dass sich gerade der Intranëus an der Tat beteiligt[539].

---

535 Vgl. *BGH*St **1**, 373; ebenso *BGH*, NJW 1982, 2738; StV 1987, 386; kritisch hierzu *Küper* JZ 1991, 763.

536 Vgl. *OGH* in SSt 57/45 = EvBl 1987/37 = RZ 1987/4 (mit Anm. *Kienapfel*); ebenso SSt 58/74 = JBl 1988, 392 (mit Anm. *Liebscher*).

537 Vgl. hierzu nur *OGH*, JBl 1990, 331 mit Leitsatzberichtigung in JBl 1990, 468; JBl 1991, 532; EvBl 1998/80.

538 Vgl. *Kienapfel*, Anm. zu OGH, RZ 1987, 19 f.; *ders.*, BT II², § 153 Rn. 98; *Kienapfel/Höpfel*, AT, E 7 Rn. 36.

539 Vgl. *Kienapfel*, RZ 1975, 165 (166 Fn. 14); *Roeder*, JBl 1975, 561 (568).

IV) Die Versuchsstrafbarkeit, § 15 östStGB

Die Strafbarkeit des Versuches ist in § 15 östStGB geregelt, der neben dem Versuch des Einzeltäters auch Kombinationen aus Versuch und Beteiligung erfasst. Dabei ist zwischen zwei möglichen Konstellationen zu unterscheiden: Dem Versuch der Beteiligung, sowie der Beteiligung am Versuch[540].

1) Versuch der Beteiligung

Gelingt es einem Mitwirkenden nicht, den unmittelbaren Täter zur Begehung einer strafbaren Handlung zu bewegen, weil die Bestimmung misslungen oder erfolglos geblieben ist[541], oder ist das Bemühen, einen anderen bei der Vorbereitung oder Ausführung einer Tat zu unterstützen vergeblich gewesen[542], so liegt eine versuchte Beteiligung vor.

In Einheitstätersystemen ist eine Tat bereits versucht, sobald auch nur einer der Beteiligten in das Versuchsstadium eintritt. Dies folgt aus dem Grundsatz, dass jeder Mitwirkende unabhängig von weiteren Beteiligten den jeweiligen Tatbestand selbstständig verwirklicht und für die strafrechtliche Beurteilung eines jeden Einzelnen nicht die anderer Mitwirkender maßgebend ist[543]. Demnach wäre sowohl der Bestimmungs-, als auch der Beitragsversuch strafbar. Um einer derartigen Ausuferung der Strafbarkeit entgegenzuwirken[544], definiert § 15 Abs. 2 östStGB den Versuch wie folgt: »*Die Tat ist versucht, sobald der Täter seinen Entschluß, sie auszuführen oder einen anderen dazu zu bestimmen (§ 12), durch eine der Ausführung unmittelbar vorangegangene Handlung betätigt*«. Nach dieser Vorschrift wird als Versuch der Tat lediglich die versuchte unmittelbare Ausführung, wie auch die versuchte Bestimmung verstanden[545]. Im Gegensatz zur versuchten Bestimmungstäterschaft wird die versuchte Beitragstäterschaft nicht erwähnt[546]. Diese ist damit per argumentum e contrario straflos[547].

Der Bestimmungsversuch ist nach § 15 Abs. 2 östStGB stets strafbar, unabhängig von der Schwere des angesonnenen Deliktes. Er unterliegt als Versuch

---

540 Zu dieser Unterscheidung vgl. *OGH*, SSt 56/95 = EvBl 1986/174.

541 Vgl. zu diesen Erscheinungsformen statt vieler WK-*Fabrizy*, § 12 Rn. 78; ebenso *OGH*, ÖJZ-LSK 1976, 245.

542 Vgl. *Kienapfel/Höpfel*, AT, E 6 Rn. 35.

543 Vgl. *Triffterer*, Beteiligungslehre, S. 45 f.; *ders*., Strafrecht, AT, S. 387; *Kienapfel*, JuS 1974, 1 (6); ebenso *Maurach/Gössel/Zipf*, AT II, § 47 II A Rn. 11; *Jescheck/Weigend*, § 61 II 1.

544 Vgl. EBRV 1971, 83, r. Sp. = Dok. StGB 68 r. Sp..

545 Vgl. WK-*Fabrizy*, § 12 Rn. 73.

546 Vgl. *OGH*, SSt 57/16.

547 Vgl. *OGH*, SSt 50/2.

der Tat demselben Strafrahmen, wie der Versuch des unmittelbaren Täters, der Versuch wiederum demselben Strafrahmen wie die Vollendung, denn nach § 15 Abs. 1, 2. Fall östStGB gelten die Strafdrohungen gegen vorsätzliches Handeln »*nicht nur für die vollendete Tat, sondern auch für den Versuch*«. Die Tatsache, dass »*es beim Versuch geblieben ist*«, wird jedoch als besonderer Milderungsgrund in § 34 Abs. 1 Z. 13 östStGB aufgeführt.

Aufgrund der Straflosigkeit der versuchten Beitragstäterschaft kommt der Abgrenzung der Beteiligungsformen auf Versuchsebene maßgebliche Bedeutung zu. Bereits im Rahmen der Beteiligungsformen wurde der Fall einer älteren Dame angeführt, die vom Landesgericht Innsbruck wegen des versuchten, in Form der Bestimmungstäterschaft begangenen schweren Betruges nach den §§ 146, 147 Abs. 3, 15, 12, 2. Fall östStGB für schuldig erkannt wurde. Das Urteil wurde vom OGH aufgehoben und zurückverwiesen, weil aufgrund der mehrdeutigen Sachverhaltsfeststellungen des Erstgerichts die Möglichkeit eines straflosen Beitragsversuchs nicht auszuschließen war[548].

Die Strafbarkeit der versuchten Bestimmung ohne Beschränkung auf schwere Delikte hat – anders als § 30 Abs. 1 dtStGB – zur Folge, dass beispielsweise auch das vergebliche Ansinnen gegenüber einem Beamten, eine Falschbeurkundung im Amt zu begehen strafbar ist. Diese Tat ist nach österreichischem Recht ein Vergehen im Sinne des § 17 östStGB, da sie nur mit Freiheitsstrafe bis zu drei Jahren oder Geldstrafe bedroht ist. Dies verdeutlicht folgender Fall: Der Angeklagte Abniri B hatte trotz eines gesetzlichen Feiertages sein Verkaufslokal geöffnet und damit eine Verwaltungsübertretung begangen. Als der Polizeibeamte Harald C dem Angeklagten eröffnet hatte, dass er Anzeige erstatten werde, hatte der Angeklagte diesen vergeblich zu bestimmen versucht, in die Anzeige wahrheitswidrig aufzunehmen, nicht er, Abniri B, sondern sein Vater sei im Verkaufslokal anwesend gewesen. Der Angeklagte wurde vom OGH des Vergehens »*der versuchten falschen Beurkundung und Beglaubigung im Amt nach den §§ 15, 311 StGB als Beteiligter nach § 12, zweiter Fall, StGB*« schuldig gesprochen und zu einer Geldstrafe von 60 Tagessätzen verurteilt[549].

Entscheidungen, die sich in Fällen versuchter Bestimmung mit dem besonderen Milderungsgrund des § 34 Abs. 1 Z. 13 östStGB auseinandersetzen sind zwar nicht ersichtlich, da aber der Bestimmungsversuch als Versuch der Tat selbst verstanden wird, gelten die allgemeinen Regeln zum Versuch: Wurde die Tat im Schuldspruch als Versuch qualifiziert, so führt dies, wie zahlreiche Ent-

---

[548] Vgl. *OGH*, EvBl 1995/45 = RZ 1995/43 = JBl 1996, 329 (mit Anm. *Medigovic*); vgl. auch *OGH*, SSt 57/16; vgl. auch die Darstellung und Erläuterung der Entscheidung unter *B)I)4)a)* auf S. 85 f..

[549] Vgl. *OGH*, 11 Os 76/85; zu weiteren Fällen vgl. nur *OGH*, 12 Os 117/97; 13 Os 33/94; 14 Os 145/92; 14 Os 148/88.

scheidungen des OGH zeigen, stets zu einer Strafmilderung[550]. So heißt es beispielsweise in einem Urteil, in dem der OGH die Verurteilung eines Angeklagten wegen versuchten Mordes nach §§ 75, 15 östStGB bestätigte: »*Vorerst sind die [...] Strafzumessungsgründe dahingehend zu korrigieren, daß der Umstand, daß es bei der Tatausführung gegen Richard G beim Versuch geblieben ist, dem Angeklagten zusätzlich als mildernd zugute zu halten ist. Dieser Milderungsumstand ist – entgegen der Ansicht des Erstgerichtes – bei Ausbleiben der geplanten Tatfolge stets, und zwar auch dann, wenn dies einem vom Täter nicht beeinflußten oder beeinflußbaren Zufall zuzuschreiben ist, zu berücksichtigen*«[551].

Nach deutschem Recht führt die Akzessorietät der Teilnahme grundsätzlich zur Straflosigkeit der versuchten Beteiligung, da in den Konstellationen der versuchten Anstiftung bzw. versuchten Beihilfe eine teilnahmefähige Haupttat im Sinne der §§ 26 und 27 Abs. 1 dtStGB nicht vorliegt[552]. § 30 Abs. 1 Alt. 1 dtStGB macht jedoch dahingehend eine Ausnahme, dass der Versuch einer Anstiftung zu einem Verbrechen nach den Vorschriften über den Versuch des Verbrechens zu bestrafen ist. Im Umkehrschluss hierzu bleibt auch nach deutschem Recht der Versuch der Beihilfe straflos[553]. Hinsichtlich der versuchten Beitragstäterschaft bzw. versuchten Beihilfe kommen österreichische und deutsche Lösung somit zu gleichen Ergebnissen, allerdings von unterschiedlichen Ansatzpunkten her: So erklärt § 15 Abs. 2 östStGB den Beitragsversuch für straflos, § 30 Abs. 1 Alt. 1 dtStGB hingegen nur die versuchte Anstiftung für strafbar.

Der Anwendungsbereich von § 30 Abs. 1 Alt. 1 dtStGB ist jedoch ein geringerer als der des § 15 Abs. 2 östStGB, weil es sich bei dem angesonnenen Delikt um ein Verbrechen im Sinne des § 12 Abs. 1 dtStGB handeln muss[554]. Wer vergeblich zu einem Vergehen anstiftet bleibt – anders als nach österreichischem Recht – straflos.

Für die versuchte Anstiftung sieht § 30 Abs. 1 Satz 2 dtStGB eine obligatorische Strafrahmenverschiebung nach § 49 Abs. 1 dtStGB zu Gunsten des vermeintlichen Anstifters vor. Aus den Urteilsgründen muss daher hervorgehen, dass im Rahmen der Strafzumessung der gemilderte Strafrahmen zugrundegelegt wurde[555]. Somit hat auch die versuchte Anstiftung – ebenso wie die ver-

---

550 Vgl. nur *OGH*, 13 Os 178/96; 12 Os 81/91; 13 Os 76/89; 14 Os 38/89; 14 Os 36/88; 13 Os 45/85.

551 Vgl. *OGH*, 15 Os 104/95.

552 Vgl. Sch/Sch-*Cramer/Heine*, § 30 Rn. 1 und Vorbem §§ 25 ff. Rn. 25; *Maurach/Gössel/Zipf*, AT II, § 53 II A.

553 Vgl. *Wessels/Beulke*, AT, Rn. 561; *Bloy*, Grund und Grenzen der Strafbarkeit der mißlungenen Anstiftung, JR 1992, 493 ff..

554 Vgl. *BGH*, NJW 1982, 2738; *Maurach/Gössel/Zipf*, AT II, § 53 II Rn. 21 ff..

555 Vgl. *BGH*, NStZ 1986, 453; 1987, 72 f.; NJW 1982, 2738; *BGH* bei Holtz, MDR 1986, 794; vgl auch *Fischer*, § 49 Rn. 2.

suchte Bestimmung nach österreichischem Recht – eine zwingende Strafmilderung zur Folge.

Während sich § 15 Abs. 2 östStGB auf die versuchte Bestimmung beschränkt, sanktioniert § 30 dtStGB noch weitere Vorstufen der Beteiligung. So ist gem. § 30 Abs. 1 Alt. 2 dtStGB auch die versuchte Kettenanstiftung zu einem Verbrechen nach den Vorschriften über den Versuch des Verbrechens zu bestrafen. Eine derartige Regelung enthält das österreichische Recht nicht; nach ständiger Rechtsprechung des OGH wird jedoch das Hervorrufen des Tatentschlusses zur Bestimmungstat im Sinne des § 12, 2. Fall östStGB als Veranlassung in Bezug auf den letztlich unmittelbaren Täter verstanden[556], so dass sich die versuchte Kettenbestimmung als versuchte Bestimmung zur eigentlichen Haupttat darstellt[557].

Weiter erfasst § 30 Abs. 2 dtStGB mit dem *Sich-Bereiterklären*[558] (§ 30 Abs. 2, 1. Fall dtStGB), der *Annahme des Erbietens*[559] (§ 30 Abs. 2, 2. Fall dtStGB) und der *Verabredung* (§ 30 Abs. 2, 3. Fall dtStGB) ein Verbrechen zu begehen oder zu ihm anzustiften weitere Beteiligungen im Vorbereitungsstadium einer Straftat[560]. Lediglich zur Verbrechensverabredung enthält das österreichische Recht mit dem *Verbrecherischen Komplott* nach § 277 Abs. 1 östStGB eine vergleichbare Vorschrift, welche die Verabredung zur gemeinschaftlichen Ausführung einzelner abschließend aufgezählter schwerer Verbrechen unter Strafe stellt. Als Komplottdelikte sind unter anderem die Verabredung zu Mord, Raub, erpresserischer Entführung und Menschenhandel genannt. Unabhängig vom jeweils geplanten Delikt sieht § 277 Abs. 1 östStGB eine einheitliche Strafdrohung von sechs Monaten bis zu fünf Jahren Freiheitsstrafe vor. Für die Annahme eines Komplotts ist nicht erforderlich, dass die zur gemeinsamen Tatbegehung Verabredeten beabsichtigen, als Mittäter zusammenzuwirken. So ließ der OGH die Zusage einer bloßen Gehilfentätigkeit zu einem geplanten bewaffneten Raub im Sinne der §§ 142, 143 östStGB für ein verbrecherisches Komplott ausreichen. Der Angeklagte Helmut A hatte eine Raiffeisenkasse überfallen und sich des Bargeldes bemächtigen wollen. Harald B hatte auf Veranlassung des Helmut A zugesagt, für die Tat eine Pistole zu beschaffen und Helmut A zum Tatort zu chauffieren. Nach Ansicht des OGH schied eine »*Beurteilung des Verhaltens des Angeklagte Helmut A als versuchte Bestmmung* (sic!) *zum Raub aus, weil jemand, der an einem beabsichtigten Raub selbst mitzuwirken beabsichtigt und hierfür Gehilfen anwirbt, als Komplottant und nicht als Bestim-*

---

556 Vgl. *OGH*, SSt 47/30 = EvBl 1977/34; SSt 50/30 = JBl 1979, 662; JBl 1999, 265 = RZ 1999/7, sowie WK-*Fabrizy*, § 12 Rn. 53 mwN..

557 Vgl. *OGH*, 13 Os 202/84, 13 Os 112/85, sowie WK-*Hager/Massauer*, §§ 15, 16 Rn. 197 ff..

558 Vgl. *BGH*St **6**, 346; sowie *OLG* Celle, MDR 1991, 174.

559 Vgl. hierzu Sch/Sch-*Cramer/Heine*, § 30 Rn. 24; ebenso *Wessels/Beulke*, AT, Rn. 564.

560 Vgl. *Roxin*, Die Strafbarkeit der Vorstufen der Beteiligung (§ 30 StGB), JA 1979, 169.

mungstäter zu behandeln ist«[561]. Eine Begründung für diese Rechtsauffassung ist dem Urteil des OGH jedoch nicht zu entnehmen.

Im Gegensatz zu § 277 Abs. 1 östStGB erfasst § 30 Abs. 2, 3. Fall dtStGB die Verabredung zu allen Verbrechen im formalen Sinne. Als Strafdrohung ist die des in Aussicht genommenen Deliktes maßgebend, welche jedoch zwingend gem. § 30 Abs. 2, Abs. 1 Satz 2 dtStGB i. V. m. § 49 Abs. 1 dtStGB zu mildern ist. Nach ständiger Rechtsprechung des BGH setzt eine Verbrechensverabredung jedoch voraus, dass die beabsichtigte Tat nach der Vorstellung der Beteiligten in Mittäterschaft begangen werden soll, wie folgender Fall verdeutlicht: Im Hinblick auf einen geplanten Ausbruch aus der JVA Oberhausen hatten die Gefangenen E, C und H beschlossen, einen Aufsichtsbeamten zu überwältigen, um ihn als Geisel für den geplanten Ausbruch zu benutzen. Sie hatten ihn fesseln und mit dem Tode bedrohen wollen, um dadurch die anderen Beamten gefügig zu machen. Hierzu hatte H für sich, C und E Zahnbürsten mit Rasierklingen präpariert, die als Schnittwaffen für die Bedrohung der Geisel gedacht gewesen waren. Nach Abschluss der Vorbereitungen hatte E den Angeklagten gefragt, ob er mitmachen wolle, worauf dieser erwiderte, dass er auf keinen Fall in der JVA bleibe, wenn die übrigen gingen. Der Verurteilung des Angeklagten wegen Verabredung zu einem Verbrechen der Geiselnahme gem. §§ 30 Abs. 2, 239 b Abs. 1 dtStGB durch das Landgericht Duisburg hielt der BGH entgegen, dass der zugesagte Tatbeitrag des Angeklagten wegen dessen geringen Interesses an der Tat sowie seiner Unterordnung rechtlich als Beihilfe zur Geiselnahme zu werten gewesen wäre. Die Zusage einer bloßen Gehilfentätigkeit sei jedoch für § 30 Abs. 2 dtStGB nicht ausreichend. *»Das ergibt sich aus dem Wortlaut sowie dem Sinn und Zweck dieser Vorschrift. Denn die Verabredung ist eine Vorstufe zur Mittäterschaft oder gemeinsamen Anstiftung«*. Weiter heißt es: *»Legte man der Beurteilung des Falles eine andere Rechtsansicht zugrunde, so würde der Bereich der gesetzlich eng umgrenzten strafbaren "Teilnahme ohne Haupttat" (§ 30 StGB) überdehnt. Wenn die Zusage einer Verbrechensbeihilfe straflos ist [...] kann nach dem Sinn des Gesetzes auch eine Beihilfe zu einer Verbrechensverabredung nicht strafbar sein«*[562].

Die Tatsache, dass nach österreichischem Recht keine weiteren Vorstufen der Beteiligung geregelt sind, stößt im Schrifttum auf Kritik[563]. So sei es kriminalpolitisch unausgewogen, wenn z. B. eine Verabredung zum Einbruchsdiebstahl straflos bleibt, während die versuchte Bestimmung zu diesem Delikt sehr wohl gem. §§ 15 Abs. 2, 2. Fall, 12, 2. Fall, 127, 129 Z. 1 östStGB strafbar ist[564]. Derartige Diskrepanzen ergeben sich nach deutschem Recht nicht. Sowohl die versuchte Anstiftung nach § 30 Abs. 1 Alt. 1 dtStGB, als auch die Verabre-

---

561 Vgl. *OGH*, 12 Os 51/83 = ÖJZ-LSK 1983/190.

562 Vgl. *BGH*, NStZ 1982, 244; ebenso *BGH*, NStZ 1988, 406; 1993, 137.

563 Vgl. *Kienapfel/Höpfel*, AT, E 6 Rn. 46 f. mwN.; *Zipf*, RZ 1980, 141 (146 f.).

564 Vgl. hierzu *Zipf*, RZ 1980, 141 (143); *Medigovic*, Anm. zu OGH, JBl 1996, 331 (332).

dung zur Begehung einer Straftat nach § 30 Abs. 2, 3. Fall dtStGB beziehen sich einheitlich auf Verbrechen im formalen Sinne.

2) Beteiligung am Versuch

Gelingt es entweder dem Bestimmenden, den Tatentschluss im Ausführungstäter zu wecken, oder dem Beitragenden den Haupttäter bei der Vorbereitung oder Ausführung der Tat zu unterstützen, wird die Tat des unmittelbar Ausführenden jedoch nicht vollendet, sondern bleibt im Stadium des Versuches stecken, so liegt eine Beteiligung am Versuch vor.

In diesen Fällen machen sich Bestimmungs- und Beitragstäter, ebenso wie der Ausführungstäter[565], wegen Versuches strafbar[566]. Dass die Beteiligung am Versuch wie der Versuch der Tat selbst behandelt wird[567], ergibt sich aus § 15 Abs. 1 östStGB. Dieser Vorschrift zufolge gelten die Strafdrohungen »*nicht nur für die vollendete Tat, sondern auch für den Versuch und für jede Beteiligung an einem Versuch*«. Eine *zwingende* Strafmilderung ergibt sich jedoch wiederum über § 34 Abs. 1 Z. 13 östStGB, wonach der Versuch milder zu bestrafen ist, als die vollendete Tat[568].

Strittig ist jedoch, ob auch im Versuchsbereich auf eine qualitative Akzessorietät zu verzichten ist. Mit anderen Worten: Ist für eine strafbare Beteiligung am Versuch stets der volle Tatvorsatz des unmittelbaren Täters erforderlich? Eine Meinung im Schrifttum bejaht diese Frage, weil ein „objektiver Versuch" dogmatisch unmöglich sei. Ein Versuch könne ohne Vorsatz nicht sinnvoll definiert werden, setze daher stets eine subjektive Tatseite voraus[569]. Die Gegenansicht hält einen objektiven Versuch für möglich und ausreichend, denn eine andere Auffassung sei mit dem Grundprinzip der Einheitstäterlösung nicht vereinbar, wonach es auf eine konkrete Strafbarkeit, insbesondere auf eine vorsätzliche Haupttat des unmittelbar Ausführenden gerade nicht ankomme[570].

Der OGH hat sich in mehreren Entscheidungen für die Möglichkeit eines objektiven Versuches ausgesprochen, wie auch im oben bereits dargestellten

---

565 Vgl. WK-*Hager/Massauer*, §§ 15, 16 Rn. 8; ebenso *Posch*, S. 223.

566 Vgl. *OGH*, SSt 50/2; 56/4; EvBl 1984/163.

567 Vgl. *Kienapfel/Höpfel*, AT, E 6 Rn. 18.

568 Vgl. nur *OGH*, 13 Os 178/96; 12 Os 81/91; 13 Os 76/89; 14 Os 38/89; 14 Os 36/88; 13 Os 45/85; sowie *Leukauf/Steininger*[3], § 34 Rn. 21 aE. und *Pallin*, Die Strafzumessung in rechtlicher Sicht, Rn. 66.

569 Vgl. *Burgstaller*, RZ 1975, 13 (16); *Lewisch*, JBl 1989, 294 (296); *Kienapfel/Höpfel*, AT, E 4 Rn. 23 und E 6 Rn. 19 und 43; *Fuchs*, StPdG 14, 1 (8 f.); *ders.*, ÖJZ 1986, 257.

570 Vgl. *Friedrich*, RZ 1986, 227 (232); *ders.*, ÖJZ 1995, 9; *Triffterer*, AT, S. 412; *Hager/Massauer* in WK, §§ 15, 16 Rn. 13 und 21; *Leukauf/Steininger*[3], § 12 Rn. 50; entgegen seiner bisher vertretenen Meinung *Fuchs*, AT, S. 289 f.

Fall der 13-jährigen Monika Sch[571]. Hierzu heißt es in den Urteilsgründen: »*Aus der Versuchsdefinition des § 15 Abs 2 StGB wird die sogenannte limitierte quantitative Akzessorietät der Beihilfe abgeleitet. Danach setzt die Strafbarkeit wegen Beitragstäterschaft (erst) ein, sobald die (geförderte) Tat des unmittelbaren Täters zumindest (objektiv) das Versuchsstadium erreicht*«[572].

Auch nach deutschem Recht ergibt sich in den Konstellationen der Beteiligung am Versuch grundsätzlich eine Strafbarkeit des Teilnehmers; es gelten jedoch zwei Einschränkungen: Es muss sich bei der versuchten Haupttat gem. § 23 Abs. 1 dtStGB um ein Verbrechen nach § 12 Abs. 1 dtStGB oder um ein Vergehen handeln, dessen Versuch ausdrücklich mit Strafe bedroht ist, andernfalls bleibt eine Teilnahme straflos. Zudem muss die im Versuch steckengebliebene Haupttat des unmittelbar Ausführenden auch vorsätzlich und rechtswidrig begangen werden, da ansonsten eine teilnahmefähige Haupttat im Sinne der §§ 26 und 27 Abs. 1 dtStGB nicht vorliegt[573]. Aus diesem Grund verneinte das OLG Düsseldorf Beihilfe zum Versuch der Einfuhr von Kriegswaffen ohne Genehmigung nach §§ 22a Abs. 1 Nr. 4, 3, Abs. 3 KWKG, 22, 23, 27 dtStGB. Zwar hatte der Beschuldigte das Zustandekommen des Kaufvertrages über Panzer- und Flugabwehrraketen maßgeblich unterstützt. Zu einer versuchten Einfuhr in die BRD und damit zu einer versuchten Haupttat war es aber nicht gekommen, weil das Schiff mit den Kriegswaffen den bulgarischen Hafen noch nicht verlassen hatte. Nach Ansicht des OLG ist auch bei einer Tat nach § 22a KWKG die Abgrenzung zwischen Versuchs- und Vorbereitungshandlungen nach den Grundsätzen des § 22 dtStGB zu ziehen. »*Der Versuch der Tat beginnt erst mit dem nach der Vorstellung des Täters unmittelbaren Ansetzen zur Tatbestandsverwirklichung. Das ist bei Einfuhrdelikten erst bei Vornahme einer Handlung anzunehmen, die nach dem Tatplan im ungestörten Fortgang unmittelbar zur Tatbestandserfüllung führen soll*«[574].

Soweit nach deutschem Recht eine Beteiligung am Versuch strafbar ist, richtet sich die Strafdrohung des Teilnehmers grundsätzlich nach der des Täters[575]. Bleibt die Haupttat im Versuch stecken, so kann die Strafe des Anstifters in gleicher Weise wie die des Täters über § 23 Abs. 2 i.V.m. § 49 Abs. 1 dtStGB gemildert werden[576]. Geschieht dies, dann kommt es für den Gehilfen aufgrund von § 27 Abs. 2 dtStGB zu einer nochmaligen, jedoch zwingenden Ermäßigung

---

571 Vgl. die Darstellung und Erörterung unter *B)I)4)a)* auf S. 83.

572 Vgl. *OGH*, EvBl 1995/6 = JBl 1994, 627 (mit Anm. *Burgstaller*); vgl. auch *OGH*, SSt 50/2; 56/7.

573 Vgl. *Wessels/Beulke*, AT, Rn. 584 f.; *Jescheck/Weigend*, § 64 III 3 und IV 3; *Stratenwerth*, AT I, § 12 Rn. 166; SK-*Hoyer*, Vor § 26 Rn. 28.

574 Vgl. *OLG Düsseldorf*, NJW 1993, 2253 (2254).

575 Vgl. LK-*Roxin*, § 26 Rn. 113 und § 27 Rn. 66.

576 Vgl. *ders.*, § 26 Rn. 113.

des Strafrahmens[577]. Nach österreichischem Recht führt die Tatsache, dass bei der Beteiligung am Versuch Bestimmungs- und Beitragstäter selbst wegen Versuches strafbar sind, in jedem Fall zu *einer* Strafmilderung (§ 34 Abs. 1 Z. 13 Alt. 2 östStGB). Welche Folgen jedoch von der Qualifikation der Beteiligten als Täter nach §§ 12, 2. und 3. Fall, 15 Abs. 1 östStGB in diesem Zusammenhang ausgehen, insbesondere, ob bei einem Beitrag zum Versuch die Strafe nochmals nach § 34 Abs. 1 Z. 6 östStGB gemildert wird, oder ob die Bestimmung zum Versuch über § 33 Z. 3 östStGB sogar zu einer Strafschärfung führt, ist weder den zur Konstellation der Beteiligung am Versuch ergangenen Urteilen zu entnehmen, noch findet sich im Schrifttum eine Auseinandersetzung zu diesem Problem.

577 Vgl. *RG*St **2**, 383; **61**, 76 (77).

V) Mehrfache Beteiligung

Beteiligen sich an einer Tat mehrere Personen, so kann es einerseits zu einer Verkettung einzelner Mitwirkungshandlungen kommen. Andererseits besteht die Möglichkeit, dass ein Beteiligter mehrere Tatbegehungsformen des § 12 östStGB erfüllt. In solchen Fällen stellt sich die Frage nach der Konkurrenz der Beteiligungsformen.

1) Verkettung von Beteiligungsformen

Keine größeren Probleme ergeben sich bei der Verkettung von Beteiligungshandlungen bzw. -formen, unter die in erster Linie die Fälle der Bestimmung zur Bestimmungstat (sog. Kettenbestimmung[578]), die Bestimmung zum sonstigen Beitrag, der Beitrag zur Beitragstat sowie der Beitrag zur Bestimmungstat fallen[579]. Nach der Formulierung des § 12 östStGB können sich Bestimmungs- und Beitragshandlung nur auf die tatbestandsmäßige Ausführungshandlung des unmittelbaren Täters selbst beziehen, denn Täter nach § 12, 2. und 3. Fall östStGB ist »*jeder, der einen anderen dazu bestimmt, sie auszuführen oder der sonst zu ihrer Ausführung beiträgt*«.

Eine Bestimmung zur Bestimmungstat stellt sich demzufolge als (mittelbare) Bestimmung zur eigentlichen Ausführungstat dar, wie folgender Fall verdeutlicht: Der Angeklagte Hermann S, der nicht im Besitz einer gültigen Fahrerlaubnis gewesen war, hatte den Mitangeklagten Robert F gebeten, die beim Verkehrsamt Wien tätige Margareta M zu überreden, einen auf Hermann S lautenden Duplikatführerschein auszustellen. Dem Einwand von Hermann S, Margareta M nicht persönlich gekannt zu haben hält der OGH entgegen: »*Die Bestimmung kann [...] auch dadurch geschehen, daß sich der Bestimmer einer Mittelsperson zur Einwirkung auf den Willensentschluß des (ihm bekannten oder unbekannten) Tatausführenden bedient*«[580].

Im Fall der Veranlassung eines anderen zur Leistung eines sonstigen Tatbeitrages wird die Bestimmung als Beitrag zur Haupttat verstanden: Die Angeklagte Margarethe L, die im Besitz mehrerer Sparbücher ihres verstorbenen Mannes gewesen war, hatte die Eheleute R um die Bekanntgabe der Losungsworte gebeten, um sich die Spareinlagen unter Umgehung weiterer Erbberechtigter auszahlen zu lassen, die Eheleute R hatten sich jedoch geweigert. Wäre die

[578] Vgl. *Triffterer*, AT, S. 404; WK- *Fabrizy*, § 12 Rn. 53; *Leukauf/Steininger*[3], § 12 Rn. 30; *Kienapfel/Höpfel*, AT, E 4 Rn. 13.

[579] Zu möglichen Kombinationen siehe *Schwind*, Grundfälle der „Kettenteilnahme", MDR 1969, 13 ff..

[580] Vgl. *OGH*, SSt 47/30 = EvBl 1977/34; ebenso SSt 50/30 = JBl 1979, 662; JBl 1999, 265 = RZ 1999/7.

Angeklagte alleine zur Bank gegangen, um sich als Berechtigte auszugeben, so hätte ihr Ansinnen gegenüber den Eheleuten R auf die Erbringung eines sonstigen Tatbeitrages durch diese abgezielt. Der OGH führt hierzu aus: »*Wenngleich also eine "Bestimmung" zu einem sonstigen Tatbeitrag aus dem Begriff der Bestimmungstäterschaft iS des § 12, zweiter Fall, StGB ausscheidet, so kann die Veranlassung zur Leistung eines Tatbeitrages doch ihrerseits unter der Generalklausel des § 12, dritter Fall, StGB erfaßt werden, weil auch dadurch letztlich die Tatausführung des unmittelbaren Täters gefördert wird.*«[581].

Entsprechendes gilt hinsichtlich der Beitragshandlung zu einer Bestimmungs- oder Beitragstat; in beiden Konstellationen handelt es sich jeweils um einen sonstigen Tatbeitrag zur Haupttat[582].

Zu gleichen Ergebnissen, wenn auch mit anderer Begründung, gelangt die deutsche Rechtsprechung. Eine Teilnahme an Anstiftung oder Beihilfe wird ebenso als bloße Teilnahme an der eigentlichen Haupttat verstanden[583]. Nach Ansicht des BGH zielt im Fall der Kettenanstiftung[584] die Veranlassung zur Anstiftung letztendlich auf die Begehung der eigentlichen Haupttat ab, wobei die Anstiftungshandlungen des letzten Kettengliedes mitmotivierend über den Vordermann auf die Tat des unmittelbaren Täters durchschlägt. Vorder- wie auch Hintermann sind somit wegen Anstiftung zur Haupttat zu bestrafen[585]. In den Konstellationen der Anstiftung zur Beihilfe wird die Veranlassung eines Dritten durch den Anstifter, den Haupttäter zu unterstützen, als mittelbare Beihilfe zur Haupttat gewertet[586]. In diesem Fall beinhaltet die Anstiftung die Absicht, den Ausführenden dadurch unterstützen zu wollen, dass diesem ein weiterer Beteiligter Hilfe leisten soll. Nichts anderes gilt für die Beihilfe zur Anstiftung, wie auch die Beihilfe zur Beihilfe. Der Hintermann ist jeweils als Gehilfe zur eigentlichen Haupttat zu verurteilen. So hob der BGH eine Entscheidung des Landgerichts Augsburg auf, das den Angeklagten S wegen Anstiftung zum Versicherungsbetrug, den Angeklagten R wegen »*Beihilfe zur Anstiftung zum Versicherungsbetrug*« verurteilt hatte. In der Begründung des BGH heißt es hierzu: »*Nach herrschender Auffassung ist Beihilfe zur Anstiftung grundsätzlich Beihilfe zur Tat [...]. Zwar ist es richtig, daß die Unterstützung des Anstifters unmittelbar dessen Beteiligung fördert. Diese schließt aber die – auch finale – mittelbare Förderung der Haupttat deshalb nicht aus, so wie auch der Gehilfe des ~~Gehilfen Beihilfe zur Hau~~pttat leistet*«[587]. Da im Fall der Beihilfe zur Beihilfe

[581] Vgl. *OGH*, EvBl 1995/45 = RZ 1995/43 = JBl 1996, 329 (mit Anm. *Medigovic*).

[582] Vgl. hierzu WK-*Fabrizy*, § 12 Rn. 96; *Kienapfel/Höpfel*, AT, E 5 Rn. 25 a; *Triffterer*, AT, S. 411.

[583] Vgl. *Janß*, Die Kettenteilnahme, S. 9 ff. und 18 ff.; ebenso die zusammenfassende Darstellung des *BGH*, NStZ 1996, 562 (563).

[584] Vgl. SK-*Hoyer*, § 26 Rn. 32; Sch/Sch-*Cramer/Heine*, § 26 Rn. 13.

[585] Vgl. *BGH*St **6**, 359 (361); **7**, 234 (237); **14**, 156 (157); siehe auch *Meyer*, Zum Problem der „Kettenanstiftung", JuS 1973, 755; *Küpper*, Besondere Erscheinungsformen der Anstiftung, JuS 1996, 23 (25); *Geppert*, Die Anstiftung – Teil II, Jura 1997, 358 (364 f.).

[586] Vgl. *RG*St **59**, 396.

hilfen Beihilfe zur Haupttat leistet«[587]. Da im Fall der Beihilfe zur Beihilfe der Gehilfe nur wegen Beihilfe zur Haupttat verurteilt wird, kommt ihm auch keine doppelte, sondern nur eine einfache Herabsetzung des Strafrahmens nach § 27 Abs. 2 Satz 2 i.V.m. § 49 Abs. 1 dtStGB zugute[588].

2) Konkurrenzen

Es bleibt zu klären, wie die mehrfache Beteiligung eines einzelnen Täters rechtlich beurteilt wird, wenn er entweder an ein und derselben Tat mehrfach, jedoch in verschiedenen Beteiligungsformen mitwirkt, oder sich durch eine Handlung in mehrfacher Weise beteiligt.

a) Unechte Konkurrenzen

Das Problem der unechten Konkurrenzen stellt sich beispielsweise in folgenden Fällen:

Zur Begehung eines Raubes hatte der Angeklagte Josef T dem Gerhard S eine geladene Pistole, einen Schraubenzieher sowie eine Taschenlampe übergeben und ihm geraten, Franziska A mit der Waffe zu bedrohen und sie notfalls zu erschießen, was dann auch geschehen war. Nach der Rechtsauffassung des Kreisgerichts Wels bestimmte Josef T den Gerhard S zum Mord und Raub und trug zugleich zur Ausführung dieser Tat bei. Der OGH hielt dem entgegen, dass *»Täterschaft durch Leistung eines sonstigen Tatbeitrages iS der 3. Alternative des § 12 StGB in der Bestimmungstäterschaft (nach der 2. Alternative der eben zit Gesetzesstelle) aufgeht. Der "sonstige Beitrag" iS der 3. Alternative des § 12 StGB erfaßt nämlich als Generalklausel alle Handlungen, die eine strafbare Handlung allein oder mitverursachen und nicht bereits als "unmittelbare Täterschaft" des § 12, erste Alternative, StGB den Wortlauttatbestand erfüllen oder unter die "Bestimmung eines anderen" iS des § 12, zweite Alternative, StGB zu subsumieren sind [...]. Der mehrfache Tatbeitrag ist [...] allerdings beim Strafausmaß zu berücksichtigen«*[589].

In einem weiteren Fall hatte der Angeklagte Ronald B den Mitangeklagten Johann W dazu aufgefordert, gemeinsam mit ihm in ein Wohnhaus einzubrechen, woraufhin beide vom Landesgericht Wien wegen mittäterschaftlich begangenen Hausfriedensbruches und Sachbeschädigung nach §§ 109 und 125 östStGB verurteilt wurden. Der OGH bestätigte, dass Ronald B nur als unmittelbarer Täter und nicht zusätzlich wegen Bestimmungstäterschaft schuldig zu

---

587 Vgl. *BGH*, NStZ 1996, 562 (563).

588 Ausführlich hierzu, *RG*St **23**, 300 (305 ff.); sowie *Jescheck/Weigend*, § 64 IV 1.

589 Vgl. *OGH*, SSt 48/92 = EvBl 1978/89.

sprechen war: »*Gegenüber solch unmittelbarer Täterschaft ist Bestimmungstäterschaft aber subsidiär. Wer – so wie hier – andere dazu bestimmt, mit ihm gemeinsam eine Straftat auszuführen, haftet folglich als unmittelbarer Täter (Mittäter) und nicht als Bestimmungstäter, wobei die Tatsache der Bestimmung allerdings bei der Strafbemessung erschwerend wirkt*«[590].

Diese Begründung, in der die Bestimmungstäterschaft gegenüber unmittelbarer Täterschaft für subsidiär erklärt wird, hat zur Folge, dass sich der OGH dem Vorwurf der Widersprüchlichkeit ausgesetzt sieht, werden doch in ständiger Rechtsprechung Nichtigkeitsbeschwerden, welche sich gegen eine Verurteilung wegen der falschen Beteiligungsform richten, deshalb verworfen, weil es sich bei den drei Tätertypen des § 12 östStGB um untereinander ranggleiche Tatbegehungsformen ohne wert- oder wesensmäßige Unterschiede handle[591]. Auch im österreichischen Schrifttum wird dieses Verdrängungsverhältnis im Rahmen der Konkurrenzen als inkonsequent kritisiert[592]. Um diesen Widerspruch zu umgehen, soll auf die objektive Zurechnung der Beteiligungshandlungen abgestellt werden. Die Annahme von Bestimmungs- oder Beitragstäterschaft sei nämlich dann als überflüssig anzusehen, wenn einem Beteiligten die Tat ohnehin als unmittelbarem Täter objektiv zugerechnet werden könne[593]. Eine weitergehende Auseinandersetzung mit diesem Problem ist jedoch weder im Schrifttum noch in der Rechtsprechung zu erkennen.

Zu gleichen Ergebnissen wie der OGH gelangt die deutsche Rechtsprechung, nach der die stärkere Beteiligungsform der schwächeren vorgeht[594]. So tritt die Beihilfe hinter der Anstiftung zurück[595], die beiden Teilnahmeformen sind gegenüber der Täterschaft subsidiär[596], wie folgender Fall verdeutlicht: Der Angeklagte hatte als Bankangestellter weitere Tatbeteiligte dazu überredet, einen bewaffneten Raubüberfall auf die Bank, in der er selbst beschäftigt gewesen war, zu begehen. Hierzu hatte er ihnen wichtige Informationen geliefert wie den Zahlencode für die Hintertüre, eine selbst angefertigte Skizze über die Räumlichkeiten der Bank sowie den Zeitpunkt, zu dem die höchsten Bargeldbeträge vorhandenen waren. Die Beute hätte nach gemeinsamer Absprache geteilt werden sollen. Kurz bevor der Raubüberfall begangen worden war, hatte der Angeklagte gegenüber den anderen Beteiligten erklärt, er wolle mit der Tat nichts

---

590 Vgl. *OGH*, EvBl 1980/67 = JBl 1980, 327; *Leukauf/Steininger*[3], § 12 Rn. 42 und 55; *Wegscheider*, RZ 1979, 165; zur Subsidiarität der Beteiligungsformen siehe auch die zahlreichen Entscheidungen des *OGH* bei *Mayerhofer*, § 12 Rn. 90 ff..

591 Vgl. nur *OGH*, EvBl 1982/98; 1990/32; 1996/61.

592 Vgl. *Hochmayr*, Subsidiarität und Konsumtion, S. 76 f.; *Schmoller*, ÖJZ 1983, 337 (348 f.).

593 Vgl. *Wegscheider*, Echte und scheinbare Konkurrenz, S. 238; *Hochmayr*, Subsidiarität und Konsumtion, S. 77 f.; *Schmoller*, ÖJZ 1983, 379 (388 f.).

594 Vgl. *Jescheck/Weigend*, § 64 IV 2 mwN.; *Wessels/Beulke*, AT, Rn. 586.

595 Vgl. *RG*St **62**, 74 (75); *BGH*St **4**, 244 (247).

596 Vgl. *RG*St **44**, 207 (211); *BGH*, NStZ 1994, 29 (30); StV 2000, 136 (138).

mehr zu tun haben. Das Landgericht München II verurteilte den Angeklagten wegen Beihilfe zum schweren Raub, weil durch seine Willensänderung die Zueignungsabsicht entfallen war, so dass sein fortwirkender Tatbeitrag nur noch als Beihilfe zu bewerten war. Der BGH bestätigte zwar diese Rechtsauffassung, beanstandete aber, dass aufgrund der Feststellungen des Landgerichts die Möglichkeit naheliege, dass der Angeklagte den Tatentschluss der weiteren Tatbeteiligten geweckt habe. Hierzu heißt es: »*Treffen mehrere Beteiligungsformen (einschließlich der Mittäterschaft) einer Person an derselben Tat zusammen, so geht die weniger schwere in der schwereren auf. Dabei ist Mittäterschaft als Täterschaft gegenüber der Anstiftung die schwerere Form der Beteiligung [...]. Wäre demgegenüber davon auszugehen, daß das Verhalten des Angekl. von vornherein nur als Beihilfe zu bewerten war, so wäre, falls Anstiftung vorliegt, diese die schwerere und damit maßgebliche Form der Tatbeteiligung.*«[597].

Die Tatsache, dass die deutschen Beteiligungsformen in diesem Rangverhältnis zueinander stehen, folgt aus dem normativen Wertgefälle der §§ 25 ff. dtStGB, die eine Abstufung im Unwertgehalt der einzelnen Beteiligungsformen enthalten[598].

b) Echte Konkurrenzen

Das Problem der echten Konkurrenzen betrifft den Fall, dass sich eine Person mit nur einer Handlung in mehrfacher Weise beteiligt. Bestimmt beispielsweise der A den B dazu, eine Vielzahl von Raubüberfällen zu begehen, so stellt sich die Frage, ob hinsichtlich der Bestimmung zu den einzelnen Raubtaten Ideal- oder Realkonkurrenz anzunehmen ist. Eine Entscheidung des OGH ist bisher veröffentlicht, die eine solche Konstellation zum Gegenstand hat, sich jedoch nicht der Problematik der Konkurrenzen annimmt. Der Angeklagte Samir H hatte den Mitangeklagten Joachim Sch mit den Worten »*Bring jetzt nur einen Wagen und nach einer Woche noch einen*« telefonisch dazu aufgefordert, zwei hochwertige Pkws zu entwenden. Von Joachim Sch war jedoch nur ein Autodiebstahl begangen worden, zum Diebstahl eines weiteren Pkws war es nicht mehr gekommen. Nach Ansicht des OGH war das Ansinnen des Angeklagten Samir H im Hinblick auf den vollendeten Diebstahl als Bestimmung, hinsichtlich des nicht erfolgten Diebstahls als versuchte Bestimmung zu werten. Ohne sich mit der Frage auseinanderzusetzen, ob diese beiden Handlungen in Tateinheit oder -mehrheit zueinander stehen, bestätigte der OGH die Verurteilung von Samir H durch das Landesgericht Linz wegen »*teils vollendeten, teils versuchten gewerbsmäßigen (schweren) Diebstahls durch Einbruch als Beteiligter*«[599]. Die-

---

[597] Vgl. *BGH*, NStZ 1994, 29 (30).
[598] Vgl. hierzu LK-*Roxin*, § 26 Rn. 2; Sch/Sch-*Cramer/Heine*, Vorbem §§ 25 ff. Rn. 14.
[599] Vgl. *OGH*, SSt 47/34.

ser Formulierung ist zumindest zu entnehmen, dass der OGH die mehrfache Bestimmung durch Samir H als eine Tat versteht. Eine Besprechung dieses Urteils findet sich im österreichischen Schrifttum jedoch ebenso wenig wie eine Auseinandersetzung mit dem Problem der echten Konkurrenzen der Tatbegehungsformen des § 12 östStGB.

Nach deutschem Recht ist Idealkonkurrenz nach § 52 dtStGB grundsätzlich nur im Rahmen der Täterschaft sowie innerhalb der Teilnahme möglich. Wirkt ein Gehilfe mit einem Tatbeitrag an mehreren Haupttaten mit, so ist hinsichtlich seiner Beihilfe selbst dann Idealkonkurrenz gegeben, wenn die Haupttaten untereinander nach § 53 dtStGB in Tatmehrheit stehen, wie folgender Fall verdeutlicht: Der Ehemann der Angeklagten hatte sich mehrfach an deren Tochter vergangen. Als der Angeklagten dies bekannt geworden war, hatte sie ihren Ehemann hierauf angesprochen und ihn aufgefordert, derartige Übergriffe auf seine Stieftochter in Zukunft zu unterlassen. Nachdem dies ohne Erfolg geblieben war, hatte die Angeklagte im Interesse der Erhaltung ihrer Ehe von weiteren Schritten gegen ihren Mann abgesehen. In der Folgezeit war es in mindestens fünf Fällen zum Missbrauch der Stieftochter gekommen. Das Landgericht Bochum verurteilte die Angeklagte unter anderem wegen »*Beihilfe durch Unterlassen zum sexuellen Missbrauch von Schutzbefohlenen in 5 Fällen*«. Diese Verurteilung wegen fünf selbstständiger Handlungen hielt der rechtlichen Überprüfung durch den BGH nicht stand: »*Besteht die Beihilfe aus einer einzigen Handlung oder – wie hier – pflichtwidrigen Unterlassung, so ist sie auch dann, wenn der Haupttäter mehrere rechtlich selbständige Taten begeht, als eine Tat zu bewerten*«[600].

Tateinheit im Sinne des § 52 dtStGB von Täterschaft und Teilnahme wurde von der Rechtsprechung ausnahmsweise für den Fall anerkannt, dass Täterschaft und Teilnahme verschiedene Taten betreffen, wie eine Entscheidung des BayObLG zeigt: Der Angeklagte hatte dem Zeugen G zwei Spezialdrähte zum Ausleeren von Geldspielautomaten sowie einen alten Geldspielautomaten zum Üben verkauft. Einige Tage zuvor hatte der Angeklagte in Gegenwart von G unter Benutzung der beiden Spezialdrähte aus einem Geldspielautomaten ca. 280,- DM gestohlen, um G die Funktionsweise der Drähte vorzuführen. G hatte daraufhin in der Folgezeit 21 Diebstähle verübt. Das Schöffengericht verurteilte den Angeklagten »*wegen Diebstahls in einem besonders schweren Fall und Beihilfe zu 21 Vergehen des Diebstahls in einem besonders schweren Fall*«. Das BayObLG nahm jedoch im Ergebniss an, »*der "Demonstrationsdiebstahl" des Angekl. beinhaltete möglicherweise bereits eine erste Beihilfehandlung zu den später von G verübten 21 Diebstählen. Diese kann – bei entsprechendem Vorsatz des Angekl. – mit der zweiten Beihilfehandlung – Verkauf der Drähte und des Geldspielautomaten einige Tage später – in Fortsetzungszusammenhang*

[600] Vgl. *BGH*, NStZ 1993, 584; vgl. auch *BGH*St **37**, 214 (219).

stehen. Diese Möglichkeit liegt sogar nahe. Dann wäre der Angeklagte aber wegen Diebstahls in Tateinheit (§ 52 StGB) mit Beihilfe zum Diebstahl in 21 Fällen zu verurteilen, weil der Diebstahl zugleich den ersten Teilakt einer fortgesetzten Beihilfehandlung darstellen würde [...]. Täterschaft und Beihilfe können ausnahmsweise in Idealkonkurrenz stehen, wenn sie verschiedene Taten betreffen«[601].

Eine Beteiligung an ein und derselben Tat durch eine Handlung sowohl als Täter als auch als Teilnehmer ist nach deutschem Recht hingegen nicht möglich, weil eine Tathandlung nicht zugleich mit und ohne Tatherrschaft bzw. eigenem Interesse am Taterfolg begangen werden kann[602]. Dies ist die logische Konsequenz, welche sich aus der wesensmäßigen Differenzierung zwischen Täterschaft und Teilnahme ergibt. In der Literatur werden jedoch Fälle konstruiert, in denen es ausnahmsweise zu einer solchen Idealkonkurrenz kommen kann. Beteiligt sich beispielsweise ein Mittäter an einem Bandendiebstahl, ohne selbst Bandenmitglied zu sein, so liege in einer solchen Konstellation Idealkonkurrenz zwischen mittäterschaftlich begangenem Diebstahl und Beihilfe zum Bandendiebstahl vor. Entsprechendes soll für den Fall gelten, dass ein Mittäter an einer Tötung selbst ohne niedrige Beweggründe handelt, sein Tatbeitrag sich aber gleichzeitig als Beihilfe zum Mord des anderen Mittäters darstellt[603]. Die Tatsache, dass derartige Konstellationen ausschließlich im Schrifttum diskutiert werden, zeigt die geringe Praxisrelevanz dieses Problemkreises.

---

601 Vgl. *BayObLG*, NStZ 1991, 2582.

602 Vgl. LK-*Roxin*, § 27 Rn. 67.

603 Vgl. hierzu die Beispiele bei Sch/Sch-*Cramer/Heine*, Vorbem §§ 25 ff. Rn. 49; sowie LK-*Roxin*, § 27 Rn. 67.

C) Ergebnis der Untersuchungen

Es stellt sich nun die Frage, ob eher der Einheitstäterregelung oder der Teilnahmelösung der Vorzug zu geben ist.

Die vorangegangenen Untersuchungen haben gezeigt, dass die österreichische Lösung, wie von ihren Befürwortern behauptet, tatsächlich die einfachere ist. So erfolgt die Unterscheidung der einzelnen Beteiligungsformen ohne großen Begründungsaufwand anhand formaler und einfach nachprüfbarer Kriterien. Eine Verlagerung der auf Tatbestandsebene eingesparten Probleme in den Bereich der Strafzumessung war weder im Rahmen des § 12 östStGB, noch im Bereich der Sonderdelikte oder des Versuches zu erkennen. Darüber hinaus war festzustellen, dass den Richtern der Tatsacheninstanzen eine größere Freiheit bei der Strafzumessung eingeräumt wird, die vom OGH als Rechtsmittelgericht nicht überprüft wird.

Die deutsche Rechtsprechung hingegen ist bei der Abgrenzung von Täterschaft und Teilnahme starken Schwankungen unterworfen und lässt sich kaum fassen. So werden vom BGH zur Bestimmung der jeweiligen Tatbegehungsformen unterschiedliche, teils konträre Gesichtspunkte herangezogen, ohne dass eine klare Aussage über deren Gewichtung zu erkennen wäre. Die damit verbundenen wechselhaften Begründung führen dazu, dass sich die deutsche Rechtsprechung dem Vorwurf ausgesetzt sieht, bei der Qualifikation der Beteiligungsformen möglicherweise Strafwürdigkeitsaspekte miteinzubeziehen. Aus diesem Grund ist der von deutscher Seite erhobene Einwand, die Einheitstäterregelung stoße in rechtsstaatlicher Hinsicht auf Bedenken, zu relativieren.

Die österreichische Lösung hat weiterhin das Argument der Prozessökonomie für sich. Die Tatsache, dass nach ständiger Rechtsprechung des OGH Wahlfeststellungen bezüglich der Beteiligungsformen für zulässig erklärt und Nichtigkeitsbeschwerden, mit denen eine angeblich rechtsfehlerhafte Subsumtion des § 12 östStGB überprüft werden soll, als unbegründet verworfen werden, hat eine Entlastung österreichischer Gerichte zur Folge. Dies zeigt sich vor allem darin, dass die Zahl der auf § 12 östStGB gestützten Nichtigkeitsbeschwerden deutlich zurückgegangen ist.

Die Untersuchungen haben aber auch gezeigt, dass die grundsätzlich einfachere und praktikablere Einheitstäterlösung – wenn auch nur vereinzelt – in Begründungsschwierigkeiten gerät oder zu widersprüchlichen Ergebnissen gelangt. So können sich im Hinblick auf die Straflosigkeit des Beitragsversuches auf Versuchsebene Abgrenzungsprobleme ergeben, die eine korrekte Beurteilung des Tatverhaltens der Beteiligten erforderlich machen. Im Bereich der Sonderpflichtdelikte gelangt auch die österreichische Rechtsprechung zu einer Akzessorietät der Beteiligung, wenn sie eine doppelte Wissentlichkeit für extrane Mitwirkende voraussetzt, obwohl das Erfordernis einer qualitativen Akzessorietät stets abgelehnt wird. Im Ergebnis führt dies dazu, dass bei einer Beteiligung an einem Sonderpflichtdelikt höhere Anforderungen an die Tatsachenfeststellungen des Instanzenrichters zu stellen sind, als bei anderen Delikten. Auch die rechtliche Gleichwertigkeit aller Tatbeteiligungsformen, wie sie der OGH in ständiger Rechtsprechung betont, wird nicht konsequent durchgehalten. So ist es widersprüchlich, wenn die Bestimmung eines anderen zur Begehung einer Straftat stets als strafschärfend gewertet wird. Eine weitere Unstimmigkeit ist darin zu erblicken, dass der OGH im Wege der Gesetzeskonkurrenzen ausdrücklich von einer Subsidiarität der Bestimmungstäterschaft gegenüber unmittelbarer Täterschaft spricht.

Zusammenfassend ist jedoch festzuhalten, dass die österreichische Rechtsprechung die vom Ansatz her einfachere Einheitstäterlösung nicht zu einer komplizierten macht.

Auszug aus dem österreichischen StGB
(Strafgesetzbuch)
vom 23. Jänner 1974
BGBl I 1974/60,
idF BGBl I 1998/153

(...)

Notwehr

§ 3. (1) [1]Nicht rechtswidrig handelt, wer sich nur der Verteidigung bedient, die notwendig ist, um einen gegenwärtigen oder unmittelbar drohenden rechtswidrigen Angriff auf Leben, Gesundheit, körperliche Unversehrtheit, Freiheit oder Vermögen von sich oder einem anderen abzuwehren. [2]Die Handlung ist jedoch nicht gerechtfertigt, wenn es offensichtlich ist, daß dem Angegriffenen bloß ein geringer Nachteil droht und die Verteidigung, insbesondere wegen der Schwere der zur Abwehr nötigen Beeinträchtigung des Angreifers, unangemessen ist.

(2) Wer das gerechtfertigte Maß der Verteidigung überschreitet oder sich einer offensichtlich unangemessenen Verteidigung (Abs. 1) bedient, ist, wenn dies lediglich aus Bestürzung, Furcht oder Schrecken geschieht, nur strafbar, wenn die Überschreitung auf Fahrlässigkeit beruht und die fahrlässige Handlung mit Strafe bedroht ist.

Keine Strafe ohne Schuld

§ 4. Strafbar ist nur, wer schuldhaft handelt.

Vorsatz

§ 5. (1) Vorsätzlich handelt, wer einen Sachverhalt verwirklichen will, der einem gesetzlichen Tatbild entspricht; dazu genügt es, daß der Täter diese Verwirklichung ernstlich für möglich hält und sich mit ihr abfindet.

(2) Der Täter handelt absichtlich, wenn es ihm darauf ankommt, den Umstand oder Erfolg zu verwirklichen, für den das Gesetz absichtliches Handeln voraussetzt.

(3) Der Täter handelt wissentlich, wenn er den Umstand oder Erfolg, für den das Gesetz Wissentlichkeit voraussetzt, nicht bloß für möglich hält, sondern sein Vorliegen oder Eintreten für gewiß hält.

(...)

Strafbarkeit vorsätzlichen und fahrlässigen Handelns

§ 7. (1) Wenn das Gesetz nichts anderes bestimmt, ist nur vorsätzliches Handeln strafbar.

(2) Eine schwerere Strafe, die an eine besondere Folge der Tat geknüpft ist, trifft den Täter nur, wenn er diese Folge wenigstens fahrlässig herbeigeführt hat.

(...)

Behandlung aller Beteiligten als Täter

§ 12. Nicht nur der unmittelbare Täter begeht die strafbare Handlung, sondern auch jeder, der einen anderen dazu bestimmt, sie auszuführen, oder der sonst zu ihrer Ausführung beiträgt.

Selbständige Strafbarkeit der Beteiligten

§ 13. Waren an der Tat mehrere beteiligt, so ist jeder von ihnen nach seiner Schuld zu bestrafen.

Eigenschaften und Verhältnisse des Täters

§ 14. (1) [1]Macht das Gesetz die Strafbarkeit oder die Höhe der Strafe von besonderen persönlichen Eigenschaften oder Verhältnissen des Täters abhängig, die das Unrecht der Tat betreffen, so ist das Gesetz auf alle Beteiligten anzuwenden, wenn diese Eigenschaften oder Verhältnisse auch nur bei einem von ihnen vorliegen. [2]Hängt das Unrecht der Tat jedoch davon ab, daß der Träger der besonderen persönlichen Eigenschaften oder Verhältnisse die Tat unmittelbar ausführt oder sonst in bestimmter Weise an ihr mitwirkt, so muß auch diese Voraussetzung erfüllt sein.

(2) Betreffen die besonderen persönlichen Eigenschaften oder Verhältnisse hingegen ausschließlich die Schuld, so ist das Gesetz nur auf die Beteiligten anzuwenden, bei denen diese Eigenschaften oder Verhältnisse vorliegen.

Strafbarkeit des Versuches

§ 15. (1) Die Strafdrohungen gegen vorsätzliches Handeln gelten nicht nur für die vollendete Tat, sondern auch für den Versuch und für jede Beteiligung an einem Versuch.

(2) Die Tat ist versucht, sobald der Täter seinen Entschluß, sie auszuführen oder einen anderen dazu zu bestimmen (§ 12), durch eine der Ausführung unmittelbar vorangegangene Handlung betätigt.

(3) Der Versuch und die Beteiligung daran sind nicht strafbar, wenn die Vollendung der Tat mangels persönlicher Eigenschaften oder Verhältnisse, die das Gesetz beim Handelnden voraussetzt, oder nach der Art der Handlung

oder des Gegenstandes, an dem die Tat begangen wurde, unter keinen Umständen möglich war.

(...)

Einteilung der strafbaren Handlungen

§ 17. (1) Verbrechen sind vorsätzliche Handlungen, die mit lebenslanger oder mit mehr als dreijähriger Freiheitsstrafe bedroht sind.

(2) Alle anderen strafbaren Handlungen sind Vergehen.

Freiheitsstrafen

§ 18. (1) Freiheitsstrafen werden auf Lebensdauer oder auf bestimmte Zeit verhängt.

(2) Die zeitliche Freiheitsstrafe beträgt mindestens einen Tag und höchstens zwanzig Jahre.

(...)

Allgemeine Grundsätze

§ 32. (1) Grundlage für die Bemessung der Strafe ist die Schuld des Täters.

(2) [1]Bei Bemessung der Strafe hat das Gericht die Erschwerungs- und die Milderungsgründe, soweit sie nicht schon die Strafdrohung bestimmen, gegeneinander abzuwägen und auch auf die Auswirkungen der Strafe und anderer zu erwartender Folgen der Tat auf das künftige Leben des Täters in der Gesellschaft Bedacht zu nehmen. [2]Dabei ist vor allem zu berücksichtigen, inwieweit die Tat auf eine gegenüber rechtlich geschützten Werten ablehnende oder gleichgültige Einstellung des Täters und inwieweit sie auf äußere Umstände oder Beweggründe zurückzuführen ist, durch die sie auch einem mit den rechtlich geschützten Werten verbundenen Menschen naheliegen könnte.

(3) Im allgemeinen ist die Strafe umso strenger zu bemessen, je größer die Schädigung oder Gefährdung ist, die der Täter verschuldet hat oder die er zwar nicht herbeigeführt, aber auf die sich sein Verschulden erstreckt hat, je mehr Pflichten er durch seine Handlung verletzt, je reiflicher er seine Tat überlegt, je sorgfältiger er sie vorbereitet oder je rücksichtsloser er sie ausgeführt hat und je weniger Vorsicht gegen die Tat hat gebraucht werden können.

Besondere Erschwerungsgründe

§ 33. Ein Erschwerungsgrund ist es insbesondere, wenn der Täter

1. mehrere strafbare Handlungen derselben oder verschiedener Art begangen oder die strafbare Handlung durch längere Zeit fortgesetzt hat;

2. schon wegen einer auf der gleichen schädlichen Neigung beruhenden Tat verurteilt worden ist;

3. einen anderen zur strafbaren Handlung verführt hat;

4. der Urheber oder Anstifter einer von mehreren begangenen strafbaren Handlung oder an einer solchen Tat führend beteiligt gewesen ist;

5. aus rassistischen, fremdenfeindlichen oder anderen besonders verwerflichen Beweggründen gehandelt hat;

6. heimtückisch, grausam oder in einer für das Opfer qualvollen Weise gehandelt hat;

7. bei Begehung der Tat die Wehr- oder Hilflosigkeit eines anderen ausgenützt hat.

Besondere Milderungsgründe

§ 34. (1) Ein Milderungsgrund ist es insbesondere, wenn der Täter

1. die Tat nach Vollendung des achtzehnten, jedoch vor Vollendung des einundzwanzigsten Lebensjahres oder wenn er sie unter dem Einfluß eines abnormen Geisteszustands begangen hat, wenn er schwach an Verstand ist oder wenn seine Erziehung sehr vernachlässigt worden ist;

2. bisher einen ordentlichen Lebenswandel geführt hat und die Tat mit seinem sonstigen Verhalten in auffallendem Widerspruch steht;

3. die Tat aus achtenswerten Beweggründen begangen hat;

4. die Tat unter der Einwirkung eines Dritten oder aus Furcht oder Gehorsam verübt hat;

5. sich lediglich dadurch strafbar gemacht hat, daß er es in einem Fall, in dem das Gesetz die Herbeiführung eines Erfolges mit Strafe bedroht, unterlassen hat, den Erfolg abzuwenden;

6. an einer von mehreren begangenen strafbaren Handlung nur in untergeordneter Weise beteiligt war;

7. die Tat nur aus Unbesonnenheit begangen hat;

8. sich in einer allgemein begreiflichen heftigen Gemütsbewegung zur Tat hat hinreißen lassen;

9. die Tat mehr durch eine besonders verlockende Gelegenheit verleitet als mit vorgefaßter Absicht begangen hat;

10. durch eine nicht auf Arbeitsscheu zurückzuführende drückende Notlage zur Tat bestimmt worden ist;

11. die Tat unter Umständen begangen hat, die einem Schuldausschließungs- oder Rechtfertigungsgrund nahekommen;

12. die Tat in einem die Schuld nicht ausschließenden Rechtsirrtum (§ 9) begangen hat, insbesondere wenn er wegen vorsätzlicher Begehung bestraft wird;

13. trotz Vollendung der Tat keinen Schaden herbeigeführt hat oder es beim Versuch geblieben ist;

14. sich der Zufügung eines größeren Schadens, obwohl ihm dazu die Gelegenheit offenstand, freiwillig enthalten hat oder wenn der Schaden vom Täter oder von einem Dritten für ihn gutgemacht worden ist;

15. sich ernstlich bemüht hat, den verursachten Schaden gutzumachen oder weitere nachteilige Folgen zu verhindern;

16. sich selbst gestellt hat, obwohl er leicht hätte entfliehen können oder es wahrscheinlich war, daß er unentdeckt bleiben werde;

17. ein reumütiges Geständnis abgelegt oder durch seine Aussage wesentlich zur Wahrheitsfindung beigetragen hat;

18. die Tat schon vor längerer Zeit begangen und sich seither wohlverhalten hat;

19. dadurch betroffen ist, daß er oder eine ihm persönlich nahestehende Person durch die Tat oder als deren Folge eine beträchtliche Körperverletzung oder Gesundheitsschädigung oder sonstige gewichtige tatsächliche oder rechtliche Nachteile erlitten hat.

(2) Ein Milderungsgrund ist es auch, wenn das gegen den Täter geführte Verfahren aus einem nicht von ihm oder seinem Verteidiger zu vertretenden Grund unverhältnismäßig lange gedauert hat.

(...)

Gewerbsmäßige Begehung

§ 70. Gewerbsmäßig begeht eine strafbare Handlung, wer sie in der Absicht vornimmt, sich durch ihre wiederkehrende Begehung eine fortlaufende Einnahme zu verschaffen.

(...)

Andere Begriffsbestimmungen

§ 74. (1) Im Sinn dieses Bundesgesetzes ist

1. unmündig: wer das vierzehnte Lebensjahr noch nicht vollendet hat;
2. ...

Mord

§ 75. Wer einen anderen tötet, ist mit Freiheitsstrafe von zehn bis zu zwanzig Jahren oder mit lebenslanger Freiheitsstrafe zu bestrafen.

Totschlag

§ 76. Wer sich in einer allgemein begreiflichen heftigen Gemütsbewegung dazu hinreißen läßt, einen anderen zu töten, ist mit Freiheitsstrafe von fünf bis zu zehn Jahren zu bestrafen.

(...)

Mitwirkung am Selbstmord

§ 78. Wer einen anderen dazu verleitet, sich selbst zu töten, oder ihm dazu Hilfe leistet, ist mit Freiheitsstrafe von sechs Monaten bis zu fünf Jahren zu bestrafen.

Tötung eines Kindes bei der Geburt

§ 79. Eine Mutter, die das Kind während der Geburt oder solange sie noch unter der Einwirkung des Geburtsvorgangs steht, tötet, ist mit Freiheitsstrafe von einem bis zu fünf Jahren zu bestrafen.

(...)

Körperverletzung

§ 83. (1) Wer einen anderen am Körper verletzt oder an seiner Gesundheit schädigt, ist mit Freiheitsstrafe bis zu einem Jahr oder mit Geldstrafe bis zu 360 Tagessätzen zu bestrafen.

(2) Ebenso ist zu bestrafen, wer einen anderen am Körper mißhandelt und dadurch fahrlässig verletzt oder an der Gesundheit schädigt.

Schwere Körperverletzung

§ 84. (1) Hat die Tat eine länger als vierundzwanzig Tage dauernde Gesundheitsschädigung oder Berufsunfähigkeit zur Folge oder ist die Verletzung oder Gesundheitsschädigung an sich schwer, so ist der Täter mit Freiheitsstrafe bis zu drei Jahren zu bestrafen.

(2) Ebenso ist der Täter zu bestrafen, wenn die Tat begangen worden ist

1. mit einem solchen Mittel und auf solche Weise, womit in der Regel Lebensgefahr verbunden ist,
2. von mindestens drei Personen in verabredeter Verbindung,
3. unter Zufügung besonderer Qualen oder
4. an einem Beamten, Zeugen oder Sachverständigen während oder wegen der Vollziehung seiner Aufgaben oder der Erfüllung seiner Pflichten.

(3) Ebenso ist der Täter zu bestrafen, wenn er mindestens drei selbständige Taten ohne begreiflichen Anlaß und unter Anwendung erheblicher Gewalt begangen hat.

(...)

Körperverletzung mit tödlichem Ausgang

§ 86. Hat die Tat den Tod des Geschädigten zur Folge, so ist der Täter mit Freiheitsstrafe von einem bis zu zehn Jahren zu bestrafen.

(...)

Fahrlässige Körperverletzung

§ 88. (1) Wer fahrlässig einen anderen am Körper verletzt oder an der Gesundheit schädigt, ist mit Freiheitsstrafe bis zu drei Monaten oder mit Geldstrafe bis zu 180 Tagessätzen zu bestrafen.

(2) Trifft den Täter kein schweres Verschulden und ist entweder

1. die verletzte Person mit dem Täter in auf- oder absteigender Linie verwandt oder verschwägert oder sein Ehegatte, sein Bruder oder seine Schwester oder nach § 72 Abs. 2 wie ein Angehöriger des Täters zu behandeln,
2. der Täter ein Arzt, die Körperverletzung oder Gesundheitsschädigung in Ausübung der Heilkunde zugefügt worden und aus der Tat keine Gesundheitsschädigung oder Berufsunfähigkeit von mehr als vierzehntägiger Dauer erfolgt,
3. der Täter eine im Krankenpflegefachdienst, in medizinisch-technischen Diensten oder im Sanitätshilfsdienst tätige Person, die Körperverletzung oder Gesundheitsschädigung in Ausübung eines dieser Berufe zugefügt worden und aus der Tat keine Gesundheitsschädigung oder Berufsunfähigkeit von mehr als vierzehntägiger Dauer erfolgt oder
4. aus der Tat keine Gesundheitsschädigung oder Berufsunfähigkeit einer anderen Person von mehr als dreitägiger Dauer erfolgt, so ist der Täter nach Abs. 1 nicht zu bestrafen.

(3) In den im § 81 Abs. 1 Z 1 bis 3 bezeichneten Fällen ist der Täter mit Freiheitsstrafe bis zu sechs Monaten oder mit Geldstrafe bis zu 360 Tagessätzen zu bestrafen.

(4) Hat die Tat eine schwere Körperverletzung (§ 84 Abs. 1) zur Folge, so ist der Täter mit Freiheitsstrafe bis zu sechs Monaten oder mit Geldstrafe bis zu 360 Tagessätzen, in den im § 81 Z 1 bis 3 bezeichneten Fällen aber mit Freiheitsstrafe bis zu zwei Jahren zu bestrafen.

(...)

Nötigung

§ 105. (1) Wer einen anderen mit Gewalt oder durch gefährliche Drohung zu einer Handlung, Duldung oder Unterlassung nötigt, ist mit Freiheitsstrafe bis zu einem Jahr zu bestrafen.

(2) Die Tat ist nicht rechtswidrig, wenn die Anwendung der Gewalt oder Drohung als Mittel zu dem angestrebten Zweck nicht den guten Sitten widerstreitet.

(...)

Hausfriedensbruch

§ 109. (1) Wer den Eintritt in die Wohnstätte eines anderen mit Gewalt oder durch Drohung mit Gewalt erzwingt, ist mit Freiheitsstrafe bis zu einem Jahr zu bestrafen.

(2) Der Täter ist nur mit Ermächtigung des in seinen Rechten Verletzten zu verfolgen.

(3) Wer auf die im Abs. 1 geschilderte Weise in ein Haus, eine Wohnstätte, einen abgeschlossenen Raum, der zum öffentlichen Dienst bestimmt ist oder zur Ausübung eines Berufes oder Gewerbes dient, oder in einen unmittelbar zu einem Haus gehörenden umfriedeten Raum eindringt, wobei

1. er gegen eine dort befindliche Person oder Sache Gewalt zu üben beabsichtigt,
2. er oder mit seinem Wissen ein anderer Beteiligter (§ 12) eine Waffe oder ein anderes Mittel bei sich führt, um den Widerstand einer Person zu überwinden oder zu verhindern, oder
3. das Eindringen mehrerer Personen erzwungen wird, ist mit Freiheitsstrafe bis zu drei Jahren zu bestrafen.

(...)

Sachbeschädigung

§ 125. Wer eine fremde Sache zerstört, beschädigt, verunstaltet oder unbrauchbar macht, ist mit Freiheitsstrafe bis zu sechs Monaten oder mit Geldstrafe bis zu 360 Tagessätzen zu bestrafen.

(...)

Diebstahl

§ 127. Wer eine fremde bewegliche Sache einem anderen mit dem Vorsatz wegnimmt, sich oder einen Dritten durch deren Zueignung unrechtmäßig zu bereichern, ist mit Freiheitsstrafe bis zu sechs Monaten oder mit Geldstrafe bis zu 360 Tagessätzen zu bestrafen.

Schwerer Diebstahl

§ 128. (1) Mit Freiheitsstrafe bis zu drei Jahren ist zu bestrafen, wer einen Diebstahl begeht

1. während einer Feuersbrunst, einer Überschwemmung oder einer allgemeinen oder doch dem Bestohlenen zugestoßenen Bedrängnis oder unter Ausnützung eines Zustands des Bestohlenen, der ihn hilflos macht,
2. in einem der Religionsübung dienenden Raum oder an einer Sache, die dem Gottesdienst oder der Verehrung durch eine im Inland bestehende Kirche oder Religionsgesellschaft gewidmet ist,

3. an einer Sache von allgemein anerkanntem wissenschaftlichem, volkskundlichem, künstlerischem oder geschichtlichem Wert, die sich in einer allgemein zugänglichen Sammlung oder sonst an einem solchen Ort oder in einem öffentlichen Gebäude befindet, oder

4. an einer Sache, deren Wert 25 000 S übersteigt.

(2) Wer eine Sache stiehlt, deren Wert 500 000 S übersteigt, ist mit Freiheitsstrafe von einem bis zu zehn Jahren zu bestrafen.

Diebstahl durch Einbruch oder mit Waffen

§ 129. Mit Freiheitsstrafe von sechs Monaten bis zu fünf Jahren ist zu bestrafen, wer einen Diebstahl begeht,

1. indem er in ein Gebäude, in ein Transportmittel, in eine Wohnstätte oder sonst einen abgeschlossenen Raum, der sich in einem Gebäude oder Transportmittel befindet, oder in einen Lagerplatz einbricht, einsteigt oder mit einem nachgemachten oder widerrechtlich erlangten Schlüssel oder einem anderen nicht zur ordnungsgemäßen Öffnung bestimmten Werkzeug eindringt,

2. indem er ein Behältnis aufbricht oder mit einem der in Z. 1 genannten Mittel öffnet,

3. indem er sonst eine Sperrvorrichtung aufbricht oder mit einem der in Z. 1 genannten Mittel öffnet oder

4. bei dem er oder mit seinem Wissen ein anderer Beteiligter (§ 12) eine Waffe oder ein anderes Mittel bei sich führt, um den Widerstand einer Person zu überwinden oder zu verhindern.

Gewerbsmäßiger Diebstahl und Bandenbildung

§ 130. [1]Wer einen Diebstahl gewerbsmäßig oder als Mitglied einer Bande unter Mitwirkung (§ 12) eines anderen Bandenmitglieds begeht, ist mit Freiheitsstrafe von sechs Monaten bis zu fünf Jahren zu bestrafen. [2]Wer einen schweren Diebstahl (§ 128) oder einen Diebstahl durch Einbruch oder mit Waffen (§ 129) in der Absicht begeht, sich durch die wiederkehrende Begehung der Tat eine fortlaufende Einnahme zu verschaffen, ist mit Freiheitsstrafe von einem bis zu zehn Jahren zu bestrafen.

(...)

Unbefugter Gebrauch von Fahrzeugen

§ 136. (1) Wer ein Fahrzeug, das zum Antrieb mit Maschinenkraft eingerichtet ist, ohne Einwilligung des Berechtigten in Gebrauch nimmt, ist mit Freiheitsstrafe bis zu sechs Monaten oder mit Geldstrafe bis zu 360 Tagessätzen zu bestrafen.

(2) Wer die Tat begeht, indem er sich die Gewalt über das Fahrzeug durch eine der in den §§ 129 bis 131 geschilderten Handlungen verschafft, ist mit Freiheitsstrafe bis zu zwei Jahren zu bestrafen.

(3) Mit Freiheitsstrafe bis zu zwei Jahren ist der Täter zu bestrafen, wenn der durch die Tat verursachte Schaden am Fahrzeug, an der Ladung oder durch den Verbrauch von Betriebsmitteln insgesamt 25 000 S übersteigt; wenn jedoch der Schaden 500 000 S übersteigt, ist der Täter mit Freiheitsstrafe bis zu drei Jahren zu bestrafen.

(4) [1]Der Täter ist nicht zu bestrafen, wenn die Berechtigung, über das Fahrzeug zu verfügen, seinem Ehegatten, einem Verwandten in gerader Linie, seinem Bruder oder seiner Schwester oder einem anderen Angehörigen zusteht, sofern er mit diesem in Hausgemeinschaft lebt, oder wenn ihm das Fahrzeug von seinem dazu berechtigten Dienstgeber anvertraut war. [2]Eine bloß vorübergehende Berechtigung kommt nicht in Betracht. [3]An einer solchen Tat Beteiligte (§ 12) sind ebenfalls nicht zu bestrafen.

(...)

Raub

§ 142. (1) Wer mit Gewalt gegen eine Person oder durch Drohung mit gegenwärtiger Gefahr für Leib oder Leben (§ 89) einem anderen eine fremde bewegliche Sache wegnimmt oder abnötigt, durch deren Zueignung sich oder einen Dritten unrechtmäßig zu bereichern, ist mit Freiheitsstrafe von einem bis zu zehn Jahren zu bestrafen.

(2) Wer einen Raub ohne Anwendung erheblicher Gewalt an einer Sache geringen Wertes begeht, ist, wenn die Tat nur unbedeutende Folgen nach sich gezogen hat und es sich um keinen schweren Raub (§ 143) handelt, mit Freiheitsstrafe von sechs Monaten bis zu fünf Jahren zu bestrafen.

Schwerer Raub

§ 143. [1]Wer einen Raub als Mitglied einer Bande unter Mitwirkung (§ 12) eines anderen Bandenmitglieds begeht oder wer den Raub unter Verwendung einer Waffe verübt, ist mit Freiheitsstrafe von fünf bis zu fünfzehn Jahren zu bestrafen. [2]Ebenso ist der Täter zu bestrafen, wenn durch die ausgeübte Gewalt jemand schwer verletzt wird (§ 84 Abs. 1). [3]Hat die Gewaltanwendung jedoch eine Körperverletzung mit schweren Dauerfolgen (§ 85) zur Folge, ist der Täter mit Freiheitsstrafe von zehn bis zu zwanzig Jahren, hat sie aber den Tod eines Menschen zur Folge, von zehn bis zu zwanzig Jahren oder mit lebenslanger Freiheitsstrafe zu bestrafen.

(...)

Betrug

§ 146. Wer mit dem Vorsatz, durch das Verhalten des Getäuschten sich oder einen Dritten unrechtmäßig zu bereichern, jemanden durch Täuschung über Tatsachen zu einer Handlung Duldung oder Unterlassung verleitet, die diesen oder einen anderen am Vermögen schädigt, ist mit Freiheitsstrafe bis zu sechs Monaten oder mit Geldstrafe bis zu 360 Tagessätzen zu bestrafen.

Schwerer Betrug

§ 147. (1) Wer einen Betrug begeht, indem er zur Täuschung

1. eine falsche oder verfälschte Urkunde, ein anderes solches Beweismittel oder ein unrichtiges Meßgerät benützt,

2. ein zur Bezeichnung der Grenze oder des Wasserstands bestimmtes Zeichen unrichtig setzt, verrückt, beseitigt oder unkenntlich macht oder

3. sich fälschlich für einen Beamten ausgibt, ist mit Freiheitsstrafe bis zu drei Jahren zu bestrafen.

(2) Ebenso ist zu bestrafen, wer einen Betrug mit einem 25 000 S übersteigenden Schaden begeht.

(3) Wer durch die Tat einen 500 000 S übersteigenden Schaden herbeiführt, ist mit Freiheitsstrafe von einem bis zu zehn Jahren zu bestrafen.

Gewerbsmäßiger Betrug

§ 148. Wer einen Betrug gewerbsmäßig begeht, ist mit Freiheitsstrafe von sechs Monaten bis zu fünf Jahren, wer jedoch einen schweren Betrug in der Absicht begeht, sich durch dessen wiederkehrende Begehung eine fortlaufende Einnahme zu verschaffen, ist mit Freiheitsstrafe von einem bis zu zehn Jahren zu bestrafen.

(...)

Untreue

§ 153. (1) Wer die ihm durch Gesetz, behördlichen Auftrag oder Rechtsgeschäft eingeräumte Befugnis, über fremdes Vermögen zu verfügen oder einen anderen zu verpflichten, wissentlich mißbraucht und dadurch dem anderen einen Vermögensnachteil zufügt, ist mit Freiheitsstrafe bis zu sechs Monaten oder mit Geldstrafe bis zu 360 Tagessätzen zu bestrafen.

(2) Wer durch die Tat einen 25 000 S übersteigenden Schaden herbeiführt, ist mit Freiheitsstrafe bis zu drei Jahren, wer einen 500 000 S übersteigenden Schaden herbeiführt, mit Freiheitsstrafe von einem bis zu zehn Jahren zu bestrafen.

(...)

Fahrlässige Krida

§ 159. (1) Mit Freiheitsstrafe bis zu zwei Jahren ist zu bestrafen, wer als Schuldner mehrerer Gläubiger

1. fahrlässig seine Zahlungsunfähigkeit herbeiführt, insbesondere dadurch, daß er übermäßigen Aufwand treibt, leichtsinnig oder unverhältnismäßig Kredit benutzt oder gewährt, einen Bestandteil seines Vermögens verschleudert oder ein gewagtes Geschäft abschließt, das nicht zum ordnungsgemäßen Betrieb seines Geschäftes gehört oder mit seinen Vermögensverhältnissen in auffallendem Widerspruch steht, oder

2. in Kenntnis oder fahrlässiger Unkenntnis seiner Zahlungsunfähigkeit fahrlässig die Befriedigung seiner Gläubiger oder wenigstens eines von ihnen vereitelt oder schmälert, insbesondere dadurch, daß er eine neue Schuld eingeht, eine Schuld zahlt, ein Pfand bestellt oder die Geschäftsaufsicht, das Ausgleichsverfahren oder die Eröffnung des Konkurses nicht rechtzeitig beantragt.

(2) Ebenso ist zu bestrafen, wer als Schuldner mehrerer Gläubiger fahrlässig, insbesondere auf die in Abs. 1 Z. 1 bezeichnete Weise, seine wirtschaftliche Lage derart beeinträchtigt, daß Zahlungsunfähigkeit eingetreten wäre, wenn nicht von einer oder mehreren Gebietskörperschaften ohne Verpflichtung hiezu

1. unmittelbar oder mittelbar Zuwendungen erbracht,
2. vergleichbare Maßnahmen getroffen oder
3. Zuwendungen oder vergleichbare Maßnahmen anderer veranlaßt

worden wären.

(3) [1]Hat der Täter durch die in Abs. 1 mit Strafe bedrohte Handlung die Volkswirtschaft erschüttert oder die wirtschaftliche Existenz vieler Menschen geschädigt oder hat er im Fall des Abs. 2 seine wirtschaftliche Lage derart beeinträchtigt, daß eine dieser Folgen ohne Eingreifen einer Gebietskörperschaft eingetreten wäre, so ist er mit Freiheitsstrafe bis zu drei Jahren zu bestrafen. [2]Ebenso ist der Täter, der im Abs. 1 oder 2 mit Strafe bedrohten Handlung zu bestrafen, wenn er seine Geschäftsbücher verfälscht, beiseite geschafft oder vernichtet hat.

(...)

Fahrlässige Gefährdung durch Sprengmittel

§ 174. (1) Wer die im § 173 mit Strafe bedrohte Handlung fahrlässig begeht, ist mit Freiheitsstrafe bis zu einem Jahr zu bestrafen.

(2) Hat die Tat eine der im § 170 Abs. 2 genannten Folgen, so sind die dort angedrohten Strafen zu verhängen.

Vorbereitung eines Verbrechens durch Kernenergie, ionisierende Strahlen oder Sprengmittel

§ 175. (1) Wer in der Absicht, sich oder einem anderen die Begehung einer nach § 171 oder § 173 mit Strafe bedrohten, wenn auch noch nicht bestimmten Handlung zu ermöglichen, einen Kernbrennstoff, einen radioaktiven Stoff, einen Sprengstoff, einen Bestandteil eines Sprengstoffs oder eine zur Herstellung oder Benutzung eines dieser Stoffe erforderliche Vorrichtung anfertigt, erwirbt oder besitzt, oder einen solchen Stoff einem anderen überläßt, von dem er weiß (§ 5 Abs. 3), daß er ihn zur Vorbereitung einer der genannten mit Strafe bedrohten Handlungen erwirbt, ist mit Freiheitsstrafe von sechs Monaten bis zu fünf Jahren zu bestrafen.

(2) Der Täter ist nicht zu bestrafen, wenn er freiwillig, bevor die Behörde (§ 151 Abs. 3) von seinem Verschulden erfahren hat, den Gegenstand der Behörde übergibt, es ihr ermöglicht, des Gegenstands habhaft zu werden, oder sonst die Gefahr beseitigt, daß von dem Gegenstand zur Begehung einer nach § 171 oder § 173 mit Strafe bedrohten Handlung Gebrauch gemacht wird.

(...)

Vergewaltigung

§ 201. (1) [1]Wer eine Person mit schwerer, gegen sie gerichteter Gewalt oder durch eine gegen sie gerichtete Drohung mit gegenwärtiger schwerer Gefahr für Leib oder Leben zur Vornahme oder Duldung des Beischlafes oder einer dem Beischlaf gleichzusetzenden geschlechtlichen Handlung nötigt, ist mit Freiheitsstrafe von einem bis zu zehn Jahren zu bestrafen. [2]Als schwere Gewalt ist auch eine Betäubung anzusehen.

(2) Wer außer dem Fall des Abs. 1 eine Person mit Gewalt, durch Entziehung der persönlichen Freiheit oder durch Drohung mit gegenwärtiger Gefahr für Leib oder Leben zur Vornahme oder Duldung des Beischlafes oder einer dem Beischlaf gleichzusetzenden geschlechtlichen Handlung nötigt, ist mit Freiheitsstrafe von sechs Monaten bis zu fünf Jahren zu bestrafen.

(3) [1]Hat die Tat eine schwere Körperverletzung (§ 84 Abs. 1) zur Folge oder wird die vergewaltigte Person durch die Tat längere Zeit hindurch in einen qualvollen Zustand versetzt oder in besonderer Weise erniedrigt, so ist der Täter im Fall des Abs. 1 mit Freiheitsstrafe von fünf bis zu fünfzehn Jahren, im Fall des Abs. 2 mit Freiheitsstrafe von einem bis zu zehn Jahren zu bestrafen. [2]Hat die Tat den Tod der vergewaltigten Person zur Folge, so ist der Täter im Fall des Abs. 1 mit Freiheitsstrafe von zehn bis zu zwanzig Jahren oder mit lebenslanger Freiheitsstrafe, im Fall des Abs. 2 mit Freiheitsstrafe von fünf bis zu fünfzehn Jahren zu bestrafen.

Geschlechtliche Nötigung

§ 202. (1) Wer außer den Fällen des § 201 eine Person mit Gewalt oder durch gefährliche Drohung zur Vornahme oder Duldung einer geschlechtlichen Handlung nötigt, ist mit Freiheitsstrafe bis zu drei Jahren zu bestrafen.

(2) Hat die Tat eine schwere Körperverletzung (§ 84 Abs. 1) zur Folge oder wird die genötigte Person durch die Tat längere Zeit hindurch in einen qualvollen Zustand versetzt oder in besonderer Weise erniedrigt, so ist der Täter mit Freiheitsstrafe von sechs Monaten bis zu fünf Jahren, hat die Tat aber den Tod der genötigten Person zur Folge, mit Freiheitsstrafe von einem bis zu zehn Jahren zu bestrafen.

(...)

Schwerer sexueller Mißbrauch von Unmündigen

§ 206. (1) Wer mit einer unmündigen Person den Beischlaf oder eine dem Beischlaf gleichzusetzende geschlechtliche Handlung unternimmt, ist mit Freiheitsstrafe von einem bis zu zehn Jahren zu bestrafen.

(2) Ebenso ist zu bestrafen, wer eine unmündige Person zur Vornahme oder Duldung des Beischlafes oder einer dem Beischlaf gleichzusetzenden geschlechtlichen Handlung mit einer anderen Person oder, um sich oder einen Dritten geschlechtlich zu erregen oder zu befriedigen, dazu verleitet, eine dem Beischlaf gleichzusetzende geschlechtliche Handlung an sich selbst vorzunehmen.

(3) Hat die Tat eine schwere Körperverletzung (§ 84 Abs. 1) oder eine Schwangerschaft der unmündigen Person zur Folge, so ist der Täter mit Freiheitsstrafe von fünf bis zu fünfzehn Jahren, hat sie aber den Tod der unmündigen Person zur Folge, mit Freiheitsstrafe von zehn bis zu zwanzig Jahren oder mit lebenslanger Freiheitsstrafe zu bestrafen.

(4) Übersteigt das Alter des Täters das Alter der unmündigen Person nicht um mehr als drei Jahre, besteht die geschlechtliche Handlung nicht in der Penetration mit einem Gegenstand und hat die Tat weder eine schwere Körperverletzung (§ 84 Abs. 1) noch den Tod der unmündigen Person zur Folge, so ist der Täter nach Abs. 1 und 2 nicht zu bestrafen, es sei denn, die unmündige Person hätte das 13. Lebensjahr noch nicht vollendet.

(...)

Blutschande

§ 211. (1) Wer mit einer Person, die mit ihm in gerader Linie verwandt ist, den Beischlaf vollzieht, ist mit Freiheitsstrafe bis zu einem Jahr zu bestrafen.

(2) Wer eine Person, mit der er in absteigender Linie verwandt ist, zum Beischlaf verführt, ist mit Freiheitsstrafe bis zu drei Jahren zu bestrafen.

(3) Wer mit seinem Bruder oder mit seiner Schwester den Beischlaf vollzieht, ist mit Freiheitsstrafe bis zu sechs Monaten zu bestrafen.

(4) Wer zur Zeit der Tat das neunzehnte Lebensjahr noch nicht vollendet hat, ist wegen Blutschande nicht zu bestrafen, wenn er zur Tat verführt worden ist.

Mißbrauch eines Autoritätsverhältnisses

§ 212. (1) Wer sein minderjähriges Kind, Wahlkind, Stiefkind oder Mündel und wer unter Ausnützung seiner Stellung gegenüber einer seiner Erziehung, Ausbildung oder Aufsicht unterstehenden minderjährigen Person diese zur Unzucht mißbraucht oder, um sich oder einen Dritten geschlechtlich zu erregen oder zu befriedigen, dazu verleitet, eine unzüchtige Handlung an sich selbst vorzunehmen, ist mit Freiheitsstrafe bis zu drei Jahren zu bestrafen.

(2) Ebenso ist zu bestrafen, wer

1. als Arzt einer Krankenanstalt oder Angestellter einer Erziehungsanstalt oder sonst als ein in einer Erziehungsanstalt Beschäftigter eine in der Anstalt betreute Person oder

2. als Beamter eine Person, die seiner amtlichen Obhut anvertraut ist, unter Ausnützung seiner Stellung dieser Person gegenüber entweder zur Unzucht mißbraucht oder, um sich oder einen Dritten geschlechtlich zu erregen oder zu befriedigen, dazu verleitet, eine unzüchtige Handlung an sich selbst vorzunehmen.

Kuppelei

§ 213. (1) Wer eine Person, zu der er in einem der im § 212 bezeichneten Verhältnisse steht, unter den dort genannten Voraussetzungen zur Unzucht mit einer anderen Person verleitet oder einer solchen Unzucht zuführt, ist mit Freiheitsstrafe bis zu drei Jahren zu bestrafen.

(2) Handelt der Täter, um sich oder einem anderen einen Vermögensvorteil zu verschaffen, so ist er mit Freiheitsstrafe von sechs Monaten bis zu fünf Jahren zu bestrafen.

(...)

Verbrecherisches Komplott

§ 277. (1) Wer mit einem anderen die gemeinsame Ausführung eines Mordes (§ 75), einer erpresserischen Entführung (§ 102), einer Überlieferung an eine ausländische Macht (§ 103), eines Sklavenhandels (§ 104), eines Raubes (§ 142), einer gemeingefährlichen strafbaren Handlung nach den §§ 169, 171, 173, 176, 185 oder 186, eines Menschenhandels (§ 217) oder einer nach den §§ 28 Abs. 2 bis 5 oder 31 Abs. 2 des Suchtmittelgesetzes strafbaren Handlung verabredet, ist mit Freiheitsstrafe von sechs Monaten bis zu fünf Jahren zu bestrafen.

(2) [1]Nach Abs. 1 ist nicht zu bestrafen, wer freiwillig durch eine Mitteilung an die Behörde (§ 151 Abs. 3) oder an den Bedrohten oder auf andere Art die beabsichtigte strafbare Handlung verhindert. [2]Unterbleibt die strafbare Handlung ohne Zutun des Täters, so ist er nicht zu bestrafen, wenn er sich in Unkenntnis dessen freiwillig und ernstlich bemüht, die strafbare Handlung zu verhindern.

(...)

Falsche Beweisaussage vor Gericht

§ 288. (1) Wer vor Gericht als Zeuge oder, soweit er nicht zugleich Partei ist, als Auskunftsperson bei seiner förmlichen Vernehmung zur Sache falsch aussagt oder als Sachverständiger einen falschen Befund oder ein falsches Gutachten erstattet, ist mit Freiheitsstrafe bis zu drei Jahren zu bestrafen.

(2) [1]Wer vor Gericht eine falsche Beweisaussage (Abs. 1) unter Eid ablegt oder mit einem Eid bekräftigt oder sonst einen in den Gesetzen vorgesehenen Eid vor Gericht falsch schwört, ist mit Freiheitsstrafe von sechs Monaten bis zu fünf Jahren zu bestrafen. [2]Einem Eid steht die Berufung auf einen früher abgelegten Eid und bei Personen, die von der Pflicht zur Eidesleistung befreit sind, die anstelle des Eides vorgesehene Beteuerung gleich.

(3) Nach den Abs. 1 und 2 ist auch zu bestrafen, wer eine der dort genannten Handlungen im Verfahren vor einem nach Art. 53 des Bundes-Verfassungsgesetzes in der Fassung von 1929 eingesetzten Ausschuß oder einer Disziplinarbehörde des Bundes, eines Landes oder einer Gemeinde begeht.

Falsche Beweisaussage vor einer Verwaltungsbehörde

§ 289. Wer vor einer Verwaltungsbehörde als Zeuge bei seiner förmlichen Vernehmung zur Sache falsch aussagt oder als Sachverständiger einen falschen Befund oder ein falsches Gutachten erstattet, ist mit Freiheitsstrafe bis zu einem Jahr zu bestrafen.

(...)

Mißbrauch der Amtsgewalt

§ 302. (1) Ein Beamter, der mit dem Vorsatz, dadurch einen anderen an seinen Rechten zu schädigen, seine Befugnis, im Namen des Bundes, eines Landes, eines Gemeindeverbandes, einer Gemeinde oder einer anderen Person des öffentlichen Rechtes als deren Organ in Vollziehung der Gesetze Amtsgeschäfte vorzunehmen, wissentlich mißbraucht, ist mit Freiheitsstrafe von sechs Monaten bis zu fünf Jahren zu bestrafen.

(2) [1]Wer die Tat bei der Führung eines Amtsgeschäfts mit einer fremden Macht oder einer über- oder zwischenstaatlichen Einrichtung begeht, ist mit Freiheitsstrafe von einem bis zu zehn Jahren zu bestrafen. [2]Ebenso ist zu bestrafen, wer durch die Tat einen 500 000 S übersteigenden Schaden herbeiführt.

(...)

Geschenkannahme durch Beamte

§ 304. (1) Ein Beamter, ein Beamter eines anderen Mitgliedstaates der Europäischen Union oder ein Gemeinschaftsbeamter, der für die pflichtwidrige Vornahme oder Unterlassung eines Amtsgeschäftes von einem anderen für sich oder einen Dritten einen Vorteil fordert, annimmt oder sich versprechen läßt, ist mit Freiheitsstrafe bis zu drei Jahren zu bestrafen.

(2) Ein Beamter, der für die pflichtgemäße Vornahme oder Unterlassung eines Amtsgeschäftes von einem anderen für sich oder einen Dritten einen Vorteil fordert, annimmt oder sich versprechen läßt, ist mit Freiheitsstrafe bis zu einem Jahr zu bestrafen.

(3) Übersteigt der Wert des Vorteils 25 000 S, so ist der Täter im Fall des Abs. 1 mit Freiheitsstrafe bis zu fünf Jahren und im Fall des Abs. 2 mit Freiheitsstrafe bis zu drei Jahren zu bestrafen.

(4) Wer lediglich einen geringfügigen Vorteil annimmt oder sich versprechen läßt, ist nach Abs. 2 nicht zu bestrafen, es sei denn, daß die Tat gewerbsmäßig begangen wird.

(...)

Falsche Beurkundung und Beglaubigung im Amt

§ 311. Ein Beamter, der in einer öffentlichen Urkunde, deren Ausstellung in den Bereich seines Amtes fällt, ein Recht, ein Rechtsverhältnis oder eine Tatsache fälschlich beurkundet oder der an einer Sache ein öffentliches Beglaubigungszeichen, dessen Anbringung in den Bereich seines Amtes fällt, fälschlich anbringt, ist, wenn er mit dem Vorsatz handelt, daß die Urkunde im Rechtsverkehr zum Beweis des Rechtes, des Rechtsverhältnisses oder der Tatsache gebraucht oder die Sache im Rechtsverkehr gebraucht werde, wenn die Tat nicht nach § 302 mit Strafe bedroht ist, mit Freiheitsstrafe bis zu drei Jahren zu bestrafen.

(...)

Auszug aus dem österreichischen StGB a.F.

(Strafgesetzbuch)
vom 23. Jänner 1974
BGBl I 1974/60,
idF BGBl I 1984/295

(...)

Diebstahl

§ 127. (1) Wer eine fremde bewegliche Sache einem anderen mit dem Vorsatz wegnimmt, sich oder einen Dritten durch deren Zueignung unrechtmäßig zu bereichern, ist mit Freiheitsstrafe bis zu sechs Monaten oder mit Geldstrafe bis zu 360 Tagessätzen zu bestrafen.

(2) Der Täter ist mit Freiheitsstrafe bis zu einem Jahr zu bestrafen, wenn er den Diebstahl begeht

1. in Gesellschaft eines oder mehrerer Beteiligten (§ 12),
2. ...

Schwerer Diebstahl

§ 128. (1) Mit Freiheitsstrafe bis zu drei Jahren ist zu bestrafen, wer einen Diebstahl begeht

1. ...
4. an einer Sache, deren Wert 5 000 S übersteigt.

...

Diebstahl durch Einbruch oder mit Waffen

§ 129. (1) Mit Freiheitsstrafe von sechs Monaten bis zu fünf Jahren ist zu bestrafen, wer einen Diebstahl begeht,

1. indem er in ein Gebäude, in ein Transportmittel, in eine Wohnstätte oder sonst einen abgeschlossenen Raum, der sich in einem Gebäude oder Transportmittel befindet, oder in einen Lagerplatz einbricht, einsteigt oder mit einem nachgemachten oder widerrechtlich erlangten Schlüssel oder einem anderen nicht zur ordnungsgemäßen Öffnung bestimmten Werkzeug eindringt,
2. ...

(...)

Auszug aus dem österreichischem StG

(Strafgesetz 1946)
in Geltung bis 31.12.1974

(...)

Mitschuldige und Teilnehmer an Verbrechen.

§ 5. (1) Nicht nur der unmittelbare Täter allein wird des Verbrechens schuldig, sondern auch jeder, der durch Befehl, Anraten, Unterricht, Lob, die Übeltat eingeleitet, vorsätzlich veranlaßt, zu ihrer Ausübung durch absichtliche Herbeischaffung der Mittel, Hintanhaltung der Hindernisse, oder auf was für immer eine Art, Vorschub gegeben, Hilfe geleistet, zu ihrer sicheren Vollstreckung beigetragen; auch wer nur vorläufig sich mit dem Täter über die nach vollbrachter Tat ihm zu leistende Hilfe und Beistand, oder über einen Anteil an Gewinn und Vorteil einverstanden hat.

(2) Entschuldigungsumstände, welche die Strafbarkeit eines Verbrechens für den Täter oder für einen der Mitschuldigen oder Teilnehmer nur vermöge persönlicher Verhältnisse desselben aufheben, sind auf die übrigen Mitschuldigen und Teilnehmer nicht auszudehnen.

(...)

Auszug aus der österreichischen StPO
(Strafprozessordnung)
vom 9. Dezember 1975
BGBl I 1975/631
idF BGBl I 1999/164

(...)

§ 260. (1) Wird der Angeklagte schuldig befunden, so muß das Strafurteil aussprechen:

1. welcher Tat der Angeklagte schuldig befunden worden ist, und zwar unter ausdrücklicher Bezeichnung der einen bestimmten Strafsatz bedingenden Tatumstände;

2. welche strafbare Handlung durch die als erwiesen angenommenen Tatsachen, deren der Angeklagte schuldig befunden worden ist, begründet wird, unter gleichzeitigem Ausspruch, ob die strafbare Handlung ein Verbrechen oder ein Vergehen ist;

3. zu welcher Strafe der Angeklagte verurteilt wird; und zwar diese drei Punkte bei sonstiger Nichtigkeit; außerdem ist noch beizufügen:

4. welche strafgesetzlichen Bestimmungen auf ihn angewendet wurden;

5. die Entscheidung über die geltend gemachten Entschädigungsansprüche und über die Prozeßkosten.

(2) Wird der Angeklagte wegen vorsätzlicher und fahrlässiger Taten zu einer mehr als einjährigen Freiheitsstrafe verurteilt, so ist im Anschluß an den Strafausspruch festzustellen, ob auf eine oder mehrere vorsätzlich begangene strafbare Handlungen eine mehr als einjährige Freiheitsstrafe entfällt.

(3) [1]Ist die im Abs. 2 genannte Feststellung im Strafurteil unterblieben, so ist sie von Amts wegen oder auf Antrag eines zur Ergreifung der Nichtigkeitsbeschwerde Berechtigten mit Beschluß nachzuholen. [2]Gegen diesen Beschluß, der dem Ankläger und dem Angeklagten zuzustellen ist, steht jedem zur Ergreifung der Nichtigkeitsbeschwerde Berechtigten die binnen vierzehn Tagen einzubringende Beschwerde an den Gerichtshof zweiter Instanz zu. [3]Ist außer über die Beschwerde noch über eine von wem immer ergriffene Nichtigkeitsbeschwerde zu entscheiden, so entscheidet der Oberste Gerichtshof auch über die Beschwerde.

(...)

§ 280. [1]Gegen Urteile der Gerichtshöfe erster Instanz stehen nur die Rechtsmittel der Nichtigkeitsbeschwerde und der Berufung offen. [2]Die Nichtigkeitsbeschwerde geht an den Obersten Gerichtshof, die Berufung an den Gerichtshof zweiter Instanz.

§ 281. (1) Die Nichtigkeitsbeschwerde kann gegen ein freisprechendes Urteil nur zum Nachteile, gegen ein verurteilendes sowohl zum Vorteile als auch zum Nachteile des Angeklagten ergriffen werden, jedoch, sofern sie nicht nach besonderen gesetzlichen Vorschriften auch in anderen Fällen zugelassen ist, nur wegen eines der folgenden Nichtigkeitsgründe:

1. wenn der Gerichtshof nicht gehörig besetzt war, wenn nicht alle Richter der ganzen Verhandlung beiwohnten oder wenn sich ein ausgeschlossener Richter (§§ 67 und 68) an der Entscheidung beteiligte; es sei denn, daß der die Nichtigkeit begründende Tatumstand dem Beschwerdeführer noch vor oder während der Hauptverhandlung bekannt und von ihm nicht gleich beim Beginne der Hauptverhandlung oder sofort, nachdem er in dessen Kenntnis gelangt war, geltend gemacht wurde;

1a. wenn der Angeklagte nicht während der ganzen Hauptverhandlung durch einen Verteidiger vertreten war, obwohl dies zwingend vorgeschrieben war;

2. wenn trotz der Verwahrung des Beschwerdeführers ein Schriftstück über einen nach dem Gesetze nichtigen Vorerhebungs- oder Voruntersuchungsakt in der Hauptverhandlung verlesen wurde;

3. wenn in der Hauptverhandlung eine Vorschrift verletzt oder vernachlässigt worden ist, deren Beobachtung das Gesetz ausdrücklich bei sonstiger Nichtigkeit vorschreibt (§§ 120, 149c Abs. 3, § 149h Abs. 2, 151, 152, 170, 221, 228, 240a, 250, 252, 260, 271, 427, 430 Abs. 3 und 4 sowie 439 Abs. 1 und 2);

4. wenn während der Hauptverhandlung über einen Antrag des Beschwerdeführers nicht erkannt worden ist oder wenn durch ein gegen seinen Antrag oder Widerspruch gefälltes Zwischenerkenntnis Gesetze oder Grundsätze des Verfahrens hintangesetzt oder unrichtig angewendet worden sind, deren Beobachtung durch grundrechtliche Vorschriften, insbesondere durch Art. 6 der Europäischen Konvention zum Schutze der Menschenrechte und Grundfreiheiten, BGBl. Nr. 210/1958 oder sonst durch das Wesen eines die Strafverfolgung und die Verteidigung sichernden, fairen Verfahrens geboten ist;

5. wenn der Ausspruch des Gerichtshofes über entscheidende Tatsachen (§ 270 Abs. 2 Z. 4 und 5) undeutlich, unvollständig oder mit sich selbst im Widerspruch ist; wenn für diesen Ausspruch keine oder nur offenbar unzureichende Gründe angegeben sind; oder wenn zwischen den Angaben der Entscheidungsgründe über den Inhalt einer bei den Akten befindlichen Urkunde oder über eine gerichtliche Aussage und der Urkunde oder dem Vernehmungs- oder Sitzungsprotokoll selbst ein erheblicher Widerspruch besteht;

5a. wenn sich aus den Akten erhebliche Bedenken gegen die Richtigkeit der dem Ausspruch über die Schuld zugrunde gelegten entscheidenden Tatsachen ergeben;

6. wenn der Gerichtshof mit Unrecht seine Nichtzuständigkeit (§ 261) ausgesprochen hat;

7. wenn das ergangene Endurteil die Anklage nicht erledigt oder

8. diese gegen die Vorschrift der §§ 262, 263 und 267 überschritten hat;

9. wenn durch den Ausspruch über die Frage,

a) ob die dem Angeklagten zur Last fallende Tat eine zur Zuständigkeit der Gerichte gehörige strafbare Handlung begründe;

b) ob Umstände vorhanden seien, durch die die Strafbarkeit der Tat aufgehoben oder die Verfolgung wegen der Tat ausgeschlossen ist, endlich

c) ob die nach dem Gesetz erforderliche Anklage fehle, ein Gesetz verletzt oder unrichtig angewendet wurde;

10. wenn die der Entscheidung zugrunde liegende Tat durch unrichtige Gesetzesauslegung einem Strafgesetz unterzogen wurde, das darauf nicht anzuwenden ist;

10a. wenn nach dem IXa. Hauptstück vorzugehen gewesen wäre;

11. wenn der Gerichtshof seine Strafbefugnis überschritten oder bei dem Ausspruch über die Strafe für die Strafbemessung maßgebende entscheidende Tatsachen offenbar unrichtig beurteilt oder in unvertretbarer Weise gegen Bestimmungen über die Strafbemessung verstoßen hat.

(2) Die im Abs. 1 Z. 1a und 5a erwähnten Nichtigkeitsgründe können zum Nachteil des Angeklagten nicht geltend gemacht werden.

(3) [1]Die unter Abs. 1 Z. 2, 3 und 4 erwähnten Nichtigkeitsgründe können zum Vorteile des Angeklagten nicht geltend gemacht werden, wenn unzweifelhaft erkennbar ist, daß die Formverletzung auf die Entscheidung keinen dem Angeklagten nachteiligen Einfluß üben konnte. [2]Zum Nachteile des Angeklagten können sie nur geltend gemacht werden, wenn erkennbar ist, daß die Formverletzung einen die Anklage beeinträchtigenden Einfluß auf die Entscheidung zu üben vermochte, und wenn außerdem der Ankläger sich ihr widersetzt, die Entscheidung des Gerichtshofes begehrt und sich sofort nach der Verweigerung oder Verkündung dieser Entscheidung die Nichtigkeitsbeschwerde vorbehalten hat.

(...)

§ 290. (1) [1]Der Oberste Gerichtshof hat sich auf die vom Beschwerdeführer ausdrücklich oder doch durch deutliche Hinweisung geltend gemachten Nichtigkeitsgründe zu beschränken. [2]Überzeugt er sich jedoch aus Anlaß einer von wem immer ergriffenen Nichtigkeitsbeschwerde, daß zum Nachteile des Angeklagten das Strafgesetz unrichtig angewendet worden sei (§ 281 Abs. 1

Z. 9 bis 11) oder daß dieselben Gründe, auf denen seine Verfügung zugunsten eines Angeklagten beruht, auch einem Mitangeklagten zustatten kommen, der die Nichtigkeitsbeschwerde nicht ergriffen hat, so hat er von Amts wegen so vorzugehen, als wäre der in Frage kommende Nichtigkeitsgrund geltend gemacht worden. [3]Ist der im § 281 Abs. 1 Z. 11 angeführte Nichtigkeitsgrund geltend gemacht worden, so ist so vorzugehen, als wäre auch die Berufung ergriffen worden.

(2) Ist die Nichtigkeitsbeschwerde lediglich zugunsten des Angeklagten ergriffen worden, so kann der Oberste Gerichtshof keine strengere Strafe über den Angeklagten verhängen, als das angefochtene Urteil ausgesprochen hatte.

(…)

§ 296. (1) [1]Ist außer über die Berufung auch über eine Nichtigkeitsbeschwerde zu entscheiden, die von der einen oder der anderen Seite ergriffen worden ist, so sind bei Vorlegung der Akten an den Obersten Gerichtshof auch die Aktenstücke beizulegen, die die Berufung betreffen. [2]In diesem Fall entscheidet der Oberste Gerichtshof, sofern er nicht nach § 285i vorgeht, auch über die Berufung.

(2) Der Oberste Gerichtshof berät über die Berufung nur dann in nichtöffentlicher Sitzung, wenn der Berichterstatter oder der Generalprokurator die Zurückweisung der Berufung aus einem der im § 294 Abs. 4 angeführten Gründe beantragt und nicht über die Nichtigkeitsbeschwerde bei einem Gerichtstag zur öffentlichen Verhandlung über die Nichtigkeitsbeschwerde entschieden werden muß.

(3) [1]Wird über die Berufung nicht schon in der nichtöffentlichen Sitzung entschieden, so entscheidet der Oberste Gerichtshof über die Berufung beim Gerichtstag zur öffentlichen Verhandlung über die Nichtigkeitsbeschwerde. [2]In diesem Fall ist zum Gerichtstag der nicht verhaftete Angeklagte vorzuladen und die Vorführung des verhafteten Angeklagten zu veranlassen, es sei denn, dieser hätte durch seinen Verteidiger ausdrücklich darauf verzichtet. [3]Ist die Berufung gegen den Ausspruch über die privatrechtlichen Ansprüche gerichtet, so ist auch der Privatbeteiligte vorzuladen.

(...)

§ 314. (1) Sind in der Hauptverhandlung Tatsachen vorgebracht worden, nach denen – wenn sie als erwiesen angenommen werden – ein eines vollendeten Verbrechens oder Vergehens Angeklagter nur des Versuches schuldig oder ein als unmittelbarer Täter Angeklagter als Täter anzusehen wäre, der einen anderen dazu bestimmt hat, die Tat auszuführen, oder der sonst zu ihrer Ausführung beigetragen hat, oder wonach die dem Angeklagten zur Last gelegte Tat unter ein anderes Strafgesetz fiele, das nicht strenger ist als das in der Anklageschrift angeführte, so sind entsprechende Schuldfragen (Eventualfragen) an die Geschworenen zu stellen.

(2) Eine Frage, nach der die dem Angeklagten zur Last gelegte Tat unter ein strengeres Strafgesetz als das in der Anklageschrift angegebene fiele, kann gestellt werden, sofern der Schwurgerichtshof nach Anhörung der Parteien die Vertagung der Hauptverhandlung oder die Ausscheidung des Verfahrens wegen dieser Tat nicht für Notwendig erachtet.

(...)

§ 345. (1) Die Nichtigkeitsbeschwerde kann, sofern sie nicht nach besonderen gesetzlichen Vorschriften auch in anderen Fällen zugelassen ist, nur wegen eines der folgenden Nichtigkeitsgründe ergriffen werden:

...

6. wenn eine der in den §§ 312 bis 317 enthaltenen Vorschriften verletzt worden ist;

...

(...)

Auszug aus dem österreichischen FinStrG

(Finanzstrafgesetz)
BGBl I 1958/129
idF BGBl I 1999/28

(...)

Behandlung aller Beteiligten als Täter.

§ 11. Nicht nur der unmittelbare Täter begeht das Finanzvergehen, sondern auch jeder, der einen anderen dazu bestimmt, es auszuführen, oder der sonst zu seiner Ausführung beiträgt.

(...)

Schmuggel und Hinterziehung von Eingangs- oder Ausgangsabgaben

§ 35. (1) Des Schmuggels macht sich schuldig, wer

a) eingangsabgabepflichtige Waren vorsätzlich vorschriftswidrig in das Zollgebiet oder aus einer Freizone oder einem Freilager in einen anderen Teil des Zollgebietes verbringt oder der zollamtlichen Überwachung entzieht oder

b) ausgangsabgabepflichtige Waren vorsätzlich ohne Abgabe einer Zollanmeldung aus dem Zollgebiet verbringt.

(2) [1]Der Hinterziehung von Eingangs- oder Ausgangsabgaben macht sich schuldig, wer, ohne den Tatbestand des Abs. 1 zu erfüllen, vorsätzlich unter Verletzung einer zollrechtlichen Anzeige-, Offenlegungs- oder Wahrheitspflicht eine Verkürzung von Eingangs- oder Ausgangsabgaben bewirkt. [2]Die Abgabenverkürzung ist bewirkt, wenn eine entstandene Eingangs- oder Ausgangsabgabenschuld bei ihrer Entstehung nicht oder zu niedrig festgesetzt wird und in den Fällen des § 33 Abs. 3 lit. b bis f.

(3) Der Hinterziehung von Eingangs- oder Ausgangsabgaben macht sich ferner schuldig, wer vorsätzlich eine Verkürzung einer solchen Abgabe dadurch bewirkt, daß er eingangs- oder ausgangsabgabepflichtige Waren entgegen einem Verbot oder einer Verpflichtung behandelt, verwendet oder verbraucht, und es unterläßt, dies dem Zollamt vorher anzuzeigen.

(4) [1]Der Schmuggel wird mit einer Geldstrafe bis zum Zweifachen des auf die Waren entfallenden Abgabenbetrages, die Hinterziehung von Eingangs- oder Ausgangsabgaben mit einer Geldstrafe bis zum Zweifachen des Verkürzungsbetrages geahndet. [2]Der Geldstrafe ist an Stelle des Regelzollsatzes der Präferenzzollsatz zugrunde zu legen, wenn der Beschuldigte nachweist, daß die Voraussetzungen für dessen Inanspruchnahme gegeben waren. [3]Neben der Geldstrafe ist nach Maßgabe des § 15 auf Freiheitsstrafe bis zu zwei Jahren zu erkennen. [4]Auf Verfall ist nach Maßgabe des § 17 zu erkennen.

(...)

Strafe bei Vorliegen erschwerender Umstände

§ 38. (1) Mit Geldstrafe bis zum Dreifachen des Betrages, nach dem sich sonst die Strafdrohung richtet, ist zu bestrafen,

a) wer einen Schmuggel, eine Abgabenhinterziehung oder eine Hinterziehung von Eingangs- oder Ausgangsabgaben oder eine Abgabenhehlerei nach § 37 Abs. 1 begeht, wobei es ihm darauf ankommt, sich durch die wiederkehrende Begehung eine fortlaufende Einnahme zu verschaffen (gewerbsmäßige Begehung);

b) wer den Schmuggel als Mitglied einer Bande von mindestens drei Personen, die sich zum Schmuggeln verbunden haben, unter Mitwirkung (§ 11) eines anderen Bandenmitglieds begeht;

c) wer einen Schmuggel begeht, bei dem er oder mit seinem Wissen ein anderer an der Tat Beteiligter eine Waffe oder ein anderes Mittel bei sich führt, wobei es ihm darauf ankommt, damit den Widerstand einer Person zu überwinden oder zu verhindern. Daneben ist nach Maßgabe des § 15 auf Freiheitsstrafe bis zu drei Jahren zu erkennen. Außerdem sind die Bestimmungen der §§ 33, 35 und 37 über den Verfall anzuwenden; der Verfall umfaßt auch die Beförderungsmittel im Sinne des § 17 Abs. 2 lit. c Z 3.

(2) Die Strafdrohung gilt nur für diejenigen Beteiligten, deren Vorsatz die im Abs. 1 bezeichneten erschwerenden Umstände umfaßt.

(...)

Auszug aus dem österreichischen SGG
(Suchtgiftgesetz)
BGBl I 1952/160

(…)

§ 12. (1) [1]Wer den bestehenden Vorschriften zuwider Suchtgift in einer großen Menge erzeugt, einführt, ausführt oder in Verkehr setzt, ist vom Gericht mit Freiheitsstrafe bis zu fünf Jahren zu bestrafen. [2]Eine Suchtgiftmenge ist dann als groß anzusehen, wenn die Weitergabe einer solchen Menge geeignet wäre, in großem Ausmaß eine Gefahr für das Leben oder die Gesundheit von Menschen entstehen zulassen.

(2) [1]Mit Freiheitsstrafe von einem bis zu zehn Jahren ist zu bestrafen, wer die im Absatz 1 bezeichnete Tat gewerbsmäßig oder als Mitglied einer Bande begeht. [2]Wer jedoch selbst dem Mißbrauch eines Suchtgiftes ergeben ist und die Tat ausschließlich deshalb begeht, um sich für den eigenen Gebrauch Suchtgift oder die Mittel zu dessen Erwerb zu beschaffen, ist nur nach Abs. 1 zu bestrafen.

(…)

Auszug aus dem österreichischen MilStG
(Militärstrafgesetz)
BGBl I 1952/344
idF BGBl I 1974/511

(...)

§ 31. (1) Mit Freiheitsstrafe bis zu drei Jahren ist zu bestrafen, wer einen Diebstahl begeht

1. unter Ausnützung einer durch den Einsatz geschaffenen außerordentlichen Lage,
2. unter wenn auch nur fahrlässiger Herbeiführung einer Gefahr für das Leben, die Gesundheit oder die körperliche Sicherheit von Menschen oder die Gefahr eines erheblichen Nachteils (§ 2 Z 4) oder
3. an einer Sache, deren Bewachung ihm obliegt.

(2) Mit Freiheitsstrafe bis zu einem Jahr ist zu bestrafen, wer einen anderen Soldaten bestiehlt.

(...)

Auszug aus dem deutschen StGB a.F.

vom 25. August 1953
BGBl I S. 1083, 1954 I S. 33
idF des 1. StrRG v. 25.06.1969
BGBl I S. 645

(...)

Dritter Abschnitt. Teilnahme

§ 47. [Mittäter] Wenn mehrere eine strafbare Handlung gemeinschaftlich ausführen, so wird jeder als Täter bestraft.

§ 48. [Anstifter] **I** Als Anstifter wird bestraft, wer einen anderen zu der von demselben begangenen mit Strafe bedrohten Handlung durch Geschenke oder Versprechen, durch Drohung, durch Missbrauch des Ansehens oder der Gewalt, durch absichtliche Herbeiführung oder Beförderung eines Irrtums oder durch andere Mittel vorsätzlich bestimmt hat.

II Die Strafe des Anstifters ist nach demjenigen Gesetz festzusetzen, welches auf die Handlung Anwendung findet, zu welcher er willentlich angestiftet hat.

§ 49. [Gehilfe] **I** Als Gehilfe wird bestraft, wer dem Täter zur Begehung einer als Verbrechen oder Vergehen mit Strafe bedrohten Handlung durch Rat oder Tat wissentlich Hilfe geleistet hat.

II Die Strafe des Gehilfen ist nach demjenigen Gesetz festzusetzen, welches auf die Handlung Anwendung findet, zu welcher er wissentlich Hilfe geleistet hat, kann jedoch nach den über die Bestrafung des Versuches aufgestellten Grundsätzen ermäßigt werden.

§ 49 a. [Versuch und Anstiftung] **I** Wer einen anderen zu bestimmen versucht, eine als Verbrechen mit Strafe bedrohte Handlung zu begehen, wird nach den für den Versuch des Verbrechens geltenden Vorschriften (§§ 44, 45) bestraft.

II Ebenso wird bestraft, wer eine als Verbrechen mit Strafe bedrohte Handlung verabredet, das Anerbieten eines anderen annimmt, eine solche Handlung zu begehen, oder sich zu einem Verbrechen bereiterklärt.

III ...(Rücktritt)

IV ...(untauglicher Versuch)

§ 49 b. [Mordkomplott] **I** Wer an einer Verbindung teilnimmt, die Verbrechen wider das Leben bezweckt oder als Mittel für andere Zwecke in

Aussicht nimmt, oder wer eine solche Verbindung unterstützt, wird mit Gefängnis nicht unter drei Monaten bestraft.

II In besonders schweren Fällen ist die Strafe Zuchthaus bis zu fünf Jahren.

III ...

§ 50. [Einstehen für eigene Schuld] I Sind mehrere an einer Tat beteiligt, so ist jeder ohne Rücksicht auf die Schuld des anderen nach seiner Schuld strafbar.

I Bestimmt das Gesetz, daß besondere persönliche Eigenschaften oder Verhältnisse die Strafe schärfen, mildern oder ausschließen, so gilt dies nur für den Täter oder Teilnehmer, bei dem sie vorliegen.

(...)

Literaturverzeichnis

Ambos, Kai .... Tatherrschaft durch Willensherrschaft kraft organisatorischer Machtapparate, GA 1998, 226 ff..

Bähr, Heinz .... Restriktiver und extensiver Täterschaftsbegriff, Strafrechtliche Abhandlungen, Heft 331, Breslau–Neukirch 1933.

Baumann, Jürgen .... Beiträge zur Strafrechtsdogmatik, Allgemeiner Teil, Bielefeld 1987.

Baumann, Jürgen
Weber, Ulrich
Mitsch, Wolfgang .... Strafrecht Allgemeiner Teil, 11. Auflage, Bielefeld 2003.

Baunack, Martina .... Grundfragen der strafrechtlichen Beihilfe, Berlin 1999.

Bindokat, Heinz .... Fahrlässige Beihilfe, JZ 1986, 421 ff..

Bloy, René .... Die Beteiligungsform als Zurechnungstypus im Strafrecht, Berlin 1985.

Bloy, René .... Neuere Entwicklungstendenzen der Einheitstäterlehre in Deutschland und Österreich, in Festschrift für Rudolf Schmitt, von Klaus Geppert (Hrsg.), Tübingen 1992, S. 33 ff..

Bloy, René .... Grund und Grenzen der Strafbarkeit der mißlungenen Anstiftung, JR 1992, 493 ff..

Bloy, René .... Grenzen der Täterschaft bei fremdhändiger Tatausführung, GA 1996, 424 ff..

Bockelmann, Paul .... Strafrechtliche Untersuchungen, Göttingen 1957.

Bockelmann, Paul .... Zur Problematik der Beteiligung an vermeintlich vorsätzlichen Taten, in Festschrift für Wilhelm Gallas, von Karl Lackner u.a. (Hrsg.), Berlin 1973, S. 261 ff..

Bottke, Wilfried .... Täterschaft und Gestaltungsherrschaft, Heidelberg 1992.

Brammsen, Joerg .... Kausalitäts- und Täterschaftsfragen bei Produktfehlern, Jura 1991, 533 ff..

Brandts, Ricarda
Schlehofer, Horst .... Die täuschungsbedingte Selbsttötung im Lichte der Einwilligungslehre, JZ 1987, 442 ff..

Bruns, Hans-Jürgen .... Strafzumessungsrecht, 2. Auflage, Köln Berlin Bonn München 1974.

Bruns, Hans-Jürgen .... Das Recht der Strafzumessung, 2. Auflage, Köln Berlin Bonn München 1985.

Burgstaller, Manfred .... Zur Täterschaftsregelung im neuen StGB, Teil I, RZ 1975, 13 ff., Teil II, RZ 1975, 29 ff..

Burgstaller, Manfred .... Vollendung oder Ende der Einheitstäterschaft, RZ 1982, 216 ff..

Charalambakis, Aristotelis .... Selbsttötung aufgrund Irrtums und mittelbare Täterschaft, GA 1986, 485 ff..

Cortes Rosa, Manuel .... Teilnahme am unechten Sonderverbrechen, ZStW 90 (1978), 413 ff..

Cramer, Peter .... Die Beteiligung an einer Zuwiderhandlung nach § 9 OwiG, NJW 1969,1929 ff..

Cramer, Peter .... Zum Einheitstäter im Ordnungswidrigkeitenrecht, NJW 1970, 1114 ff..

Cramer, Peter ....Gedanken zur Abgrenzung von Täterschaft und Teilnahme, in Festschrift für Paul Bockelmann, von Arthur Kaufmann, Günter Bemann u.a. (Hrsg.), München 1979, S. 389 ff..

Detzer, Klaus ....Die Problematik der Einheitstäterlösung, Dissertation Erlangen–Nürnberg 1972.

Dietz, Wolfgang ....Täterschaft und Teilnahme, Materialien zur Strafrechtsreform, 2. Band, Rechtsvergleichende Arbeiten, Allgemeiner Teil I, Bonn 1954, S. 329 ff..

Dietz, Wolfgang ....Täterschaft und Teilnahme im ausländischen Strafrecht, Bonn 1957.

Dreher, Eduard ....Im Irrgarten der Wahlfeststellung, MDR 1970, 369 f..

Dreher, Eduard ....Plädoyer für den Einheitstäter im Ordnungswidrigkeitenrecht, NJW 1970, 217 ff..

Dreher, Eduard ....Zum Einheitstäter im Ordnungswidrigkeitenrecht, NJW 1970, 1114 ff..

Dreher, Eduard ....Der Einheitstäter im Ordnungswidrigkeitenrecht, NJW 1971, 121 ff..

Eschenbach, Jürgen ....Zurechnungsnormen im Strafrecht, Jura 1992, 637 ff..

Eser, Albin
Huber, Barbara ....Strafrechtsentwicklung in Europa, Landesberichte 1982/1984 über Gesetzgebung, Rechtsprechung und Literatur, Freiburg i. Br. 1985.

Eser, Albin
Huber, Barbara ....Landesberichte 1986/1988 über Gesetzgebung, Rechtsprechung und Literatur, Band 3 Teil 1, Freiburg i. Br. 1990.

Eser, Albin
Huber, Barbara ....Landesberichte 1993/1996 über Gesetzgebung, Rechtsprechung und Literatur, Band 5 Teil 1, Freiburg i. Br. 1997.

Esser, Albert ....Die Bedeutung des Schuldteilnahmebegriffs im Strafrechtssystem, GA 1958, 321ff..

Fleisch, Hermann ....Feststellungs- und Begründungsmängel in schöffengerichtlichen Urteilen, ÖJZ 1984, 309 ff..

Foregger, Egmont
Fabrizy, Eugen ....Kurzkommentar zum Strafgesetzbuch, 7. Auflage, Wien 1999 (zit.: MKK/StGB).

Foregger, Egmont
Fabrizy, Eugen ....Kurzkommentar zur Strafprozeßordnung, 8. Auflage, Wien 2000 (zit.: MKK/StPO).

Friedrich, Wilhelm ....Triffterers Beteiligungslehre – eine vermittelnde Lösung?, Teil I, RZ 1986, 227 ff., Teil II, RZ 1986, 258 ff..

Friedrich, Wilhelm ....Zur Beteiligung an einem Versuch (§ 15 Abs 1 StGB), ÖJZ 1995, 9 ff..

Friedrich, Wilhelm ....Strafbare Beteiligung – akzessorische oder originäre Täterschaft?, in Festschrift für Otto Triffterer, von Kurt Schmoller (Hrsg.), Wien 1996, S. 43 ff..

Fuchs, Helmut ....Probleme des Deliktsversuchs, ÖJZ 1986, 257 ff..

Fuchs, Helmut ....Probleme der Beteiligung mehrerer, in Strafrechtliche Probleme der Gegenwart, StPdG, Band XIV, Wien 1986, S. 1 ff..

Fuchs, Helmut ....Österreichisches Strafrecht, Allgemeiner Teil I, 4. Auflage, Wien 2000.

Gallas, Wilhelm.........................Beiträge zur Verbrechenslehre, Berlin 1968.

Geerds, Friedrich .... Täterschaft und Teilnahme – Zu den Grenzen einer normativen Abgrenzung –, Jura 1990, 173 ff..

Geppert, Klaus .... Zur Problematik des § 50 Abs. 2 StGB im Rahmen der Teilnahme am unechten Unterlassungsdelikt, ZStW 82 (1970), 44 ff..

Geppert, Klaus .... Die Anstiftung (§ 26 StGB) – Teil II, Jura 1997, 358 ff..

Geppert, Klaus .... Die Beihilfe (§ 27 StGB), Jura 1999, 266.

Göhler, Erich .... Kommentar zum Gesetz über Ordnungswidrigkeiten, 12. Auflage, München 1998.

Gropp, Walter .... Die Mitglieder des nationalen Verteidigungsrates als „Mittelbare Mit-Täter hinter den Tätern"?, JuS 1996, 13 ff..

Gropp, Walter .... Strafrecht, Allgemeiner Teil, 2. Auflage, Berlin Heidelberg 2001.

Hartung, Fritz .... Der „Badewannenfall", JZ 1954, 430 f..

Heinitz, Ernst .... Teilnahme und unterlassene Hilfeleistung beim Selbstmord, JR 1954, 403 ff..

Herzberg, Rolf Dietrich .... Anstiftung und Beihilfe als Straftatbestände, GA 1971, 1 ff..

Herzberg, Rolf Dietrich .... Grundfälle zur Lehre von Täterschaft und Teilnahme, Teil I, JuS 1974, 237 ff., Teil II, JuS 1974, 374 ff..

Herzberg, Rolf Dietrich .... Die Problematik der „besonderen persönlichen Merkmale" im Strafrecht, ZStW 88 (1976), 68 ff..

Herzberg, Rolf Dietrich .... Täterschaft und Tatherrschaft, München 1977.

Herzberg, Rolf Dietrich.............Täterschaft, Mittäterschaft und Akzessorietät der Teilnahme, ZStW 99 (1987) 49 ff..

Herzberg, Rolf Dietrich.............Abergläubische Gefahrabwendung und mittelbare Täterschaft durch Ausnutzung eines Verbotsirrtums, Jura 1990, 16 ff..

Herzberg, Rolf Dietrich.............Mittäterschaft durch Mitvorbereitung: eine actio communis in causa?, JZ 1991, 856 ff..

Hochmayr, Gudrun....................Subsidiarität und Konsumtion, Wien 1997.

Höpfel, Frank ....Einige Fragen der subjektiven Tatseite bei Beteiligung mehrerer, ÖJZ 1982, 314 ff..

Holdthausen, Dieter...................Zum Tatbestand des Förderns in den neuen Strafvorschriften des Kriegswaffenkontrollgesetzes (§§ 16 – 21 KWKG), NJW 1991, 203 ff..

Hruschka, Joachim ....Alternativfeststellung zwischen Anstiftung und sog. psychischer Beihilfe, JR 1983, 177 ff..

Hünerfeld, Peter ....Mittelbare Täterschaft und Anstiftung im Kriminalstrafrecht der Bundesrepublik Deutschland, ZStW 99 (1987), 228 ff..

Jakobs, Günther.........................Probleme der Wahlfeststellung, GA 1971, 257 ff..

Jakobs, Günther.........................Strafrecht, Allgemeiner Teil, 2. Auflage, Berlin 1993.

Janß, Eberhard...........................Die Ketteneilnahme, Dissertation Bonn 1980.

Jescheck, Hans-Heinrich...........Strafrechtsreform in Deutschland Allgemeiner Teil, SchwZStR 1975, 1 ff..

Jescheck, Hans-Heinrich
Weigend, Thomas......................Lehrbuch des Strafrechts, Allgemeiner Teil, 5. Auflage, Berlin 1996.

Just-Dahlmann, Barbara
Just, Helmut .... Die Gehilfen, Frankfurt am Main 1988.

Kaufmann, Armin .... Die Dogmatik im Alternativ–Entwurf, ZStW 80 (1968), 34 ff..

Kienapfel, Diethelm .... „Beteiligung“ und „Teilnahme“, NJW 1970, 1826 ff..

Kienapfel, Diethelm .... Der Einheitstäter im Strafrecht, Frankfurt am Main 1971.

Kienapfel, Diethelm .... Probleme der Einheitstäterschaft, in Strafrechtliche Probleme der Gegenwart, StPdG, Band I, Wien 1973, S. 63 ff..

Kienapfel, Diethelm .... Das Prinzip der Einheitstäterschaft, JuS 1974, 1 ff..

Kienapfel, Diethelm .... Die Einheitstäterregelung der §§ 12 ff und 32 ff StGB, Teil I, JBl 1974, 113 ff., Teil II, JBl 1974, 180 ff..

Kienapfel, Diethelm .... Zur Täterschaftsregelung im StGB, RZ 1975, 165 ff..

Kienapfel, Diethelm .... Zum gegenwärtigen Stand der Lehre von der Einheitstäterschaft in der höchstrichterlichen Praxis, ÖJZ 1979, 90 ff..

Kienapfel, Diethelm .... Der Einheitstätergedanke – lebendiger denn je, in Strafrechtliche Probleme der Gegenwart, StPdG, Band VII, Wien 1980, S. 53 ff..

Kienapfel, Diethelm .... Grundriß des österreichischen Strafrechts, Besonderer Teil, Band 2, 1. Auflage, Wien 1980.

Kienapfel, Diethelm .... Fälle und Lösungen zum Strafrecht, Wien 1982.

Kienapfel, Diethelm .... Grundriß des österreichischen Strafrechts, Besonderer Teil, Band 2, 2. Auflage, Wien 1988.

Kienapfel, Diethelm
Höpfel, Frank ....Grundriß des österreichischen Strafrechts, Allgemeiner Teil, 9. Auflage, Wien 2001.

Kienapfel, Diethelm ....Der Oberste Gerichtshof und das Prinzip der funktionalen Einheitstäterschaft, in Festschrift für Herbert Steininger, von Walter Pilgermaier (Hrsg.), Wien 2003, S. 157 ff..

Kleinknecht, Theodor
Meyer-Goßner, Lutz..................Kommentar zur Strafprozessordnung, 47. Auflage, München 2004.

Körner, Hans Harald ....Kommentar zum Betäubungsmittelgesetz und Arzneimittelgesetz, 5. Auflage, München 2001.

Kohlrausch, Eduard
Lange, Richard ....Strafgesetzbuch, 43. Auflage, Berlin 1961.

Krey, Volker..............................Gesetzestreue und Strafrecht, ZStW 101 (1989), 838 ff..

Kühl, Kristian............................Strafrecht, Allgemeiner Teil, 4. Auflage, München 2002.

Küper, Wilfried ....Die dämonische Macht des Katzenkönigs oder: Probleme des Verbotsirrtums und Putativnotstandes an den Grenzen strafrechtlicher Begriffe, JZ 1989, 617 ff..

Küper, Wilfried ....Die Rechtsprechung des BGH zum tatbestandssystematischen Verhältnis von Mord und Totschlag – Analyse und Kritik – Teil I, JZ 1991, 761 ff., Teil II, JZ 1991, 862 ff., Teil III, JZ 1991, 910 ff..

Küper, Wilfried ....„Besondere persönliche Merkmale“ und „spezielle Schuldmerkmale“, ZStW 104 (1992), 559 ff..

Küper, Wilfried ....Ein „neues Bild“ der Lehre von Täterschaft und Teilnahme, ZStW 105 (1993), 445 ff..

Küpper, Georg .... Anspruch und wirkliche Bedeutung des Theorienstreits über die Abgrenzung von Täterschaft und Teilnahme, GA 1986, 437 ff..

Küpper, Georg .... Der gemeinsame Tatentschluß als unverzichtbares Moment der Mittäterschaft, ZStW 105 (1993), 295 ff..

Küpper, Georg .... Besondere Erscheinungsformen der Anstiftung, JuS 1996, 23 ff..

Küpper, Georg .... Zur Abgrenzung der Täterschaftsformen, GA 1998, 519 ff..

Kunst, Günther .... Fragen der Strafbemessung in der Rechtsprechung des Obersten Gerichtshofes, RZ 1978, 117 ff..

Lang-Hinrichsen, Dietrich .... Bemerkungen zum Begriff der „Tat“ im Strafrecht, in Festschrift für Karl Engisch, von Paul Bockelmann, Arthur Kaufmann, Ulrich Klug (Hrsg.), Frankfurt am Main 1969, S. 353 ff..

Lange, Richard .... Die notwendige Teilnahme, Berlin 1940.

Lange, Richard .... Die Schuld des Teilnehmers, insbesondere bei Tötungs- und Wirtschaftsverbrechen, JR 1949, 165 ff..

Lange, Richard .... Beteiligter und Teilnehmer, in Festschrift für Reinhart Maurach, von Friedrich-Christian Schroeder und Heinz Zipf (Hrsg.), Karlsruhe 1972, S. 235 ff..

Leipziger Kommentar .... Großkommentar zum Strafgesetzbuch, von Burkhard Jähnke, Heinrich Wilhelm Laufhütte, Walter Odersky (Hrsg.), §§ 25 – 27 StGB, 8. Lieferung, 11. Auflage, Berlin 1993 (zit.: LK – *Bearbeiter*).

Leipziger Kommentar .... §§ 28 – Vor § 32 StGB, 16. Lieferung, 11. Auflage, Berlin 1994 (zit.: LK – *Bearbeiter*).

Leipziger Kommentar .... §§ 44 – 51, 18. Lieferung, 11. Auflage, Berlin 1995 (zit.: LK – *Bearbeiter*).

Leipziger Kommentar .... §§ 211 – 219b, 44. Lieferung, 11. Auflage, Berlin 2002 (zit.: LK – *Bearbeiter*).

Leukauf, Otto
Steininger, Herbert .... Kommentar zum Strafgesetzbuch, 2. Auflage, Eisenstadt 1979 (zit.: *Leukauf/Steininger*[2]).

Leukauf, Otto
Steininger, Herbert .... Kommentar zum Strafgesetzbuch, 3. Auflage, Eisenstadt 1992 (zit.: *Leukauf/Steininger*[3]).

Lesch, Heiko .... Die Begründung mittäterschaftlicher Haftung als Moment der objektiven Zurechnung, ZStW 105 (1993), 271 ff..

Lesch, Heiko .... Täterschaft und Gestaltungsherrschaft, GA 1994, 112 ff..

Less, Günter .... Der Unrechtscharakter der Anstiftung, ZStW 69 (1957), 43 ff..

Lewisch, Peter .... Probleme der Einheitstäterschaft, JBl 1989, 294 ff..

Löhr, Holle Eva .... „In dubio pro reo" und Wahlfeststellung, JuS 1976, 294 ff..

Löwe-Rosenberg .... Großkommentar zur StPO, von Peter Rieß (Hrsg.), 12. Lieferung, §§ 333 – 358, 25. Auflage, Berlin 1999 (zit.: LR-*Bearbeiter*).

Lüderssen, Klaus .... Zum Strafgrund der Teilnahme, Baden – Baden 1967.

Lüttger, Hans .... Strafrechtsreform und Rechtsvergleichung, Berliner Gastvorträge, Berlin 1979.

Maiwald, Manfred .... Historische und dogmatische Aspekte der Einheitstäterlösung, in Festschrift für Paul Bockelmann, von Arthur Kaufmann, Günter Bemann u.a. (Hrsg.), München 1979, S. 343 ff..

Maleczky, Oskar .... Strafrecht, Allgemeiner Teil II, 7. Auflage, Wien 1999.

Marschall, Karl .... „In dubio mutius" als Auslegungsgrundsatz im neuen Strafrecht, ÖJZ 1974, 427 ff..

Maurach, Reinhart
Gössel, Karl Heinz
Zipf, Heinz .... Strafrecht, Allgemeiner Teil, 2. Band, 7. Auflage, Heidelberg 1989.

Maurach, Reinhart
Schroeder, Friedrich-Christian
Maiwald, Manfred .... Strafrecht, Besonderer Teil, 1. Band, 8. Auflage, Heidelberg 1995.

Mayer, Hellmuth .... Täterschaft, Teilnahme, Urheberschaft, in Festschrift für Theodor Rittler, von Siegfried Hohenleitner, Ludwig Lindner, Friedrich Nowakowski (Hrsg.), Innsbruck 1957, S. 252 ff..

Mayerhofer, Christian .... Das österreichische Strafrecht, Nebengesetze, Dritter Teil, 1. Halbband, Wien 1979.

Mayerhofer, Christian .... Das österreichische Strafrecht, StGB, Erster Teil, 5. Auflage, Wien 2000.

Mayerhofer, Christoph .... Keine Mitschuld des Gläubigers an der Krida des Schuldners, ÖJZ 1989, 238 ff..

Meyer, Dieter .... Zum Problem der „Kettenanstiftung", JuS 1973, 755 ff..

Meyer, Maria-Katharina .... Tatbegriff und Teilnehmerdelikt, GA 1971, 252 ff..

Michel, Alexandra
Wessely, Wolfgang ....Strafrecht, Allgemeiner Teil, Wien 1999.

Montenbruck, Axel ....Abweichung der Teilnehmervorstellung von der verwirklichten Tat, ZStW 84 (1972), 323 ff..

Münchener Kommentar............Großkommentar zum StGB, Band 1, §§ 1 – 51 StGB, von Wolfgang Joecks und Klaus Miebach (Hrsg.), München 2003 (zit.: MK-*Bearbeiter*).

Neumann, Ulfried......................Die Strafbarkeit der Suizidbeteiligung als Problem der Eigenverantwortlichkeit des „Opfers“, JA 1987, 244 ff..

Niedermair, Harald...................Straflose Beihilfe durch neutrale Handlungen?, ZStW 107 (1995), 507 ff..

Nowakowski, Friedrich............Die Erscheinungsformen des Verbrechens im Spiegel der Verbrechensauffassungen, ÖJZ 1953, 596 ff..

Nowakowski, Friedrich............Die Sonderdelikte, beurteilt nach ihrer Begehbarkeit durch Extranei, ZnStR II 1974, 147 ff..

Nowakowski, Friedrich............Zur Einheitstäterschaft nach § 12 StGB insbesondere im Hinblick auf § 15 Abs. 2 StGB und § 314 StPO, RZ 1982, 124 ff..

Ordeig, Enrique Gimbernat......Gedanken zum Täterbegriff und zur Teilnahmelehre, ZStW 80 (1968), 915 ff..

Otto, Harro.................................Täterschaft, Mittäterschaft, mittelbare Täterschaft, Jura 1987, 246 ff..

Otto, Harro.................................Mittäterschaft beim Fahrlässigkeitsdelikt, Jura 1990, 47 ff..

Otto, Harro.................................Täterschaft und Teilnahme im Fahrlässigkeitsbereich, in Festschrift für Günter Spendel, von Manfred Seebode (Hrsg.), Berlin 1992, S. 271 ff..

Otto, Harro .... Grundkurs Strafrecht, Allgemeine Strafrechtslehre, 6. Auflage, Berlin 2000.

Pallin, Franz .... Die neuen Bestimmungen gegen Korruption und Vergabemißbrauch, ÖJZ 1982, 337 ff..

Pallin, Franz .... Die Strafzumessung in rechtlicher Sicht, Wien 1982.

Pallin, Franz .... Der neue Nichtigkeitsgrund der unrichtigen Strafzumessung, ÖJZ 1988, 385 ff..

Pallin, Franz .... Strafe und Strafzumessung bei schwerer Kriminalität in Österreich, Eigenverlag Max-Planck-Institut für ausländisches und internationales Strafrecht, Freiburg i. Br. 1989.

Pfeffer, Gerd
Maul, Heinrich
Schulte, Benno .... Kommentar zum Strafgesetzbuch, Essen 1969.

Platzgummer, Winfried .... Die „Allgemeinen Bestimmungen" des Strafgesetzentwurfes im Licht der neueren Strafrechtsdogmatik, JBl 1971, 236 ff..

Platzgummer, Winfried .... Grundzüge des österreichischen Strafverfahrens, 8. Auflage, Wien 1997.

Posch, Willibald .... Einführung in das österreichische Recht, Darmstadt 1985.

Rittler, Theodor .... Lehrbuch des österreichischen Strafrechts AT, 2. Auflage, Wien 1954.

Roeder, Hermann .... Der Unbegriff des „extranen" Täters und der „eigenhändigen" Delikte (zu § 14 Abs. 1 StGB), JBl 1975, 561 ff..

Roxin, Claus .... Zur Dogmatik der Teilnahmelehre im Strafrecht, JZ 1966, 293.

Roxin, Claus .... Unterlassung, Vorsatz und Fahrlässigkeit, Versuch und Teilnahme im neuen Strafgesetzbuch, Teil I, JuS 1973, 197 ff., Teil II, JuS 1973, 329 ff..

Roxin, Claus .... Die Strafbarkeit von Vorstufen der Beteiligung, (§ 30 StGB), JA 1979, 169 ff..

Roxin, Claus .... Die Mittäterschaft im Strafrecht, JA 1979, 519 ff..

Roxin, Claus .... Zum Strafgrund der Teilnahme, in Festschrift für Walter Stree und Johannes Wessels, von Wilfried Küper und Jürgen Welp (Hrsg.), Heidelberg 1993, S. 365 ff..

Roxin, Claus .... Strafverfahrensrecht, 25. Auflage, München 1998.

Roxin, Claus .... Täterschaft und Tatherrschaft, 7. Auflage, Berlin 2000.

Roxin, Claus
Arzt, Gunther
Tiedemann, Klaus .... Einführung in das Strafrecht und Strafprozessrecht, 4. Auflage, Heidelberg 2003.

Rudolphi, Hans-Joachim .... Ist die Teilnahme an einer Notstandstat i.S. der §§ 52, 53 Abs. 3 und 54 StGB strafbar?, ZStW 78 (1966), 67 ff..

Rudolphi, Hans-Joachim .... Strafbarkeit der Beteiligung an den Trunkenheitsdelikten im Straßenverkehr, GA 1970, 353 ff..

Sax, Walter .... Zur Problematik des Teilnehmerdelikts, ZStW 90 (1978), 927 ff..

Schäfer, Gerhard .... Praxis der Strafzumessung, 3. Auflage, München 2001.

Schaffstein, Friedrich .... Der Täter hinter dem Täter bei vermeidbarem Verbotsirrtum und verminderter Schuldfähigkeit des Tatmittlers, NStZ 1989, 153 ff..

Schick, Peter .... Buchbesprechung: Die österreichische Beteiligungslehre, von Otto Triffterer, ÖJZ 1984, 475 f..

Schild, Wolfgang .... Die Täterformen des § 12 StGB, ZfRV 1976, 182 ff..

Schild, Wolfgang .... Täterschaft als Tatherrschaft, Berlin 1994.

Schmidhäuser, Eberhard .... Strafrecht Allgemeiner Teil, Tübingen 1970.

Schmidhäuser, Eberhard .... Tatherrschaft als Deckname der ganzheitlichen Abgrenzung von Täterschaft und Teilnahme im Strafrecht, Festschrift für Walter Stree und Johannes Wessels, von Wilfried Küper und Jürgen Welp (Hrsg.), Heidelberg 1993, S. 343 ff..

Schmoller, Kurt .... Grundstrukturen der Beteiligung mehrerer an einer Straftat – die objektive Zurechnung fremden Verhaltens, Teil I, ÖJZ 1983, 337 ff., Teil II, ÖJZ 1983, 379 ff..

Schmoller, Kurt .... Alternative Tatsachenaufklärung im Strafrecht, Wahlfeststellungen, Stufenverhältnisse, „Freispruch zweiter Klasse“, Wien 1986.

Schönke, Adolf
Schröder, Horst .... Kommentar zum Strafgesetzbuch, 26. Auflage, München 2001 (zit.: Sch/Sch – *Bearbeiter*).

Schroeder, Friedrich-Christian .. Der Täter hinter dem Täter, Berlin 1965.

Schroeder, Friedrich-Christian .. Der Sprung des Täters hinter dem Täter aus der Theorie in die Praxis, JR 1995, 177 ff..

Schröder, Horst .... Der Täterbegriff als „technisches“ Problem, ZStW 57 (1940), 459 ff..

Schumann, Heribert..................Zum Einheitstätersystem des § 14 OwiG, Berlin 1979.

Schumann, Heribert..................Strafrechtliches Handlungsunrecht und das Prinzip der Selbstverantwortung der Anderen, Tübingen 1986.

Schumann, Heribert..................Die „rechtswidrige“ Haupttat als Gegenstand des Teilnahmevorsatzes, in Festschrift für Walter Stree und Johannes Wessels, von Wilfried Küper und Jürgen Welp (Hrsg.), Heidelberg 1993, S. 383 ff..

Schwalm, Georg ....Zu einigen ungelösten Strafrechtsproblemen, in Festschrift für Karl Engisch, von Paul Bockelmann, Arthur Kaufmann, Ulrich Klug (Hrsg.), Frankfurt am Main 1969, S. 548 ff..

Schwind, Hans-Dieter ....Grundfälle der „Kettenteilnahme“, MDR 1969, 13 ff..

Seelmann, Kurt.........................Mittäterschaft im Strafrecht, JuS 1980, 571 ff..

Seiler, Stefan ....Strafrecht, Allgemeiner Teil II, Strafen und Maßnahmen, Wien 1999.

Sippel, Kurt ....Mittelbare Täterschaft bei deliktisch handelndem Werkzeug, NJW 1983, 2226 ff. und 1984, 1866.

Sommer, Ulrich ....Verselbständigte Beihilfehandlungen und Straflosigkeit des Gehilfen, JR 1981, 490 ff..

Spiegel, Hanns Frhr. v. ....Mittelbare Täterschaft bei deliktisch handelndem Werkzeug, NJW 1984, 110 f. und 1867.

Steininger, Einhard...................Ein neuer Nichtigkeitsgrund mangelnder Sachverhaltsaufklärung im Strafprozeß?, Teil I, ÖJZ 1990, 73 ff., Teil II, ÖJZ 1990, 97 ff..

Stoffers, Kristian ....Mittäterschaft und Versuchsbeginn, MDR 1989, 208 ff..

Stratenwerth, Günter ....Strafrecht, Allgemeiner Teil I, 4. Auflage, Köln Berlin Bonn München 2000.

Streng, Franz ....Der Irrtum beim Versuch – ein Irrtum?, ZStW 109 (1997), 865 ff..

Systematischer Kommentar.......Strafgesetzbuch, Loseblatt, von Hans-Joachim Rudolphi, Eckhard Horn, Erich Samson, Hans-Ludwig Günther (Hrsg.), Band 1, AT, §§ 1 bis 79b, 37. Lieferung, Oktober 2002 (zit.: SK – *Bearbeiter*).

Trechsel, Stefan ....Der Strafrgrund der Teilnahme, Berlin 1967.

Triffterer, Otto ....Die österreichische Beteiligungslehre, Wien 1983.

Triffterer, Otto ....Österreichisches Strafrecht, Allgemeiner Teil, 2. Auflage, Wien 1994.

Tröndle, Herbert
Fischer, Thomas ....Kommentar zum Strafgesetzbuch, 51. Auflage, München 2003.

Wach, Eva ....Strafrechtliche Probleme des Selbstmordes, ÖJZ 1978, 479 ff..

Wagner, Hans-Jochen ....Betäubungsmittelstrafrecht, Baden – Baden 1996.

Wegscheider, Herbert...............Zur Konkurrenz von Bestimmungstäterschaft und Beitragstäterschaft (§ 12 2. und 3. Alt. StGB), RZ 1979, 165 ff..

Wegscheider, Herbert...............Echte und scheinbare Konkurrenz, Berlin 1980.

Weiß, Wolfgang ....Strafzumessungsermessen und Rechtsrüge, Teil I, ÖJZ 1985, 110 ff., Teil II, ÖJZ 1985, 129 ff..

Wessels, Johannes
Beulke, Werner.........................Strafrecht, Allgemeiner Teil, 33. Auflage, Heidelberg 2003.

Wessels, Johannes
Hillenkamp, Thomas ....Strafrecht, Besonderer Teil II, 26. Auflage, Heidelberg 2003.

Wiener Kommentar ....Kommentar zum Strafgesetzbuch, von Egmont Foregger und Friedrich Nowakowski (Hrsg.), §§ 12 – 14 StGB, 11. Lieferung, 2. Auflage, Wien 2000 (zit.: WK – *Fabrizy*).

Wiener Kommentar ....§§ 15, 16 StGB, 9. Lieferung, 2. Auflage, Wien 1999 (zit.: WK – *Hager/Massauer*).

Wiener Kommentar ....§§ 32 – 36 StGB, 29. Lieferung, Wien 1986 (zit.: WK – *Kunst*).

Wiener Kommentar ....§ 75 StGB, 33. Lieferung, 2. Auflage, Wien 2002 (zit.: WK – *Moos*).

Wiener Kommentar ....§§ 78, 79 StGB, 35. Lieferung, 2. Auflage, Wien 2002 (zit.: WK – *Moos*).

Wiener Kommentar ....§§ 146 – 168 StGB, 10. Lieferung, Wien 1981 (zit.: WK – *Liebscher*).

Wiener Kommentar ....§§ 201 – 212 StGB, 31. Lieferung, 2. Auflage, Wien 2001 (zit.: WK – *Schick*).

Zagler, Wolfgang ....Das Doppelverwertungsverbot, AnwBl 1976, 481 ff..

Zieschang, Frank ....Mittäterschaft bei bloßer Mitwirkung im Vorbereitungsstadium?, ZStW 107 (1995), 361.

Zimmerl, Leopold......................Grundsätzliches zur Teilnahmelehre, ZStW 49 (1929), 39.

Zimmerl, Leopold......................Täterschaft, Teilnahme, Mitwirkung, ZStW 54 (1935), 575.

Zipf, Heinz.................................Die mittelbare Täterschaft und ihre Einordnung in § 12 StGB, ÖJZ 1975, 617 ff..

Zipf, Heinz....................................Probleme der versuchten Bestimmung zu einer Straftat, RZ 1980, 141 ff..

Printed by
CPI books GmbH, Leck

FSC
www.fsc.org
MIX
Papier | Fördert gute Waldnutzung
FSC® C083411

Kolibri 360 GmbH
Ferdinand-Jühlke-Straße 7
99095 Erfurt, Deutschland
produktsicherheit@kolibri360.de